춘추좌전

중국 문화의 원형이 담긴 타임캡슐

청소년 철학창고 22
춘추좌전 중국 문화의 원형이 담긴 타임캡슐

초판 1쇄 발행 2009년 5월 15일 | 초판 3쇄 발행 2021년 6월 21일

풀어쓴이 김월회
펴낸이 홍석 | 이사 홍성우 | 기획 채희석
인문편집팀장 박월 | 편집 박주혜 | 디자인 최윤선 | 본문 디자인 서은경
마케팅 이가은·이송희·한유리 | 관리 최우리·김정선·정원경·홍보람
펴낸곳 도서출판 풀빛 | 등록 1979년 3월 6일 제8-24호
주소 07547 서울시 강서구 양천로 583, A동 21층 2110호
전화 02-363-5995(영업), 02-364-0844(편집) | 팩스 070-4275-0445
홈페이지 www.pulbit.co.kr | 전자우편 inmun@pulbit.co.kr

ISBN 978-89-7474-552-3 44910
ISBN 978-89-7474-526-4 (세트)

이 도서의 국립중앙도서관 출판예정도서목록(CIP)은 서지정보유통지원시스템 홈페이지(http://seoji.nl.go.kr)와
국가자료공동목록시스템(http://www.nl.go.kr/kolisnet)에서 이용하실 수 있습니다. (CIP제어번호: CIP2009001377)

춘추좌전

중국 문화의 원형이 담긴 타임캡슐

좌구명 지음 | 김월회 풀어씀

春秋
左傳

'청소년 철학창고'를 펴내며

　우리 청소년이 읽을 만한 좋은 책은 없을까? 많은 분들이 이런 고민을 하셨을 겁니다. 그러면서 흔히들 고전을 읽어야 한다고 합니다. 하지만 서점에 가서 책을 골라 보신 분들은 느꼈을 겁니다. '청소년의 지적 수준에 맞춰서 읽힐 만한 고전이 이렇게도 없는가.'라고.

　고전 선택의 또 다른 어려움은 고전의 범위가 매우 넓다는 것입니다. 청소년 시기에는 시간과 능력의 한계 때문에 그 많은 고전들을 모두 읽을 수 없습니다. 그렇다면 어떤 책을 읽어야 할까요?

　이런 여러 현실적인 어려움을 고려해 기획한 것이 풀빛 '청소년 철학창고'입니다. '청소년 철학창고'는 고전의 핵심이라 할 수 있는 '철학'에 더 많은 무게를 실었습니다. 그 이유는 무엇일까요?

　사람들은 일반적으로 철학을 현실과 동떨어진 공리공담이나 펼치는 학문이라고 생각합니다. 하지만 철학적 사고의 핵심은 사물과 현상을 다양하게 분석하고 종합해서 그 원칙이나 원리를 찾아내는 것입니다. 그래서 철학은 인간과 세상에 대해 깊이 있게 생각하고, 논리적으로 종합하는 능력을 키워 줍니다. 그런 만큼 세상과 인간에 대해 눈떠 가는 청소년 시기에 정말로 필요한 공부입니다.

하지만 모든 고전이 그렇듯이 철학 고전 또한 읽기가 쉽지 않습니다. 그래서 '청소년 철학창고'는 청소년의 눈높이에 맞추기 위해 선정에서부터 원문 구성에 이르기까지 많은 노력을 기울였습니다.

첫째, 책을 선정하는 과정에서부터 엄격함을 유지했습니다. 동양·서양·한국 철학 전공자들이 많은 회의 과정을 거쳐, 각 시대마다 동서양과 한국을 대표하는 철학 고전들을 엄선했습니다. 특히 우리 선조들의 사상과 동시대 동서양의 사상들을 주체적인 입장에서 비교하고 검토할 수 있도록 했습니다.

둘째, 고전 읽기의 참다운 맛을 살리기 위해 최대한 원문을 중심으로 구성했습니다. 물론 원문 읽기의 어려움을 해결하기 위해 새롭게 번역하고 재정리했습니다. 그리고 청소년이라면 누구나 어렵지 않게 읽으면서 고전이 주는 의미와 내용을 이해할 수 있도록 설명을 덧붙였고, 전체 해설을 통해 저자의 사상과 전체 내용을 다시 한번 정리해 주었습니다.

마지막으로 쉬운 것부터 읽기 시작해 점차 사고의 폭을 넓혀 가도록 난이도에 따라 세 단계로 구분했습니다. 물론 단계와 상관없이 읽고 싶은 순서대로 읽어도 됩니다.

우리 선정위원들은 고전 읽기의 진정한 의미가 '옛것을 되살려 오늘을 새롭게 한다(溫故知新).'는 데 있다고 생각합니다. '청소년 철학창고'를 통해 자라나는 청소년들이 인간과 사물에 대한 깊은 통찰력을 키워, 밝은 미래를 열어 나갈 수 있기를 진정으로 바랍니다.

2005년 2월

선정위원　　　허우성(경희대 교수, 동양 철학)　　　윤찬원(인천대 교수, 동양 철학)
　　　　　　　정영근(서울산업대 교수, 한국 철학)　허남진(서울대 교수, 한국 철학)
　　　　　　　이남인(서울대 교수, 서양 철학)　　　한자경(이화여대 교수, 서양 철학)

들어가는 말

　'텍스트의 제국!' 이 말에는 문화가 통치의 핵이었던 중국의 특이성이 잘 응축되어 있다. 역대로 텍스트는 왕조의 성립부터 지속되던 전 과정에 이르기까지 왕조의 통치 기반을 밑바닥부터 떠받치는 중요한 역할을 맡아 왔다. 그중 텍스트의 제왕이었던 경전(經傳)은 통치의 합법성을 제공하고 국가 사회의 기강을 형성해 주는 등 '문화-중국'의 근간이 되어 왔다.

　경전은 인간과 사회, 우주의 주요 본성과 관련된 내용을 다룬 텍스트들로 구성되어 있다. 역대로 꾸준하게 중시되었던 오경(五經)의 경우, 감성의 영역을 관장한 《시경(詩經)》, 역사를 기록한 《서경(書經)》과 《춘추(春秋)》, 삶과 사회의 도리를 논한 《예기(禮記)》, 우주의 섭리를 접어 넣은 《역경(易經)》으로 되어 있다. 이들은 인간의 사유와 행위에 기준을 제시하며, 사람들이 사회를 이루며 살아갈 수 있도록 그들을 인도하고 때로는 제어하는 역할을 수행해 왔다.

　좌구명(左丘明)이 저술했다고 전해지는 《춘추좌전(春秋左傳)》은 춘추 시대의 역사를 기록한 공자의 《춘추(春秋)》를 비교적 상세하게 해설한 책이다. 기원전 4세기 초엽에 완성된 것으로 추정되는 이 책은 이후 《춘추공양전(春秋公羊傳)》과 같은 다른 《춘추》 해설서들과 치열한 각축을 거친 후 3세기 무렵에 들어 권위 있는 《춘추》 해설서로 우뚝 섰다. 그리고 경전의 반열에 올랐다. 이는 중국 지성사의 일대 사건이었다.

'《춘추》의 해설서'라는 지위에서 《춘추》와 어깨를 나란히 하는 '경전'으로 지위 격상! 오경 가운데 다른 텍스트들의 해설서 또한 적지 않지만, 그들 중 경전의 반열에 오른 해설서는 없었다. 따라서 경전의 해설서였던 《춘추좌전》이 단순한 해설서에서 경전으로 격상됐다는 사실은 이 책이 얼마나 중요한 텍스트였는지를, 또 역대로 얼마나 중시된 텍스트였는지를 잘 보여 준다.

지금 중국은 시장 경제의 과감한 도입을 바탕으로 세계적인 강대국이라는 꿈을 현실로 속속 만들어 가고 있다. 그 결과 중국은 우리 삶과 사회의 주요 상수(常數) 가운데 하나가 됐다. 무릇 한 사회의 상수란, 나의 의사와 무관하게 내 삶의 기반에 자리 잡고 있는 요소를 말한다. 이는 내가 무엇을 하느냐와 무관하게 중국을 이해하고 해석할 줄 알아야 하는 시대가 되었음을 말해 준다. 어느 분야든 그 분야의 밑바탕을 이루는 것이 '상수'며, 제반 영역에 걸쳐 '기본적'이고도 '상시적'으로 영향을 끼치는 것이 바로 '상수'이기 때문이다.

　그래서 《춘추좌전》의 음미를 권하고 싶다. 《춘추좌전》을 접하는 것은 우리 '삶과 사회의 상수'로서의 중국을 이해하는 능률적인 방법이 될 수 있기 때문이다. '문화-중국'의 원형이 풍부하게 담긴 알토란 같은 텍스트! 그것이 바로 《춘추좌전》이기 때문이다.

2009년 5월

감악재(瞰岳齋)에서 김월회

《춘추좌전》에 등장하는 천자와 각국 제후의 즉위 연표

	기원전 722년	700년	650년
주(周)나라 평왕平王 49년	환왕桓王(719년)	장왕莊王(696년), 희왕僖王(681년), 혜왕惠王(676년), 양왕襄王(651년)	경왕頃王(618년), 광왕匡王(612년), 정왕定王(606년)
노(魯)나라 은공隱公 1년	환공桓公(711년)	장공莊公(693년), 민공閔公(661년), 희공僖公(659년)	문공文公(626년), 선공宣公(608년)
제(齊)나라 희공僖公 9년		양공襄公(697년), 환공桓公(685년)	소공昭公(632년), 의공懿公(612년), 혜공惠公(608년)
진(秦)나라 문공文公 44년		영공寧公(698년), 무공武公(678년), 선공宣公(678년), 덕공德公(677년), 성공成公(663년), 목공穆公(660년)	강공康公(620년), 공공共公(609년), 환공桓公(604년)
초(楚)나라 무왕武王 19년		문왕文王(689년), 성왕成王(671년)	목왕穆王(625년), 장왕莊王(613년)
진(晉)나라 악후鄂侯 2년	애후哀侯(717년), 소자후小子侯(708년), 후민侯緡(704년)	무공武公(678년), 헌공獻公(676년) 혜공惠公(650년)	회공懷公(636년), 문공文公(635년), 양공襄公(627년), 영공靈公(620년), 성공成公(606년)
정(鄭)나라 장공莊公 22년	여공厲公(700년)	소공昭公(696년), 여공厲公(679년), 문공文公(672년)	목공穆公(627년), 영공靈公(605년), 양공襄公(604년)
송(宋)나라 목공穆公 7년	상공殤公(719년), 장공莊公(710년)	민공閔公(691년), 환공桓公(681년) 양공襄公(650년)	성공成公(636년), 소공昭公(619년), 문공文公(610년)
위(衛)나라 환공桓公 13년	선공宣公(718년)	혜공惠公(699년), 의공懿公(668년), 대공戴公(660년), 문공文公(659년)	성공成公(634년)
진(陳)나라 환공桓公 23년	여공厲公(706년)	장공莊公(699년), 선공宣公(692년)	목공穆公(647년), 공공共公(631년), 영공靈公(613년)
조(曹)나라 환공桓公 35년	장공莊公(701년)	희공僖公(670년), 공공共公(652년)	문공 文公(617년)
채(蔡)나라 선공宣公 28년	환후桓侯(714년)	애후哀侯(694년), 목후穆侯(674년)	문공文公(611년)
오(吳)나라			
월(越)나라			

600년	550년	500년	기원전 469년	멸망
간왕簡王 585년), 영왕靈王(571년)	경왕景王(544년), 도왕悼王(520년), 경왕敬王(520년)	원왕元王(477년), 정왕貞王(469년)		기원전 249년
성공成公(590년), 양공襄公(572년)	소공昭公(541년), 정공定公(509년)	애공哀公(494년)		기원전 256년
경공頃公(598년), 영공靈公(581년), 장공莊公(553년)	경공景公(547년)	도공悼公(488년), 간공簡公(484년), 평공平公(480년)		기원전 221년
경공景公(577년)	애공哀公(537년)	혜공惠公(491년), 도공悼公(477년)		
공왕共王(590년), 강왕康王(559년)	영왕靈王(540년), 평왕平王(528년), 소왕昭王(515년)	혜왕惠王(488년)		기원전 223년
경공敬公(599년), 여공厲公(580년), 도공悼公(572년), 평공平公(557년)	소공昭公(531년), 경공頃公(525년), 정공定公(511년)	출공出公(474년)		기원전 369년
도공悼公(586년), 성공成公(584년), 희공僖公(570년), 간공簡公(565년)	정공定公(529년), 헌공獻公(513년), 애공哀公(500년)			기원전 476년
공공共公(588년), 평공平公(575년)	원공元公(531년), 경공景公(516년)			기원전 286년
목공穆公(599년), 정공定公(588년), 헌공獻公(576년), 상공殤公(558년)	헌공獻公 복위(546년), 양공襄公(543년), 영공靈公(534년)	출공出公(492년), 장공莊公(480년), 출공出公 복위(476년)		기원전 343년
성공成公(598년), 애공哀公(568년)	혜공惠公(528년), 회공懷公(505년)			기원전 478년
선공宣公(594년), 성공成公(577년), 무공武公(554년)	평공平公(527년), 도공悼公(523년), 은공隱公(509년), 정공靖公(504년), 백양伯陽(501년)			기원전 487년
경공景公(591년)	영후靈侯(542년), 도후悼侯(521년), 소후昭侯(518년)	성공成公(490년), 성공聲公(471년)		기원전 447년
수몽壽夢(585년), 제번諸樊(560년)	여제餘祭(547년), 여매餘昧(530년), 료僚(526년), 합려闔閭(515년)	부차夫差(495년)		기원전 473년
		구천句踐(496년)		기원전 334년

| 일러두기 |

1. 이 책은 서두에 해당하는 〈들머리〉와 〈본문〉 그리고 갈무리에 해당하는 〈해설〉로 구성
   되어 있다. 본문은 모두 12장 51절로 구성되어 있다. 각 장의 제목은 《춘추좌전》의 제목
   을 그대로 옮긴 것이고, 각 절의 제목은 필자가 해설 내용을 압축해서 함축적으로 표현
   한 것이다.
2. 본문의 각 절은 《춘추좌전》 번역문과 해설로 구성되어 있다. 《춘추좌전》의 원문은 이 책
   의 속성을 고려해서 생략했다. 각 절은 중국 문화의 원형과 본성을 이해하는 데에 도움이
   될 만한 주제를 《춘추좌전》에서 추려내어 설명하는 방식으로 작성했다.
3. 이 책의 기본 텍스트는 《춘추경전집해(春秋經傳集解)》(左丘明 撰, 杜預 集解, 上海古籍出版社, 1997.)
   와 《춘추좌전주(春秋左傳注)(修訂本)》(楊伯峻 編著, 中華書局, 1997.)의 두 판본이다.
4. 한자어는 우리말 표기를 원칙으로 하고 필요한 경우 한자를 괄호 안에 병기했다. [예: 봉건
   제(封建制)]
5. 인명, 지명과 같은 고유명사의 경우 중국어 독음이 아닌 우리말 독음으로 표기했고 처음
   나올 때나 필요할 경우에 한해 한자를 병기했다.

춘추 시대 국가들

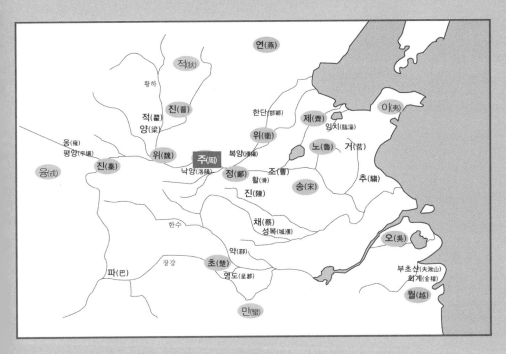

연(燕)

적(狄)

황하

진(晉)

적(翟)
양(梁)

한단(邯鄲)

제(齊)
임치(臨淄)

이(夷)

옹(雍)
평양(平壤)

위(魏)

위(衛)
복양(濮陽)

노(魯)

거(莒)

융(戎)

진(秦)

주(周)

낙양(洛陽)

정(鄭)
활(滑)

조(曹)
송(宋)

추(鄒)

진(陳)

채(蔡)
성복(城濮)

오(吳)

한수

약(鄀)

파(巴)

장강

초(楚)
영도(郢都)

부초산(夫湫山)
회계(숲稽)

만(蠻)

월(越)

《춘추좌전》이해를 위한 도우미

1. 춘추 시대

중국 역사서 중 최고의 권위를 자랑하는 《사기(史記)》에는 하나라 본기(本紀, 왕의 사적이나 왕조의 계보를 기록한 것)가 실려 있다. 시조 우왕(禹王)부터 17대 걸왕(桀王)까지 이어진 하나라는 《사기》의 기록이 정확하다면 중국 역사로 등장한 최초의 고대 국가가 분명하다. 그러나 이를 뒷받침할 만한 고고학적 증거가 아직은 부족한 탓에 일반적으로 역사가들은 상(商)나라를 중국 최초의 고대 국가로 지목한다.

상나라는 탕왕(湯王)이 폭군으로 알려진 하나라의 걸왕을 내쫓고 스스로 천자가 됨으로써 시작되었다(기원전 18세기 또는 기원전 16세기 무렵). 청동기 문명 단계에 위치했던 상나라는 신권 정치가 펼쳐졌던 제정일치(祭政一致, 신을 모시는 제사장과 정치를 하는 왕이 한 사람인 상태) 사회로서, 몇 차례 부침을 겪다가 19대 천자인 반경(盤庚)이 은(殷)으로 천도하면서(기원전 1400년 무렵) 중흥을 맞이했다.

이때부터 상나라는 '은(殷)'이라고도 불리는데, 역사가들은 중국의 농경 문명이 본격적으로 전개된 때도 이 무렵이라고 한다. 이후 30대 주왕(紂王)에 이르러 상나라는 주(周)나라의 무왕(武王)과 그를 지지하는 여러 제후의 연합군에게 공격을 받고 종말을 고한다(기원전 12세기 또는 11세기 무렵).

본래 상나라의 제후국 가운데 하나였던 주나라는 주왕의 폭정으로부터 백성을 구제한다는 명분으로 역성혁명(易姓革命, 신하가 왕을 몰아내고 새 왕조를 여는 것)을 성공적으로 수행함으로써 천자의 나라로 새로이 거듭났다. 이후 주나라는 무왕의 동생 주공(周公) 단(旦)과 같은 현명한 재상의 도움으로 초기의 극심한 혼란을 극복하면서 천자의 나라로서의 기틀을 다졌다.

주나라는 중국 최초로 제정(祭政)의 분리를 실현했던 왕조다. 이때부터 중국 사회에는 정치·사회적으로 인문화가 본격화되었다고 볼 수 있는데, 공자도 이를 인정해 주나라의 문화는 찬란했다고 칭송했다.

그러나 10대 여왕(厲王)에 이르러 주나라도 심하게 기울었다. 여왕은 걸왕·주왕 등과 함께 폭군의 대명사로 거론되는 인물로, 중국 사상 최초로 인민의 항거에 의해 쫓겨난 군주다(기원전 841년 무렵).

주나라는 이때 결정적으로 쇠퇴한 후 12대 유왕(幽王)에 이르러 서쪽의 유목 민족인 견융(犬戎)과 결탁한 일부 제후 세력에 의해 일시적으로 막을 내리게 된다(기원전 771년 또는 770년). 이때 유왕은 자살했고 그 후예가 도읍이었던 호경(鎬京, 지금의 서안 부근)보다 동쪽에 있던 낙읍(洛邑, 지금의 낙양)으로 피신해서 제후들의 도움을 받아 주 왕실을 재건했다. 역사가들은 이때를 기준으로 그 이전은 서주(西周)라 하고, 낙읍에서 재건한 주 왕실을 동주(東周)라 불렀다.

동주는 그 재건 과정에서 볼 수 있듯이 천자가 자신의 힘으로 세운 나라가 아니었다. 천자의 권위에 절대적으로 복종해야 했던 제후들이 재건 과정에서 중추적인 역할을 했기 때문에 결국 권력은 천자보다는 힘센 제후들의 손에 있게 되었다.

다만, 드러내 놓고 천자를 무시하면서 중원(中原, 중국의 황하 중상류 일대 중국의 핵심 지역을 상징함)의 패권을 독차지할 수 있는 시대는 아니었다. 당시의 생산 조건을 감안했을 때 그렇게 독주할 수 있는 힘을 지닌 제후의 출현이 불가능했다. 대신 그만그만한 제후들이 중원의 패권을 놓고 서로 견제하면서 안으로 힘을 키우는 양상으로 역사가 전개되었다.

이러한 시대를 가리켜 역사가들은 '춘추 시대'라 불렀다. 이는 동주 시대의 전반부를 가리키는 명칭으로, '춘추'라는 표현은 공자가 편찬한 《춘추》라는 역사책 제목에서 따왔다. 이 책에서 다룬 시기가 동주의 전반부와 거의 일치하기 때문이다.

춘추 시대의 상한선은 동주의 평왕(平王)이 주 왕실을 재건한 기원전 770년으로 잡는다. 하한선은 의견이 갈리지만 대부분의 경우 《좌전》에 기록된 마지막 해인 기원전 467년부터 북방의 대국 진(晉)나라가 유력 가문인 한(韓)·위(魏)·조(趙)에 의해 삼분(三分)되는 기원전 403년 사이 중 어느 한 해 또는 시기로 잡는다.

진나라의 분할은 대부 계층이 제후의 나라를 셋으로 나눈 후 본인들이 각각 제후로 등극했던 사건으로, 이는 표면적으로는 천자를 존중하고 봉건제(封建制)를 따랐던 춘추 시대와 전혀 다른 성격의 시대가 왔음을 나타내는 상징적인 사건이었다.

이제 대부도 천자의 허락 없이 제후가 될 수 있고 주나라 천자를 굳이 떠받들지 않아도 되는 전국 시대(戰國時代)가 열린 것이다.

2. 주나라의 봉건제

상나라를 멸망시킨 주나라는 그 출발이 상나라와는 많이 달랐다. 상나라는 시조인 탕왕이 직접 천자의 나라로 세운 데 비해, 주나라는 원래 상나라 휘하에 있던 여러 제후의 나라 중 하나였다가 천자의 나라로 거듭난 경우이기 때문이다. 주나라의 '주'는 본래 요(堯)임금 시절에 농경을 담당했던 후직(后稷)이 받은 봉토의 이름이다. 후직의 후예들은 순(舜)임금과 탕왕 이후로도 대대로 제후로서의 직분을 수행하다가 무왕 때에 이르러 역성혁명을 통해 주나라를 천자의 나라로 승격시켰다.

기록에 의하면 상나라 때에는 천자인 왕이 일정 지역의 통치를 자신의 혈족이나 공신에게 위임했다. 이때 천자로부터 직접 위임받은 자를 '제후(諸侯)'라고 했다. 그리고 그런 제후가 위임 통치하는 지역을 '국(國)'이라고 했다. 이렇게 제후가 천자에게 일부 지역을 위임받아 통치하는 대신 매년 정해진 시기에 천자를 알현해서 자신의 통치 실적에 대해 보고하고 정해진 공물을 바치는 제도를 봉건제(封建制)라고 한다. 제후는 위임 통치를 받은 지역의 산물과 세금, 행정 등의 내정을 독자적으로 처리할 수 있었고, 천자의 요청이 있을 때면 군수 물자 등 군비와 군대를 무상으로 제공해야 했다.

봉건제는, 발달된 교통이나 통신 수단 등이 없던 시절, 그래서 강력한 중앙 집권이 불가능했던 시절에 고안된 왕국의 유지 수단이었다. 하여 주나라 또한 천자의 나라가 된 후 봉건제를 채택했다. 특히 주나라는 천자를 정점으로 하여 주 왕조 전체를 한 계통의 혈연 조직으로 묶은 종법제(宗法制)를 바탕으로 봉건제를 운영했다.

종법제는 본래 하나의 종족이 적장자(정통 계승자인 맏아들)인 대종(大

宗)을 중심으로 단결하고, 소종(小宗)이라고 불린 차자와 같은 방계들을 대종에 예속시켜 그의 지배를 받게 하는 제도다. 봉건제는 종법제에서 규정된 적장자와 차자들 사이의 관계를 천자와 제후의 관계에 적용해, 천자라는 최고 권력자와의 혈연적 친소(親疏, 가깝고 멂)에 따라 제후에게 봉토를 나눠 주고 대가로 왕실에 대한 충성을 요구한 누층적(累層的) 통치 질서였다.

주나라는 이와 같은 봉건제를 채택함으로써 혈연 조직에 바탕을 두고 종묘와 사직을 중심으로 형성된 제사 공동체를 구축할 수 있었고, 이를 토대로 천하의 주인 역할을 일정 기간 수행할 수 있었다.

3. 봉건제 하의 호칭 체계

주나라는 봉건제를 기초로 국가 체계를 정비했다. 앞에서 말했듯이 봉건제는 집안에서의 아버지와 장남의 위치를 절대시하는 종법제를 근간으로 한다. 그렇다 보니 호칭을 무척 중시하고 호칭의 체계를 매우 엄격하게 유지했다. 봉건제 아래의 호칭 체계는 다음과 같다.

봉건제의 핵심은 천자(天子)다. 그는 '하늘의 아들'로서 인간 가운데 최고의 권력자이자 신성불가침한 존재였다. 이런 천자의 호칭이 '왕(王)'이다. 춘추 시대 초(楚)나라와 오(吳)·월(越)나라의 군주들 또한 왕이란 호칭을 사용했는데, 이는 그들 지역을 천자가 나눠 준 것이 아니었기 때문이다. 다시 말해 초나라나 오나라, 월나라의 시조가 주나라 천자로부터 제후로 봉해지는 절차를 밟은 적이 없었기 때문에 이 지역의 군주는 스스로를 왕이라고 칭했던 것이다.

천자에게서 일정 지역의 통치를 위임받은 제후의 호칭은 '공(公)·후(侯)·백(伯)·자(子)·남(男)'이다. 이는 위임받는 지역의 크기 또는 천자와의 혈연관계에 따라 부여된다. 가장 넓은 지역을 위임받은 자거나 천자와 혈연관계가 가까운 이를 공이라고 한 후 그 나머지는 봉토가 줄어드는 순서대로, 또는 혈연관계가 멀어지는 순서대로 그다음의 호칭을 부여했다.

훗날 전국 시대의 혼란을 통일한 진(秦)나라의 초대 황제 진시황(秦始皇)이 썼던 '황(皇)'이라는 호칭은 본래 '제(帝)'와 함께 사람이 아닌 신을 부르는 데에 사용됐던 호격(呼格)이다. 곧 사람 가운데 가장 높은 자리에 있는 자를 지칭하는 명칭이 왕이고 그 위에 있는 신을 가리키는 명칭이 '황'과 '제'였다. 이를 인간인 진시황이 가져다 쓴 까닭은 봉건제적 호칭 체계가 춘추 시대 다음 시대인 전국 시대를 거치면서 완전히 붕괴했기 때문이다.

따라서 진시황은 새로운 호칭 체계를 세울 필요가 있었고, 자신이 기존의 왕과는 완전히 다른 차원의 존재임을 보여 주기 위해 신을 지칭하는 '황'이라는 명칭을 따왔다. 신의 호칭을 빌려 자신을 지칭함으로써 통일 제국의 군주라는 새로운 위상을 상징적으로 표현했던 것이다. 이때부터 천자가 '황제'로 불리게 된다. '진시황'은 '진나라 최초의 황제'라는 뜻이다.

천자가 황제로 상향 조정되었다면 그에게 일정 지역의 통치를 직접 위임받는 제후의 명칭도 한 칸씩 올라가는 것은 당연한 일이다. 하여 진시황 이후로는 제후의 명칭이 '공·후·백·자·남'이 아닌 '왕'으로 승격된다. '제후왕(諸侯王)' 또는 '후왕(侯王)'이란 호칭도 이때부터 쓰이기 시작한다.

4. 봉건제 하의 여러 용어들

국, 가, 봉토, 봉읍, 분봉

봉건제의 핵심은 천자, 곧 왕이다. 왕은 수도[경(京)]와 중앙 관료 등의 생계유지에 필요한 물품을 대는 평민과 노예가 사는 지역[기(畿)]만을 직할 통치했고, 그 외의 지역은 제후에게 통치를 위임했다. 이렇게 천자로부터 제후가 통치를 위임받은 지역을 '국(國)'이라 했고 제후를 임명해서 '국'을 세우는 행위를 '분봉(分封)'한다고 했다. 그리고 이렇게 통치를 위탁받은 지역을 '봉토(封土)' 또는 '봉읍(封邑)'이라고 했다.

제후 또한 자신이 사는 도읍과 그 주변 지역을 제외하고는 자신의 혈족이나 공신에게 자신이 분봉받은 지역의 일부를 다시 떼어 주었다. 이때 제후로부터 토지를 떼어 받을 수 있는 계층을 '대부(大夫)'라 하고 그들 중 높은 직위에 있거나 지도자급 인사를 '경(卿)'이라고 부른다.

그러나 경이라고 해서 항상 제후보다 신분이 낮은 것은 아니다. 천자의 조정에서 고위직에 있는 이들도 경이라고 칭했기 때문이다. 주나라의 무왕에게 봉토를 받은 강태공(姜太公)처럼 이들 가운데는 제후와 동급인 인사들이 있었다. 곧 같은 경이라도 천자의 경인가, 아니면 제후의 경인가에 따라 그 지위 고하가 결정됐던 것이다. 한편 경과 대부가 제후에게 분봉 받은 봉토를 일컬어 '가(家)'라고 한다.

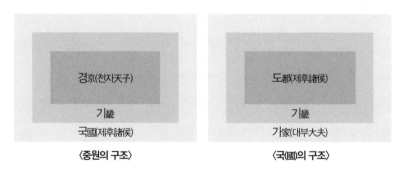

【봉건제 하의 천하 구조】

선왕, 삼대

'선왕(先王)'의 뜻은 '이전의 왕', '선대의 왕'으로, 문면 그대로만 보면 현재의 왕보다 이전의 왕들을 가리킨다. 그러나 선왕은 그러한 뜻으로는 거의 안 쓰이고 '성군(聖君)' 또는 '성왕(聖王)'의 의미로 쓰였다. 전통 시기(중국의 근대 이전 시기) 유가들은 성인의 계보를 세워 역대로 8명의 성인이 있다고 말해 왔다. 요임금·순임금·우왕·탕왕·문왕·무왕·주공·공자가 바로 그들이다.

요임금과 순임금은 태평성대를 이룩했던 전설적이고 신화적인 존재이며 우왕은 하나라를 건국한 치수의 영웅이었다. 탕왕은 상나라의 시조로 하나라의 폭군 걸왕을 내쫓고 천자 자리에 오른 후 선정을 베푼 군주였다.

문왕은 상나라 마지막 천자인 주왕 시절의 제후로, 당시에는 서백(西伯) 창(昌)이라고 불렸다. 당시 민심이 폭정을 휘두르는 주왕을 떠나 그에게로 왔으나, 그는 신하로서 천자를 배반할 수 없다면서 끝까지 신하의 예를 지켰다. 이런 그의 처신으로 인해 천하의 인심은 더욱 주나라로 향했고 이는 아들 무왕 때에 이르러 역성혁명을 단행하는 데에 큰 터전이 되었다. 하여 공자는 이 둘이 힘을 합쳐 폭군 주왕으로부터 천하를 구제하는 대업을 완수했다면서, 이 둘 모두를 성인의 반열에 올렸다.

주공은 무왕의 친동생이자 주나라 2대 천자인 성왕(成王)의 숙부로,

어린 성왕을 잘 보필해 치국의 기틀을 마련한 재상이었다. 공자는 주공이 자신의 이상이라면서 그를 성인의 반열에 두었다. 이들 7명은 모두 태평성대를 일구었거나 선정을 베풀었다는 공통점을 지녔다. 따라서 일반적으로 선왕 하면 이들을 가리킨다.

'삼대(三代)'란, 하나라와 상나라(후기 명칭은 은나라) 그리고 주나라를 일컫는다. 그런데 글자 그대로의 뜻만 본다면 이 세 왕조의 모든 시기를 가리켜야 합당하겠지만 실제로는 이 세 시기 중 앞서 설명한 선왕이 재위한 기간만을 가리킨다. 곧 하나라의 경우는 우왕의 치세를, 상나라의 경우는 탕왕의 치세를, 주나라의 경우는 문왕과 무왕 그리고 주공의 치세만을 가리켜 삼대라고 부른다. 그 결과 삼대는 태평성대 또는 이상적인 정치가 행해졌던 시기를 뜻하게 되었다. 예컨대 '삼대 시절의 정치'라고 한다면 이는 이상적인 정치가 구현됐던 태평성대를 의미한다.

패, 패자, 맹

춘추 시대의 천자는 상징적인 질서의 정점이라는 의미만을 지닌 존재였다. 그 이전처럼 자신이 임명한 제후를 통제할 수 있는 현실적인 힘이 없었다. 대신에 힘 있는 제후들이 천자가 해야 할 일을 대신했다. 외적에 의해 제후국이 침공당하는 일이 발생하면 이를 구원한다든지, 대의명분에 위배되는 일을 하거나 공물을 약속대로 바치지 않은 제후를 징벌하고 선한 일을 한 제후를 포상하는 등 중원의 질서를 유지하는 일이 바로 천자의 주요 업무였다. 춘추 시대에는 이를 천자 대신에 힘 있는 제후가 대신했다.

이렇게 천자의 업무를 대신한 제후를 일러 '패(覇)' 또는 '패자(覇者)'라고 불렀다. 춘추 시대 최초의 패자는 제(齊)나라의 환공(桓公)이며, 그 뒤를 이어 진(晉)나라의 문공(文公), 초(楚)나라의 장왕(莊王), 오(吳)나라의 합려(闔閭), 월(越)나라의 구천(句踐)이 패자의 자리에 오른다. 이들을 '춘추 오패(春秋五覇)'라고 부르기도 하는데, 장왕과 구천 대신에 진(秦)나라의 목공(穆公), 송(宋)나라의 양공(襄公)을 꼽기도 한다.

패자는 '맹(盟)'이라는 장치를 통해 춘추 시대 중원의 질서를 유지했다. '맹'은 제후들의 회합을 가리킨다. 패자가 된 제후는 다른 제후를 불러 모임을 주관해서 중원의 현안을 해결했다. 이를 '회맹(會盟)'이라고도 불렀다.

공실, 공자, 공족

왕실(王室)이 천자의 집안을 가리키듯이 '공실(公室)'은 제후의 집안을 가리킨다. 천자의 아들을 왕자(王子)라고 부르듯이 제후의 아들은 '공자(公子)'라고 부른다. 손자인 경우에는 각각 '왕손(王孫)'과 '공손(公孫)'이라고 칭했다. 왕자 중에 천자의 위를 승계받는 아들은 천자가 되고 그 나머지는 대부의 신분을 지닌다. 공자 중에서도 제후의 지위를 승계받는 자는 제후가 되고 그 나머지는 대부의 신분을 지니게 된다.

'공족(公族)'은 제후의 일족을 뜻한다. 그리고 '왕족(王族)'은 천자의 일족을 가리킨다. 설령 제후에게 부여된 호칭이 '후·백·자·남'이라 할지라도 모두 '공실·공자·공족'이라고 불렀다.

대부, 사, 국인

대부(大夫)는 관직을 맡아 국정을 수행하는 계층을 가리키는 말이다. 경은 이들 중 고위직에 오른 이들이나 권세를 쥐고 있는 이들에 대한 존칭이다. 춘추 시대 이들은 천자와 제후 나라의 주요 역량이자 지배층이었다.

군주는 국가의 주요 현안에 대한 이들의 여론을 중시하고 이들 역시 '국인참정제(國人參政制)'와 같은 관습적 제도를 통해 국정에 실질적으로 참여했다. 여기서 '국인(國人)'은 대부 계층을 가리키고 이들 중 국정 전반을 관장했던 이를 가리켜 《좌전》에서는 '집정(執政)·위정(爲政)·민지주(民之主)·국정(國政)·대정(大政)' 등으로 칭했다.

한편 대부 계층 가운데 힘을 비축한 이들은 제후를 압도하고 자신이 직접 국정의 전면에 나섰다. 제(齊)나라의 전씨(田氏) 집안, 진(晉)나라의 한씨(韓氏)·위씨(魏氏)·조씨(趙氏), 그리고 노(魯)나라의 삼환씨

[三桓氏, 맹손(孟孫)씨·숙손(叔孫)씨·계손(季孫)씨] 등이 그 대표적인 경우다. 제나라와 진나라는 결국 이들 유력 대부 가문이 제후를 폐하고 자신들이 제후가 되기에 이른다. 이런 현상이 본격화된 시기가 전국 시대(戰國時代)다.

'사(士)'는 일반적으로 글을 읽고 쓸 줄 아는 식자층을 가리킨다. 원래 사는 각 분야에서 일을 처리하던 하층 관리를 일컫는 호칭이었다. 이들의 지위는 대부와 서민(庶民)의 중간으로 경이나 대부의 가신이 되었지만 대개는 서민과 그다지 큰 차이가 없었다.

이들은 주로 '의례[예(禮)]·음악[악(樂)]·활쏘기[사(射)]·말타기[어(御)]·글쓰기[서(書)]·연산[수(數)]'의 '육예(六藝)'를 익혔고 그중에서도 활쏘기와 말타기를 집중적으로 익혀 하급 군관으로 채용되는 경우가 많았다. 물론 노자나 공자처럼 문관으로 채용되는 경우가 없었던 것은 아니다.

춘추 시대 말기 이후로 사는 점차 지식인을 가리키는 일반명사처럼 쓰였다. 이들은 춘추 시대 이전 시기의 지식인이라 할 수 있는 '무사(巫史)' 계층을 대신해서 이후 중국 지성사의 실질적인 주인공으로 성장한 신흥 인재였다.

특히 부국강병을 추구하던 춘추·전국 시대에 제후나 유력 경대부들은 기존의 봉건제적 경대부 대신에 '통치 보조 전문가'라 할 수 있는 새로운 관료층인 사를 주로 임명했다. 이들의 보좌를 바탕으로 중

앙 집권적 개혁을 추진하기도 했다. 춘추·전국 시대에 나타났던 제
자백가도 이들 지식인 계층에서 주로 나왔다.

융적, 만이, 융인, 적인, 만인, 적국

봉건제 아래에서 천하는 세계의 중심인 '중원(中原)'과 이를 둘러싸
고 있는 '사이(四夷)' 지역으로 구성된다.

중원은 '가운데인 평원'이란 뜻으로 지리적으로는 하나라와 상나
라, 주나라의 수도가 있었던 황하 중하류 일대를 가리킨다. 그러나
중국이 주변으로 확대되면서 중원은 중국의 강역 전체를 가리키는
말로 쓰였고, 이에 따라 중원이 가리키는 지역도 점점 늘어났다.

사이는 '사방의 오랑캐'라는 뜻으로 '동이(東夷)·서융(西戎)·남만(南
蠻)·북적(北狄)'을 말한다. '오랑캐'는 문명화된 중원에 비해 낙후되고
야만적인 공간에 사는 존재를 가리키며, 이들의 존재론적 자리는 '사
람의 격[인격(人格)]'이 아니라 '짐승의 격[수격(獸格)]'이다.

그러나 이와 같은 이념적 규정과는 무관하게 이들은 중원의 제후
국과 함께 춘추 시대의 실질적인 주역이었다. 이들은 중원의 제후국
주변 또는 사이(四夷) 사이에 폭넓게 자리한 상태에서 각각의 나라뿐
아니라 중원 전체의 정세를 좌우했던 주요 상수로 활약했다. 그중에
는 천자나 패자 등에 의해 중원의 제후로 임명되는 경우도 있었다.

'융적(戎狄)·만이(蠻夷)·융인(戎人)·적인(狄人)·만인(蠻人)' 등은 이들

을 가리키는 용어다. '융적'과 '만이'는 '오랑캐'에 대한 일반적 명칭으로 중원 제후국들의 통제 바깥에 있는 정치 세력을 지칭할 때 사용되는 용어다. 예컨대 서방의 진(秦)나라나 남방의 초(楚)·오(吳)·월(越)나라 등도 중원의 통제 바깥에 있다는 맥락에서 '만이'라 불리기도 했다.

한편 '오랑캐'에 대한 범칭인 '이적(夷狄)'과 '호(胡)'라는 용어도 널리 쓰인다. '이적'의 경우는 《좌전》에서 한 차례도 쓰이지 않았지만 '오랑캐'에 대한 통칭으로 널리 쓰이는 낱말이다. '호'의 경우는 보통 중국 서방과 북방의 '오랑캐'를 지시하는 낱말로 그 일대의 '오랑캐'를 가리키는 '융'이나 '적'보다도 더 바깥의 유목민을 뜻했다. 이 말은 어떤 특정한 종족이나 집단을 가리킨다기보다는 '길들이기 어렵고', '적대적'이라고 낙인찍힌 유목 민족을 지칭하는 데에 주로 사용되었다.

'융인·적인·만인' 등은 집합 명사로서의 '오랑캐'를 지칭한다. '적국(狄國)'은 '오랑캐들이 세운 나라'를 뜻한다. 《좌전》에는 '이'나 '적', '융', '만'과 같이 한 글자로 '오랑캐'를 나타내기도 했다. 따라서 이러한 글자가 들어 있는 단어는 '오랑캐'로 백안시됐던 집단이나 정치 세력을 가리킨다고 이해하면 된다.

전통적으로 고대 중국인들은 '사이' 중에서도 남만과 동이는 항상 연합하거나 동화할 수 있는 범주에 넣는 반면 서융과 북적은 국외자 또는 동화될 수 없는 적대적인 존재로 보아 왔다. 이는 중원이 행사하는 도덕적·정치적 영향력에 북쪽과 서쪽의 '오랑캐'들이 더 반항적이었던 까닭에 형성된 관념이라고 보인다.

《춘추좌전》에 들어가면서

　《춘추좌전》은 공자가 편찬한 《춘추》를 좌구명이 해설한 책이다. 《춘추》에는 노나라의 은공 원년(기원전 722년)부터 애공 14년(기원전 481년)에 이르는 춘추 시대의 역사가 실려 있다.

　중국에서는 공자가 편찬한 《춘추》처럼 성인이 만든 책을 경(經)이라고 부르고 성인에 버금가는 인물[아성]이 경을 해설한 글을 전(傳)이라고 불렀다. 그래서 《춘추》에 좌씨(좌구명)가 해설했다는 의미에서 책 이름을 《춘추좌씨전》이라고 했고, 이를 줄여서 《춘추좌전》 또는 《좌전》이라고도 불렀다. 이런 이유 때문에 《춘추좌전》에는 공자가 편찬한 글과 좌구명이 해설한 글이 함께 있게 되었다. 《춘추》는 글이 너무 간략해서 그 뜻을 이해하기 어려워 그에 대한 해설서가 필요했기 때문이다. 이런 해설서 가운데 가장 오래된 책이면서 권위를 인정받고 있는 책이 바로 《춘추좌전》이다.

《춘추좌전》에는 공자가 정리한 글과 좌구명이 쓴 글이 구별되어 있지만 이 책에서는 좌구명의 해설을 주로 다루고 있어서 두 개의 글을 모두 싣지 않고 좌구명의 해설만을 수록했다. 또한 책의 내용이 방대하고 복잡하기 때문에 핵심적이라 할 만한 내용이 담긴 원문을 중심으로 골라 수록했다. 그리고 풀어쓴 이의 해설을 덧붙여 청소년들의 이해를 최대한 돕고자 했다. 사실 《춘추》에는 역사적 사실만 기록되어 있는 것이 아니라 편찬한 이의 철학도 함께 들어 있기 때문에 역사적 사실과 함께 그 의미를 파악하는 것도 중요하다. 이 점에 유의하며 함께 춘추 시대의 세계로 들어가 보자.

제1장

은공隱公

기원전 722년~기원전 712년

좌구명(左丘明) 춘추 시대 노나라의 학자며 공자와 동시대의 사람으로 공자는 그의 인품을 칭찬하기도 했다. 그는 《춘추좌전》을 서술해 원작 《춘추》의 내용을 풍부하게 해설했다고 알려져 있으나, 이를 부인하는 학자도 많다. 《춘추좌전》은 서술이 상세하고 표현이 문학적이어서 중국 사학과 중국 문학을 대표하는 저작이 되었다.

주(周)나라 문왕(文王) 주나라 무왕의 아버지로 이름은 창(昌)이다. 고대의 이상적인 성인 군주의 전형으로 꼽히며, 아들 무왕이 주나라를 세울 수 있도록 기반을 닦아 주었다.

1. 시간을 기록하는 방식

【은공 원년】원년* 봄, 주(周) 천자의 정월**.

> * 《좌전》은 《춘추》의 체계와 차례를 따랐고, 《춘추》는 노나라 공실(公室)에 보관 중인 사료를 바탕으로 편찬된 것이기에, 《좌전》은 노나라 제후의 세계(世系) 순으로 서술되어 있다. 따라서 위의 '원년'은 노나라 은공이 즉위한 해(기원전 722년)를 말한다.
> ** '주 천자의 정월[왕주정월(王周正月)]'은 제후국인 노나라가 당시 천자의 나라였던 주나라의 역법을 따르고 있었음을 보여 준다. 역법은 왕인 천자만이 제정할 수 있었기에 '주 천자[왕주(王周)]'라는 표현을 썼다.

원년(해)→ 봄(계절)→ 정월(달)! 《좌전》은 이렇게 기록된 시간 표기와 함께 시작된다. 《좌전》이 시간의 순서에 따라 기술하는 편년체 역사책임을 감안한다면 첫머리에 시간이 기록된 것은 무척 자연스럽다. 다만 그 방식이 우리가 일반적으로 접하는 것과는 다소 다르다는 점이 눈에 띌 따름이다. 가령 일기를 쓴다고 해 보자. 우리는 그 첫머리에 'ㅇㅇㅇㅇ년 △△월 □□일'처럼 쓸 것이다. 여기에 요일 정도를 덧붙여 쓰는 것이 우리에게 익숙한 방식일 것이다. 이를 《좌전》의 시간 기록 방법과 비교해 보면 몇 가지 다른 점을 발견할 수 있게 된다.

첫째는 '계절'의 포함 여부다. 우리는 우리나라의 특징 중 하나로 뚜렷한 사계절의 순환을 들곤 한다. 그럼에도 우리는 시간을 기록할 때 계절을 언급하지 않는다. 둘째는 '1월'이라고 하지 않고 '정월'이라고 한 점이다. 물론 정월이란 말은 지금도 곧잘 사용되고 있다. 그러나 막상 표기할 때 1월을 '정월'이라고 쓰는 일은 분명 드물다. 셋째는 정월 앞에 '주 천자[왕주(王周)]'라는 말이 붙었다는 점이다. 달을 수식하는 말이 붙은 셈인데 서력(西曆)을 쓰는 우리가 '예수 그리스도의 1월'식으로 쓰지 않는 점을 떠올려 볼 때 이 또한 이색적이라고 할 수 있다.

이들은 시간을 분할하는 방식의 차이에서 비롯된다. 우리는 시간의 흐름 '안'에서 살아간다. 그렇다 보니 우리는 시간을 통째로 보지 못한다. 숲 바깥에 서야 숲 전체를 바라볼 수 있는데 사람이란 존재는 시간의 바깥에서 살 수 없다. 단지 우리는 시간을 상상하고 사유할 따름이다. 그 결과 저마다 자신이 생각하고 상상하는 방식으로 시간을 나누게 되었다. 그래서 그리스도교의 성탄절은 12월 25일이지만 그리스 정교의 성탄절은 1월 7일이고 우리의 설날은 매년(음력) 1월 1일이지만 이란의 설날은 3월 7일이다.

　전통 시기 한자 문화권의 경우도 마찬가지였다. 시간을 분할하는 나름의 기준이 있었다. 예컨대 새로운 왕조가 열리면 그때마다 시간을 나누는 법, 곧 역법(曆法)을 개정하거나 수정했다. 새로운 왕조의 시작은 '새로운 하늘이 열렸음'을 뜻했고 시간도 당연히 새롭게 시작되어야 했기 때문이다. 다만 역법을 바꿀 수 있는 권한은 천자에게만 있었다. 시간은 단지 그 안에 살고 있는 사람을 초월해서 우주의 섭리와 맞닿는다. 오직 하늘만이 시간을 통째로 다룰 수 있다. 그래서 역법을 만들거나 고치는 일은 천자, 곧 '하늘의 아들[천자(天子)]'만이 할 수 있었다.

　'원년 봄, 주 천자의 정월!' 다른 달은 '2월(二月)', '3월(三月)'식으로 쓰면서 유독 1월(一月)은 '정월'이라 쓰고 그 앞에 '주 천자'라는 수식어를 붙인 것도 이런 연유에서였다. 《춘추》가 노나라의 역사였던 까닭에 연도는 '노 은공 원년'처럼 노나라 제후를 앞세웠지만, 역법은 어디까지나 당시 천자의 나라였던 주를 좇았음을 밝히기 위해 '주 천자'라는 수식어를 넣었다. 그리고 이렇게 한 해를 바르게 시작했음을 말하기 위해 1월을 '정월', 곧 '바른 달[정월(正月)]'이라고 명명했다.

"원년이란 무엇인가? 군주가 재위하기 시작한 해다.

봄이란 무엇인가? 한 해의 시작이다.

왕이란 누구를 말하는가? 주나라를 천자의 나라로 만든 문왕(文王)을
말한다.

왜 왕을 먼저 말한 후에 정월을 말했는가? 천자인 왕의 정월이기 때
문이다.

왜 천자인 왕의 정월이라고 말했는가? 온 천하는 천자를 중심으로
크게 통일[대일통(大一統)]되어 있어야 하기 때문이다."

— 《춘추공양전(春秋公羊傳)》은공 원년

한편 계절을 쓴 까닭은 '1년-12월-24시간'의 3단계로 시간을 분
할하는 지금과 달리 옛사람들은 시간을 분할하는 방식이 '1년-4계
절-12월-24시간'의 4단계였기 때문이다. 물론 농경 사회에서 사계
절의 정확한 구별이 농사에 도움이 되었다는 현실적인 이유 때문이
라고도 할 수 있다.

자연스럽게 또 아무렇지도 않게 보이는 시간 기록이라 할지라도
그 밑바탕에는 시간을 어떻게 사유하고 상상했으며, 그것에 어떠한
의미를 부여했는가를 보여 주는 단서가 켜켜이 쌓여 있다.

고전을 읽는다는 것은 이처럼 익숙하고 당연하게 보이는 말 속에
서 침묵하고 있는 지식과 정보를 캐내는 것이다.

2. 역사를 빌려 철학을 행하다

【은공 3년】 위나라의 장공(莊公)이 제나라의 태자 득신의 누이에게 장가들었는데, 이름이 장강이었다. 그녀는 아름다웠지만 아들이 없었다. 위나라 사람들이 그녀를 위해 '석인(碩人)'이라는 시를 지었다. 장공은 진(陳)나라의 여규에게 다시 장가를 들었다. 그녀는 효백을 낳았지만 효백은 어려서 죽었다. 하여 여규의 동생 대규가 환공을 낳자 장강이 그를 자신의 아들로 삼았다. 공자 주우는 장공이 총애하는 여인의 아들이었다. 장공이 그를 총애하다 보니 전쟁놀이를 좋아해도 장공이 이를 금하지 않았다. 그러자 장강은 주우를 미워했다.

위나라 대부 석작이 간했다. "신이 듣건대 아들을 사랑하되, 그를 옳고 바른 것으로 가르쳐 사악함에 빠지지 않게 한다고 했습니다. 교만과 사치, 탐닉, 방탕은 사악함이 생겨나는 곳입니다. 이 네 가지는 총애와 녹봉이 지나치게 되면 생겨납니다. 주우를 태자로 세우시려면 바로 결정하십시오. 그렇게 하지 않으신다면 주우는 총애와 녹봉을 바탕으로 변란을 일으킬 것입니다. 무릇 총애를 받아도 교만하지 않고 교만하면서도 낮출 줄 알며 낮출 줄 알면서도 분노하지 않고 분노하면서도 자중할 수 있는 경우는 드뭅니다. 또한 '지위가 낮은 이가 높은 이를 훼방하는 것', '나이 적은 이가 많은 이를 능멸하는 것', '먼 친척이 가까운 피붙이를 이간질하는 것', '새로 들어온 이가 먼저 들어온 이를 이간질하는 것', '아랫자리 사람이 윗사람을 무시하는 것', '사특함이 의로움을 깨는 것'을 이른바 '여섯 가지의 역행'이라고 합니다. '군주가 의로움', '신하가 의를 행함', '아버지가 자애함', '아들이 효성스러움', '형이 우애로움', '동생이 공경함'을 일러 '여섯 가지의 순리'라고 합니다. 순리를 버리고 역행을 본받음은 재앙을 재촉하는 행위입니다. 군주는 앞으로 올 재앙을 미연에 힘써 없애야 하는데 오히려 이를 조장하니 어찌 올바른 일이겠습니까?"

그러나 장공은 듣지 않았다. 석작은 아들 석후가 주우와 어울리는 것을 금하려 했지만 실패했다. 환공이 즉위하자 석작은 연로함을 핑계로 사직했다.

'문[文, 문학] 사[史, 사학]·철[哲, 철학]'. '인간다움이란 무엇인가?'란 문제를 다루는 인문학을 이렇게 분류하곤 한다. 그런데 '분류'라는 것이 묘해서 한 번 나누기 시작하면 으레 그렇게 나눠야 마땅하다고 생각한다. 심지어 분류된 것들은 서로 섞이면 곤란하다고까지 생각한다. 예컨대 박쥐는 박쥐일 따름임에도, 포유류와 조류의 속성을 같이 지녔다는 이유 하나로 종종 백안시된다.

한자 문화권의 경우, 역사가 역사만으로 구성된 경우는 없었다. 만약 그렇게 했다면 이는 틀림없이 덜떨어진 것으로 여겨졌을 것이다. 역사만 그런 것이 아니었다. 그저 심상한 이야기려니 했는데, 행간에 심오한 이치나 역사의식이 배어 있듯이 문학이든 철학이든 간에 모두 저 혼자 있으려 하지 않았다.

특히 역사 서술의 경우는 더욱 그러했다. 역사 서술의 동기이자 목적의 하나는 사실의 기록을 빌려 세상과 자연에 대한 이치를 펼치는 것이었다. 지금처럼 역사가는 있었던 사실을 최대한 있는 그대로 기록하고 그에 대한 철학적·윤리적 판단은 독자에게 맡기는 방식이 아니었다. 사실의 기록 자체가 바로 이치의 전개였다.

사실 이러한 설명 자체가 본말전도(本末顚倒, 근본적인 것과 중요하지 않은 것이 뒤바뀜)다. 조류나 포유류 같은 분류 방식이 생기기 훨씬 이전부터 박쥐가 존재해 왔던 것처럼, 문·사·철 식의 분류 방식이 고안되기 전부터 사람들의 삶이 기록되었기 때문이다. 우리네 삶의 한 허리를 베어 내 거기서부터 여기까지는 문학적인 삶, 다시 저기까지는 철학적인 삶 식으로 나눌 수 없듯이 삶의 기록은 그 자체로 문·사·철의 융합체다. 따라서 사실을 기록하며 철학을 펼쳐 내는 것은 특이한 일이 아니라 당연한 일이었다. 이런저런 방식의 분류에 젖은 우리에게나 특이하게 보일 따름이다.

【은공 6년】 5월 경신일, 정나라 장공(莊公)이 진(陳)나라를 쳐서 큰 전과를 올렸다. 그전에 정나라 장공이 진나라에 화친을 청했지만 진나라 환공(桓公)이 허락하지 않았다. 이때 동생 오보가 간했다. "인(仁)함을 가까이 하고 이웃과 잘 지내는 것이 나라의 보배입니다. 주군께서는 정나라의 요청을 받아들이십시오." "송나라와 위나라는 실로 우리가 감당하기 어렵지만 정나라가 우리를 어찌하겠소?" 진나라 환공은 이렇게 말하며 끝내 허락하지 않았다.

군자가 말했다. "선은 잃어서는 안 되고 악은 키워서는 안 된다고 했는데, 이는 진나라의 환공을 두고 한 말이다. 악을 키우면서도 고치지 않으면 결국 자기에게 화가 미치니, 그때가 되어 자신을 구제하고자 해도 어찌 가능하겠는가? 《서경》〈상서(商書)〉에 이르기를 '악이 번져 감은 마치 불길이 벌판을 태우는 것 같다. 그 불길을 따라잡을 수도 없는데 어찌 끌 수 있겠는가?'라고 했다. 주 왕실의 대부 주임도 이렇게 말했다. '농부가 힘써 잡초를 모조리 베어 한곳에 모아 두엄으로 만들듯이, 국가를 다스리는 자는 악을 보면 그 뿌리를 뽑아 다시는 번식하지 못하게 해야 한다. 그래야 선이 펼쳐지게 된다.'"

이치의 전개, 곧 자신의 주장을 논증적으로 펼치거나 사물의 법칙을 밝히는 행위를 두고 전통 시기에는 '언설을 세우다.'는 뜻의 '입언(立言)'이란 말을 썼다. 그리고 사실의 기록 행위를 '기사(紀事)'라 칭했다. 역사는 이러한 기사와 입언의 융합체였다. 《좌전》이 마치 입언을 하기 위해 사실을 기록한 것처럼 보일 정도로 기사와 입언이 섞인 까닭도 여기에 있다.

앞의 기사에서 "군자가 말했다."로 시작되는 부분은 역사가 기사와 입언의 융합체임을 여실하게 보여 준다. '군자'는 《좌전》의 저자를 대변하는 존재다. 그는 자만이라는 악을 키워 결국 나라에 큰 해를 끼치게 된 진나라 환공을 기록하는 데서 멈추지 않고 '군자'란 존재를 등장시켜 그러한 사실에 대한 엄밀한 평가를 내렸다. 기록한 사실에 대한 자신의 입장을 분명하게 드러낸 셈이다.

이렇게 사실의 기록과 이치의 규명을 역사란 이름 아래 한데 섞어 놓는 방식은 이후 한자 문화권 역사 서술의 모범이 된다. 지금은 역사가 사실의 기록만을 가리키지만 원래는 사실의 기록과 이치의 규명이 함께 담겨 있었다. 그래서 《좌전》에는 사실의 기록만큼이나, 아니 그 이상으로 이치가 규명되었던 것이다.

3. 양심과 생명 모두를 지키는 필법

【은공 5년】 봄, 은공이 당나라로 가서 물고기 잡이를 구경하고자 했다. 작은 아버지인 장희백이 간했다.

"무릇 물건이 큰일을 도모하기에 부족하거나 그 재질이 기물로 만들기에 부족하면 군주는 쓰지 않습니다. 군주는 '궤(軌)'와 '물(物)'에 의거해 백성을 인도해야 합니다. 그 법도에 딱 맞게 일을 처리함을 일러 '궤'라 하고, 그 기물의 외형에 잘 어울리는 재질을 취함을 일러 '물'이라고 합니다. '궤'하지도 않고 '물'하지도 않는 것을 일러 정사를 어지럽힌다고 합니다. 정사를 어지럽히는 일을 자주 행하면 멸망의 원인이 됩니다. 그래서 춘하추동에 거행하는 사냥 행사를 모두 농사일이 바쁘지 않을 때 시행했습니다. 또한 3년마다 군사 훈련을 하고 도성으로 들어와서는 군사를 위로합니다. 또한 궁성으로 돌아와서는 종묘에서 제례를 올려 귀환을 보고한 후 군비를 정비합니다. 신분별 휘장을 밝히 드러내 지위의 높낮이를 확실하게 하며 군대의 서열을 따져 밝히고 나이에 따라 순서를 지키게 해서 의례를 익히게 합니다. 날짐승과 들짐승 가운데 그 고기를 제상에 올릴 수 없고 그들의 가죽·이·뼈·뿔·털·깃털로 기물을 만들 수 없으면 군주는 그것들을 사냥하지 않는 것이 옛날의 법도입니다. 산림과 강, 못에서 나는 것과 기물용 물자와 관련된 일은 하인의 일이며 담당 관리의 직분이지 군주가 할 일이 아닙니다."

그러자 은공은 "나는 변방을 경략하고자 하오."라고 말하고는 결국 가서 고기잡이 장비를 쭉 늘어놓고서는 고기잡이를 구경했다. 장희백은 병을 핑계대고 따라가지 않았다. 《춘추》에 "은공이 당에 가서 물고기 잡는 것을 구경했다."고 쓴 것은 은공의 행위가 예에 맞지 않았다는 뜻이다. 또한 당이 멀리 떨어진 곳이었음을 말한 것이다.

목숨과 맞바꿀 정도로 가치 있는 일은 무엇일까? 설령 그런 일이 있다고 치자. 이를 위해 목숨이 떨어지는 극도의 공포를 담담하게 받아들이는 이가 얼마나 될까? 그런데 역사를 보면 뭔가 가치 있다고 생각되는 일을 위해 초개와 같이 목숨을 저버린 일화가 종종 등장한다.

대표적인 예가 '사실대로 기록한다.'는 원칙을 실현하기 위해 목숨을 버린 경우다. 그런 사례가 많다는 것이 아니다. 있는 그대로 기록하는 것과 목숨을 맞바꾸는 것은 누구나 할 수 있는 일이 아니기 때문이다. 18만여 자나 되는 《좌전》 가운데서도 양공 25년에 실린 최저의 제나라 장공(莊公) 시해 사건 관련 기사가 유일할 정도로 매우 드물다.

【양공 25년】 태사(太史)가 이렇게 썼다.

"최저가 자신의 군주를 시해했다."

최저가 태사를 죽였다. 태사의 동생이 형을 이어 똑같이 기록하자 죽은 이가 둘이 되었다. 태사의 다른 동생이 다시 그렇게 기록하자, 그냥 둘 수밖에 없었다. 또 다른 사관이었던 남사(南史)는 태사 형제가 죽임을 당했다는 소식을 듣고 죽간을 짊어지고 오다가 사실대로 기록되었다는 소리를 듣고는 발길을 되돌렸다.

태사는 역사 기록을 담당하는 사관이다. 제나라의 장공은 최저의 아내와 여러 차례 사통했고 이를 안 최저는 장공을 시해하고는 국정을 무단으로 장악했다. 그러나 아무리 신하의 아내와 사통을 한 폭군이었지만 그래도 군주를 시해했다는 사실이 역사에 기록되어 두고두고 욕먹는 것만큼은 최저 자신도 피하고 싶었던 모양이다.

하여 그는 자신이 군주를 시해했다고 기록한 태사를 죽였다. 그리고 태사의 뒤를 이어 다시 사실대로 기록한 태사의 동생을 또 죽였다. 이런 소문을 듣고도 태사의 또 다른 동생이 재차 사실대로 기록했고 제나라 바깥에 나가 있던 또 다른 사관인 남사는 기록할 대나무 뭉치, 즉 죽간을 챙겨 들고 부랴부랴 귀국길에 올랐다.

죽을 곳도 마다않고 제 발로 찾아들기까지 하는 이들. 그들을 움직인 힘은 무엇이었을까? 어쩌면 '사관'이라는 직책이 그들을 그렇게 만들었을 수도 있다. 당시 사관은 사실을 있는 그대로 기록하기 위해 기꺼이 목숨을 내던질 수 있도록 고도의 훈련을 받은 이에게만 자격이 주어졌다. 그만큼 역사를 중요하게 여겼던 것이고 그렇기에 사실대로 기록하는 일을 목숨과 맞바꿀 만한 가치가 있다고 생각했다.

정도의 차이는 있지만 양식 있는 학자들도 역사는 '있는 그대로 서술해야 한다.'고 생각했다. 그러나 이를 지키려면 목숨을 걸어야 하는 상황에 곧잘 처하곤 했다.

우리는 '구차하게 목숨을 부지하다.'는 표현을 종종 접하곤 하지만, 목숨은 대개의 경우 모든 윤리적, 이념적 가치보다 앞선다. 게다가 사람은 목숨을 자기 원대로 포기할 수 있게끔 태어나질 않았다. 여기서 학자의 곤혹스런 고민이 비롯된다.

물론 그런 상황이 일어나지 않는 것이 상책이다. 특히 군주와 관련된 경우는 더욱 그러하다. 절대 권력자인 군주의 의사나 마음에 반하는 간언을 올리거나 글을 쓰다 보면 죽음이 성큼 다가설 때가 많다. 그렇다고 잘못된 일을 눈감고 넘어가기에는 학자의 양심에 걸릴 것이다.

자신의 잘못을 곧이곧대로 들춰내는 이가 곱게 보이지 않는 것이 인지상정인데, 만약 내 손에 타인의 생살여탈권이 쥐여져 있다면? 전통 시기, 군주는 그런 절대 권력을 쥐고 있었던지라 면전에서 그의 성정을 건드리는 것은 어리석은 행위였다. 하여 고안된 것이 '주문이휼간(主文而譎諫)'이란 수사법이었다. '주문(主文)'이란, 말이나 글을 수식하는 것을 말하고 '휼간(譎諫)'은 직설적이지 않게 우회적으로 표현하는 것을 말한다. 말하고자 하는 바를 꾸며서 에둘러 표현함으로써 즉자적이거나 감정적인 판단에 이르게 하지 않는다는 것이다.

이러한 수사학적 전략은 《시경(詩經)》의 가장 오래되고 가장 권위 있는 해설서인 《모시(毛詩)》의 서문에 처음 나온다. 그 내용은 다음과 같다.

> "위는 아래를 풍자로써 교화하고 아래는 위를 풍자로써 비판한다. 문채를 가해 에둘러 간하니 말한 자는 죄가 없고 듣는 자는 경계로 삼을 만하다. 그래서 '풍(風)'이라고 했다."

이후 《시경》이 한자 문화권 최고의 경전 가운데 하나로 대접받았던 까닭에 이 전략은 다른 분야의 글쓰기에도 활용되었다.

"은공이 당(棠)에서 물고기 잡는 것을 구경했다."는 《춘추》의 짧은 언급은 마냥 평범해 보인다. 이 구절만으로는 은공을 비판하는 것인지 아닌지를 판단하기 어렵다. 그런데 은공 5년 봄에 이보다 더 중요한 사건이 전혀 일어나지 않았을 리도 없다. 그럼에도 공자는 왜 하필 이 사건을 기록했을까? 혹시 이 사건에 뭔가가 숨겨진 것은 아닐까? 다시 말해 '수사를 가해 에둘러 표현'한 것은 아닐까? 만약 그렇다면 에둘러 말하고자 한 바는 무엇이었을까?

이에 대해 《좌전》의 저자 좌구명은 은공이 변방을 경략한다는 핑계를 댄 점과 간언을 올린 장희백이 병을 핑계로 따라가지 않았음을 근거로 고기잡이를 보러 간 은공의 행위가 예법에 어긋난 일임을 에둘러 표현한 것이라고 보았다. 결국 군주의 잘못을 사서에 분명하게 기록했다는 것이다.

이렇게 언뜻 보면 아무런 평가도 내리지 않은 듯하지만 맥락을 잘 짚어 보면 날선 비판이 담긴 문장들, 그렇기에 학자로서의 양심을 지킴과 동시에 목숨도 보전할 수 있었던 글쓰기 수법, 이것이 《춘추》의 필법이었다. 덕분에 공자는 군주의 잘잘못을 추상같은 붓끝에 담아 냈으면서도 73세까지 장수할 수 있었던 것이다.

4. '예서'로서의 《춘추좌전》

【은공 5년】 9월, 은공이 계모인 중자의 사당을 짓고 장차 만무*를 공연하고자 했다. 이에 노나라 은공이 중중에게 깃을 들고 춤추는 사람의 수에 대해 물었다. 중중이 답했다.

"천자는 팔일무**를 하고 제후는 육일무를, 대부는 사일무를, 사는 이일무를 합니다. 무악은 여덟 가지 악기의 소리를 조절하여 천하 팔방의 풍습을 재현하는 것입니다. 그러므로 무악은 팔일무 아래로 해야 하는 것입니다."

---

* 만무(萬舞) : 춤의 일종으로 문무(文舞)와 무무(武舞)를 총칭한 무악이다.
** 팔일무(八佾舞) : 천자만 베풀 수 있는 춤으로 가로 세로 8명씩 모두 64명이 정방형을 이루며 춘다. 제후 이하는 품계에 따라 2일(가로 2줄, 세로 2줄)씩 줄어든다.

'천자-제후-대부-사'. 이는 봉건제를 떠받쳤던 신분 구조였다. 천자를 정점으로 사 계층까지 피라미드형으로 짜인 이 신분 구조의 하단에는 서민(庶民)이라 불린 평민 계층이 있었다. 다만 예법이란 것은 사 계층 이상, 곧 식자층에게만 적용된다고 생각했던 까닭에 앞의 글에서는 천자에서 사까지만 언급됐던 것이다.

춘추 시대에 와서도 신분 구조의 근간은 봉건제였다. 따라서 이러한 신분 구조가 여전히 표방되고 있었으나 현실은 전혀 그렇지 못했다. 춘추 시대에 모두 36명의 제후가 자리에서 쫓겨났다는 기록으로 보건대 이러한 신분 구조의 구속력은 그다지 크지 못했던 듯하다. 아니 새로운 질서를 모색하는 시대 조류의 도전 앞에 속수무책이었던 것으로 보인다.

봉건제가 허약했다는 뜻이 아니다. 근대인들은 전근대 시기를 다소 낮춰 보는 경향이 있는데 한번 생각해 보라. 지금처럼 초고속 인터넷은커녕 기껏해야 말 타는 것이 가장 신속하게 의사를 전달하는 방편이었던 시절임에도 사람들은 봉건제를 기반으로 그 넓은 영토와 많은 인구를 효율적으로 엮어 '중원 공동체'라 할 만한 정치적 공동체를 유지했다.

그렇다면 이러한 질문을 한 번쯤은 던져 봐야 할 듯하다.

"혹시 봉건제가 '지금-여기' 만큼은 아니더라도 나름대로 강력한 힘을 지닌 효율적인 통치 방식이었던 것은 아닐까?"

이 물음에 답하려면 먼저 다음의 문제를 풀어 볼 필요가 있다. 흔히 헌법에는 성문법과 불문법이 있다고 한다. 이러한 구분이 맞는지의 여부는 논외이므로 일단 접어 두자. 대신 다음의 물음에 답해 보자. "성문법과 불문법 중 어느 것이 더 개인과 사회를 숨 막힐 정도로 옭아맬 수 있는가?" 물론 법을 어떻게 운용하느냐에 따라 성문법인가 아닌가의 여부에 관계없이 법으로 인민을 옥죌 수도 또 자유롭게 할 수도 있다. 그런데 만약 함량 미달의 전제 군주가 나와 불문법을 앞세운다면 과연 어떤 일이 벌어질까? 모르긴 해도 정해진 법조문이 없는 만큼 자의적으로 판단하고 행동해도 이를 법적으로 규제하지 못하게 될 수도 있다.

봉건제가 그러했다는 뜻이 아니다. 봉건제의 힘을 따져 보기에 앞서 불문법이 경우에 따라 무소불위의 힘을 지닐 수 있음을 환기한 까닭은, 관습이나 신앙, 이념 등이 명문화된 법조문이나 사회 제도보다 더 효과적으로 넓은 지역과 많은 사람을 아우를 수 있음을 지적하기 위해서다.

일상에 스며든 신앙과 이념, 관습 등이 법이나 제도를 기반으로 한 규율보다 은근하지만 훨씬 강력하고 오랫동안 지속된다는 점을 역사는 분명하게 일러 준다. 신속한 의사소통 체계나 의무 교육 기관과 같이 '중원 공동체'를 중앙 집권적으로 뒷받침할 수 있는 제도적 기반이 없었음에도 봉건제가 힘을 발휘할 수 있었던 까닭이 여기에 있었다.

통치자들은 '중원 공동체'를 안정적으로 유지할 수 있는 방도로 일상생활 그 자체에 봉건제적 이념과 관습을 촘촘히 깔아 두어 사람들이 살아가는 것이 그 자체로 봉건제적 질서를 부지불식간에 내면화하고 당연하게 여기도록 만들었다.

'천자-제후-대부-사'의 위계에 맞춰 '팔일무-육일무-사일무-이일무'로 규정한 것도 그런 내면화의 한 장치였다. 춤에 위계질서가 있을 리 없지만 당시 사람들은 이를 정치적인 위계질서에 맞대응시켰다. 그러고는 춤에서도 위계질서를 넘어서는 행위를 엄격하게 금했다. 춤뿐만이 아니었다. 옷 빛깔도 신분에 따라 달리했고 집 또한 계층에 따라 달리 지었다. 그릇 같은 일상 용품조차 계층에 따라 사용할 수 있는 범위가 정해졌다.

이렇게 일상의 아주 작은 부분부터 국가 통치라는 큰 영역에 이르기까지 봉건제적 이념과 관습을 켜켜이 깔아 놓음으로써 일상생활이 바로 봉건제적 세계 질서 속에 있도록 구조화한 것이 바로 주나라의 예법이었다.

《좌전》에는 그러한 예법에 대한 설명이 많이 실려 있다. 일상적인 행위뿐 아니라 내정과 외교 등 사회생활 전반에 걸쳐 천자와 제후 그리고 대부와 사 계층이 마땅히 준수해야 할 예법이 상세하게 서술되었다. 그래서 사람들은 《좌전》을 역사서의 외모를 띤 '예서(禮書, 오늘날로 치자면 법전)', 곧 사회 규범인 예법을 본격적으로 다룬 책으로 규정하기도 한다.

예서의 대표 격인 《예기(禮記)》가 예법을 이론적으로 다뤘다면 《좌전》은 삶의 구체적인 맥락에서 예법을 다룸으로써 자칫 따분하게 느낄 수 있는 예법에 약동하는 현장감을 불어넣었다는 것이다. 그리하여 예법이 격식이나 따지며 현실을 외면하지 않았음을, 또 갖가지 폐단을 구제하는 역량이 있었음을 보여 주었다고 본다.

《좌전》은 겉치레로만 보일지 모르는 예법이 실은 한 개인의 일상 영위와 국가 그리고 천하의 경영을 가능케 해 준 숨은 원동력임을 입증하고 있다. 그래서 《좌전》은 예서이기도 했다.

제2장

환공 桓公

기원전 712년~기원전 694년

노(魯)나라 환공(桓公)
형인 은공을 시해하고 노나라의 15대 군주가 된 환공은, 제나라 양공의 누이와 결혼했다가 양공이 보낸 역사(力士) 팽생에 의해 죽고 만다.

오자서(伍子胥) 고대 중국을 대표하는 복수의 화신 춘추 시대 초나라 사람으로 이름은 원(員)이다. 아버지와 형이 초나라 평왕(平王)에게 피살되자 오나라를 도와 초나라를 쳐서 원수를 갚았다. 그러나 제나라와 결탁했다는 모함으로 오나라 왕 부차의 명을 받아 자결하게 된다.

초(楚)나라 무왕(武王)
주나라 왕실에서 책봉한 자작이었으나 704년 자작을 포기하고 스스로 초나라의 왕이 되었다. 재위 기간 동안 초나라는 지속적으로 발전했으며 중원의 패권을 쟁탈할 기반을 닦았다.

1. 봉건제의 관건

【환공 2년】노나라 혜공(惠公) 24년(기원전 745년), 북방 진(晉)나라가 혼란에 빠지기 시작했다. 당시 진나라 소후(昭侯)는 숙부인 환숙을 곡옥 땅에 봉했는데, 환숙의 고조부 정후의 손자 난빈이 그를 도왔다. 이에 대부인 사복이 말했다. "내가 듣건대 제후의 나라를 세우거나 대부에게 봉토를 나눠 줄 때 근본은 강화하고 지엽은 약하게 해야 한다고 했다. 그래야 나라가 견고해지는 것이다. 그래서 천자는 제후의 나라[국(國)]를 세우고 제후는 대부에게 봉토[가(家)]를 나눠 주고, 경은 측실(側室, 부인 이외의 처와 첩)을 두며 서로 돕게 했다. 대부는 차자(次子, 맏아들 이외의 아들)를 곁에 두었으며 사도 자식을 하인처럼 옆에 두었고 서민과 공인·상인들도 혈연의 멀고 가까움을 따졌으니, 모두 질서를 따졌던 것이다. 그러자 백성은 윗사람을 진정으로 섬겼으며 아랫사람들이 윗사람을 넘보는 일을 하지 않게

되었다. 지금 진나라는 도성 가까이의 전복(甸服)*에 있는 제후의 나라다. 그런데도 나라를 떼어 또 다른 제후의 나라를 세웠으니 이는 근본이 약화된 것이다. 어찌 진나라가 오래갈 수 있으리오!"

> * 전복(甸服): 천자가 직할 통치하던 경기(京畿) 지역 바깥의 사방 500리 이내 지역. 《사기》 〈하본기〉에 의하면 하나라 때부터 천하를 왕성 중심으로 5개 지역으로 나눈 뒤 이를 '오복(五服)'이라고 했다. 전복은 경기 지역 다음에 있는 지역이다.

봉건제는 춘추 시대를 이해하는 열쇠다. 은나라의 주왕을 거꾸러뜨리고 주나라의 초대 천자로 등극한 무왕은 중원을 중심으로 천하를 재편성하는 작업에 착수했다. '하늘의 아들', 곧 신이면서 동시에 인간인 천자가 바뀌었으니 세상이 재편되는 것은 너무나도 당연한 일이었다.

무왕은 봉건제라는 제도를 제대로 활용하기로 했다. 자신이 사는 곳, 곧 도성을 중심으로 일정 지역만을 직할 통치하고 도성에서 가까운 지역은 가까운 피붙이에게 통치를 위임하기로 했다. 그리고 도성에서 멀어질수록 먼 친척이나 신료 중 믿을 만한 이에게 그 지역의 통치를 위임하기로 했다. 이것이 바로 주나라의 봉건제다.

봉건제의 핵심 가운데 하나는 천하라는 공간을 '천하-국-가'로 재편하고 이를 '천자-제후-경·대부'로 이어지는 신분상의 위계질서와 일대일로 대응시켰다는 점이다. 무왕을 예로 들어 보자. 그는 천자였다. 봉건제에 의하면 천자에게 일정 지역의 통치를 직접 위임받을 수 있는 이는 제후다. 그리고 그가 위임 통치하는 지역을 '국(國)'이라고 한다. 그런데 제후가 위임 통치하는 국의 크기 또한 제법 커서 제후 혼자서 이를 직할 통치하기에는 무리였다. 하여 제후는 자신이 사는 곳과 그 일대만을 직할 통치하고 나머지 지역은 자신의 피붙이나 공신에게 나눠 줘 해당 지역의 통치를 위임했다. 이렇게 제후로부터 일정 지역의 통치를 위임받을 수 있는 계층을 '대부'라 하고 그중 지도자급을 '경(卿)'이라 했다. 그리고 그들이 통치를 위임받은 지역을 '가(家)'라 했다.

이때 우선적으로 적용된 원칙은 도성에서 가까운 지역의 위탁 통치는 믿을 수 있는 이에게 맡긴다는 것이었다. 일단 위탁 통치를 받으면 해당 지역에 대한 위탁 통치자의 권한이 상당히 독립적이었고 또 강했다. 비유하자면 오늘날의 지방 자치 제도에서 도지사가 대통령의 위임 아래 군대를 양성하고 외교를 벌인다고 보면 된다.

따라서 위탁 통치자는 마음만 먹으면 언제라도 중앙에 대해 반기를 들 수 있었다. 만일 도성에서 가까운 곳에서 이런 일이 일어난다면? 이것이 천자가 가장 두려워하는 바였다. 그렇다고 그 넓은 지역을 모조리 직할 통치할 수 있는 하부 구조도 없었다. 결국 위탁 통치를 할 수밖에 없는 상황에서 그래도 믿을 만한 이는 피붙이라고 판단했던 것이다. 하여 가까운 곳부터 차례대로 가까운 친지에게 일정 지역의 통치를 위임했다. 이를 '봉(封)한다.' 또는 '분봉(分封)한다.'고 칭했다.

【희공 24년】 "예전에 주공은 관숙과 채숙 두 친동생이 제명에 죽지 못한 것을 슬퍼했습니다. 이에 같은 성의 친척을 제후로 봉해 주 왕실의 울타리로 삼았습니다. 예컨대 관과 채·성·곽·노·위·모·담·고·옹·조·등·필·원·풍·순 등의 제후국은 모두 무왕의 아버지인 문왕의 아들을 제후로 봉한 나라[國]들입니다. 우와 진·응·한 등의 제후국은 무왕의 아들을 제후로 봉한 나라[國]입니다. 그리고 범·장·형·모·조·제 등의 나라는 주공의 후손을 제후로 봉한 나라[國]들입니다."

주공은 무왕의 친동생이다. 무왕이 천하 제후 2/3 이상의 지지를 등에 업고 상나라를 멸망시켰지만 정국은 여전히 불안했다. 역성혁명 과정에서 공을 세운 이들은 응분의 대가를 요구했고 상나라 유민의 움직임도 심상치 않았다. 무왕이 죽자 정국의 불안은 더욱 심해졌다. 더구나 무왕을 이어 천자가 된 성왕(成王)은 나이마저 어렸다.

사람들은 주공이 어린 조카를 내쫓고 자신이 왕이 되려 한다며 수군댔다. 정국이 더욱 혼미해질 수밖에 없었다. 주공은 건국 초의 이러한 어려움을 딛고 일어나 주나라가 천자의 나라로서 손색없게 문물제도를 갖추는 등 통치의 기틀을 튼실하게 다졌던 이였다. 더불어 봉건제도 완비되어 갔다.

천자가 직할 통치하는 지역을 '왕기(王畿, 또는 경기)'라고 불렀고 이를 중심으로 사방 500리를 한 단위로 해서 천하 사방의 땅을 다섯 지역으로 나누고 왕기에서부터 가까운 순서대로 '전복(甸服)·후복(侯服)·타복(綏服)·요복(要服)·황복(荒服)'이라고 불렀다.

주공은 왕기와 가까이 있는 지역을 친아버지인 문왕과 친형 무왕의 후손 그리고 자신의 자식들에 분봉해 주었다. 촌수로 치자면 모두 3촌 이내의, 가장 가깝다고 할 수 있는 친척들이었다. 가까운 피붙이로 '주 왕실의 울타리'를 침으로써 이들로 하여금 혹 있을 수 있는 제후의 반란을 막게 한다는 것이다.

여기서 주나라가 '제사 공동체' 사회였다는 점을 감안한다면 이러한 원리를 바탕으로 봉건제를 현실에 적용하는 방식은 효과적이었다. 제사 공동체의 일원으로 인정받지 못하면 나라의 존립 자체가 위태로웠던 것이 당시의 상황이었다. 혈연이 가까운 이들 사이의 유대 의식은 단순히 정서적인 친밀감을 넘어 정치적인 이해관계를 공유하는 바탕이 되었다. 오늘날의 관점에서 보자면 허술해 보일 수도 있겠지만 혈연을 바탕으로 봉건제를 운용하는 방식은 당시에는 국가 운영의 원칙이자 원리였다.

노나라 혜공 24년, 진나라의 제후는 자신의 숙부 환숙을 제후로 봉한다. 제후는 천자만이 봉할 수 있는 법이니, 진나라의 제후는 천자를 무시한 셈이었다. 봉건제나 그 운용 원리도 덩달아 무시되었다. 그러자 진나라의 대부 사복이 장탄식을 했다. 그가 보기에 국가 운용의 원리 원칙이 무시됐으니 진나라의 미래는 암울하기만 했다.

제후가 천자를 무시했으니 대부 계층이 제후를 무시할 것이 뻔했다. 실제로 노나라 혜공 30년(기원전 739년)에 대부 반보가 진나라의 제후를 시해하는 하극상이 발생했다. 그러더니 급기야 혜공 45년에는 환숙의 아들 장백이 진나라 제후를 시해하는 사건이 발생했다. 사복의 예측대로 진나라는 극심한 혼란에 빠졌다.

《좌전》의 저자는 사복의 입을 빌려 총체적인 난국이 봉건제의 운용 원리를 어긴 데서 초래되었다고 증언했다. 제후에게 봉토를 나눠 주되 혈연이 가까운 이는 가까이에 두고 먼 이는 먼 데에 둔다는 원칙, 그리고 이를 바탕으로 '천자－제후－경대부－사'로 짜인 서열을 준수하는 것. 이는 '지금－여기'의 눈으로 보면 공적이지도 않고 객관적이지도 않은 원칙이었지만 당시로서는 봉건제의 성패를 좌우하는 핵심 중의 핵심이었다. 역사와 생산적인 대화를 나누려면 무엇이 필요할까? 이처럼 '지금－여기'의 상식과 사고방식, 판단 기준 등을 배제하고 '그때－거기'의 눈으로 역사와 만나는 것이 그중 하나이다.

2. 백성은 신의 주인

【환공 6년】 초나라의 무왕(武王)이 수(隨)나라를 공격하는 한편 대부 위장을 시켜 협상을 제의한 후 군사를 하(瑕)나라에 주둔시키면서 결과를 기다렸다. 수나라는 소사에게 협상을 처리하게끔 했다. 이때 초나라의 대부 투백비가 무왕에게 아뢰었다. "우리가 한수 동쪽에서 뜻을 펴지 못하는 것은 우리가 자초한 것입니다. 우리가 삼군(三軍)*을 늘리고 병력과 군비를 갖춰 무력으로 대처하자, 한수 동쪽에 있는 나라들은 두려워하며 서로 협력해 우리에게 대처하고 있습니다. 그래서 저들 사이를 떼어 놓기가 어려워졌습니다. 한수 동쪽의 나라들 중 수나라가 제일 큽니다. 만약 수나라가 커진다면 나머지 작은 나라들을 저버릴 것입니다. 이렇게 작은 나라들이 떨어져 나가는 것은 우리 초나라에 이롭습니다. 소사는 거만합니다. 우리 군대가 허술한 것처럼 보여 그를 자만에 빠지게 하십시오." 곁에 있

던 웅률저비가 말했다. "수나라에는 현명한 신하 계량이 있는데, 그런 계책이 무슨 소용이 있겠습니까?" 그러자 투백비가 대답했다. "훗날을 도모하기 위함입니다. 소사는 수나라 제후로부터 총애를 받고 있습니다." 초나라 무왕은 투백비의 말을 따라 군대의 모습을 무질서하게 해 놓은 뒤 소사를 맞아들였다.

소사가 귀국해 초군을 쫓아가 치자고 하니, 수나라 제후가 응낙하려고 했다. 그러자 계량이 이를 말리며 아뢰었다. "하늘이 바야흐로 초나라를 돕고 있습니다. 초나라가 허술하게 보이는 것은 우리를 유인하기 위함입니다. 주군께서는 무엇이 그리도 급하신지요? 신이 듣기에 소국이 대국을 대적할 수 있는 경우는 소국은 정도를 걷고 대국은 무도할 때입니다. 여기서 '도'라는 것은 백성에게 충성하고 신에게 신실한 것입니다. 윗사람이 백성을 이롭게 하고자 생각하는 것이 충성함이고, 제사를 담당하는 축사(祝史)가 신에게 바른대로 고하는 것이 신실함입니다. 지금 백성들은 굶주리는데 주군께서는 욕심을 부리시며, 축사는 거짓말로 제사를 지내고 있습니다. 이런 상황에서 초나라 군대를 쫓아가 치는 것이 가능할지 잘 모르겠습니다."

그러자 수나라 제후가 말했다. "내가 신께 바치는 제물은 정결하고 살쪘으며 기장도 제기에 풍족하게 담았는데 어찌해서 신실하지 못하다고 하는 것이오?" 계량이 답했다. "무릇 백성은 신의 주인입니다. 그래서 성왕(聖王)들도 먼저 백성을 온전케 한 후에 신에게 정성을 바쳤습니다. 제물을 바칠 때 '제물이 크고 살쪘습니다.'라고 고한 까닭이 여기에 있습니다. 이는 백성들의 힘이 널리 쌓여 있음을 말합니다. 또한 가축이 크게 성장하고 많이 번식하며, 부스럼과 같은 질병에 걸리지 않았고, 제물로서 갖춰야 할 것을 완비했음을 말합니다. 곡식을 제기에 담아 바칠 때에는 '정결한 기장이 풍성합니다.'라고 고했습니다. 이는 농사철인 봄·여름·가을에 백성에게 손해를 입히지 않아 화목하게 살고 풍년이 들었음을 말합니다. 또 술과 단술을 바치면서 '술과 단술이 맑고 향기롭습니다.'라고 고했는데, 이는 위아래 모두 아름다운 덕을 지녀 사악한 마음이 없음을 말합니다. 이른바 '제사용품이 향기롭다.'는 것은 모략과 사악함이 없음을 말합니다. 그러므로 농사철에는 힘써 일하고 다섯 가지 가르침**을 닦으며, 멀고 가까운 모든 친척과 친밀하게 지낸 후에야 귀신에게 제사 지낼 수 있게 됩니다. 이래야만 백성들이 화목하고 신도 복을 내려 주며, 하는 일마다 다 이룰 수 있게 됩니다. 지금 백성들은 저마다 다른 마음을 품고 있어 신은 그 주인을 잃었습니다. 그러니 주군께서 홀로 제사를 풍성하게 지낸들 무슨 복이 있겠습니까? 주군께서 선정을 베풀고 이웃의 형제 나라들과 친하게 지내면 어려움에 처하지 않을 것입니다."

수나라 제후는 이 말을 듣고 크게 두려운 나머지 정치를 바로 행하니 초나라가 수나라를 침공하지 못했다.

춘추 시대 초기에는 약 130여 개의 제후국이 있었다고 한다. 이들 중 동방의 제나라와 서방의 진(秦)나라, 남방의 초나라와 북방의 진(晉)나라가 대국의 반열에 올라 있었다. 이들은 끊임없이 영토 확장을 도모했다. 실제로 춘추 시대 동안 치른 전쟁 횟수가 '전쟁하는 나라들의 시대'인 전국 시대보다 많았으며 그 결과 52개의 제후국이 지도에서 사라졌다.

수나라는 초나라 인근에 있던 소국 가운데 하나였다. 장강의 지류인 한수 동쪽으로의 진출을 노리던 초나라는 준비가 되자 수나라 정벌에 나섰다. 그런데 막상 도착하고 보니 쉽게 칠 수가 없었다. 수나라가 주변의 소국들과 연맹을 맺고 있어 섣부르게 수나라로 짓쳐 들어갔다가는 배후의 소국들로부터 역공을 당할 위험이 높았기 때문이다. 이에 초나라는 협상을 제의했고 수나라도 소사를 협상 대표로 초나라 군영에 파견했다.

초나라는 소사가 수나라 제후의 신임을 받는 자이긴 하지만 기본적으로 함량 미달의 인물이라는 점을 이용해 수나라를 깨뜨리고자 했다. 그러나 수나라는 현명한 신하 계량이 있어 함정에 빠지지 않았으며, 오히려 이를 계기로 수나라 제후는 각성해 정치를 잘하게 되었다.

그런데 《좌전》의 저자는 희공 6년 조에 이러한 사건만을 기록하지 않았다. 늘 그랬듯이 이 글에서도 사건을 기록하는 사이사이에 자신의 의견을 펼쳐 냈다. "백성은 신의 주인이다.", "소국이 대국을 대적할 수 있는 경우는 소국은 정도를 걷고 대국은 무도할 때다."라든지, "도는 백성에게 충실하고 신에게 신실한 것이다." 등이 그 예다. 이 중에는 백성[민(民)]과 신의 관계에 대한 주목할 만한 의견이 있다. "백성은 신의 주인이다."라는 말이 그것이다.

이 발언은 백성의 주인은 임금[군(君)]이라는 우리의 통념과 배치된다. 이 둘을 조합하면 백성은 신의 주인이고 임금은 그런 백성의 주인인데 임금이 신을 깍듯이 섬기게 되는 모순이 발생한다. 무엇이 잘못된 것일까?

《좌전》의 저자는 앞의 글에서 수나라 제후가 백성을 돌보지 않은 채 후한 제물을 차려 신에게 제사 지내는 행위를 언급한 후 계량의 입을 빌려 그래 봤자 "신은 주인을 잃었기" 때문에 복을 내려 줄 리 없다고 단언한다. 이는 임금이 신에게 복 받을 수 있는 조건에 대한 언급이다. 곧 신이 주인을 찾으면 신은 임금에게 복을 내려 주게 된다.

그렇다면 임금은 신에게 주인을 찾아 줘서 신을 모시듯 모셔야 한다. 결국 백성을 신 모시듯이 모셔야 하니 임금이 백성의 주인이라는 우리의 통념이 잘못된 셈이다.

뿐만 아니다. 잘못된 것이 더 있다. 충성[충(忠)]에 대한 우리의 통념이 그것이다. 백성이 임금의 주인이라면 충성은 백성이 임금에게 바쳐야 하는 것이 아니라 임금이 백성에게 바쳐야 마땅한 것이 된다.

위의 기사에도 "윗사람이 백성을 이롭게 하고자 생각하는 것이 충성"임이 분명하게 천명되어 있다. 더 나아가 "도는 백성에게 충성하고 신에게 신실한 것이다."라고 함으로써 백성에게 충성하는 것이 신에게 신실한 것이요, 이것이 바로 최고의 진리인 도라고 단언한다.

앞 장에서는 '천자 – 제후 – 경대부 – 사 – 서민' 순으로 구성된 춘추 시대의 신분 구조를 살펴보았다. 이러한 사회적인 위계질서에 이번 장에서 살펴본 '백성 – 신 – 임금' 순으로 짜인 가치론적 질서를 더하면 '서민 – 신 – 천자 – 제후 – 경대부 – 사 – 서민'이라는 순환적인 위계질서가 완성된다.

춘추 시대라는 역사 공간은 이렇게 구성되어 있었다. 봉건제에 입각해 지리적 공간을 재편한 후 그 위에 백성에서 시작해 백성으로 끝나는 순환론적 위계질서를 덮어씌웠다. 그리고 이러한 춘추 시대의 구성 원리를 잘 지키는 것이 도에 입각한 삶이라는 지향을 더함으로써 춘추 시대라는 역사 공간이 완성된다. 《좌전》이란 역사책을 읽는 재미의 하나는 이런 '수준 높은' 입론을 많이 접할 수 있다는 점이다.

3. 인력이 곧 국력

【환공 8년】 소사는 수나라 제후의 총애를 받았다. 초나라의 투백비가 아뢰었다. "지금이 적당합니다. 적들에게 틈이 생겼으니 이때를 놓치시면 안 됩니다." 이해 여름에 초나라 무왕이 제후들을 침록 땅에 모이게 했는데 황(黃)나라와 수나라의 제후가 오지 않았다. 무왕은 대부 위장을 시켜 황나라를 문책하는 한편, 수나라 정벌에 나서 한수와 회수 사이에 군대를 주둔했다. 계량이 수나라 제후에게 뵙기를 청한 후 아뢰었다. "항복을 요청했다가 전투를 벌이십시오. 이렇게 하시면 아군은 분기가 돋우어지고 적군은 방심하게 될 것입니다." 그러자 소사가 수나라 제후에게 아뢰었다. "반드시 속전속결하셔야 합니다. 그렇지 않으면 초나라군을 누를 수 없게 될 것입니다."

이에 수나라의 제후는 출병한 후 멀리서 초나라군을 바라보았다. 이때 계량이 간했다. "초나라 사람들은 왼쪽을 더 높게 보니 초나라의 제후는 반드시 왼쪽에 있을 것입니다. 초나라의 제후와 맞붙지 마시고 오른쪽을 공략하십시오. 그쪽에는 정예병이 없으니 반드시 무너질 것입니다. 한쪽이 무너지면 나머지 초나라군은 도망갈 것입니다." 곁에서 소사가 아뢰었다. "초나라의 제후와 정면 대결하지 않으면 우리가 저들의 적수가 아님을 자인하는 것입니다."

그러자 수나라의 제후는 계량의 계책을 따르지 않고 속기라는 땅에서 전투를 벌여 대패했다. 수나라의 제후가 도망치자 초나라의 장수 투단이 쫓아와 수나라 제후가 타던 전차와 전차의 오른편에 타는 호위 무관 소사를 사로잡았다. 이해 가을, 수나라는 초나라에 화평을 청했지만 초나라의 무왕은 이를 허락하지 않으려고 했다. 이에 투백비가 아뢰었다. "하늘이 수나라의 고질인 소사를 제거했습니다. 따라서 수나라를 정복할 수 없게 되었습니다." 그러자 무왕은 수나라와 맹약을 맺고 회군했다.

수나라의 대부인 소사가 함량 미달의 인물임은 앞 장에서 언급한 바 있다. 원래 그런 것일까? 역사를 보면 소인배가 득세를 해서 곧고 역량 있는 이의 앞길을 막아 결국 대세를 그르치게 하는 경우가 많다. "하늘의 도는 정녕 옳단 말인가?"라고 했던 사마천의 절규가 떠오르는 대목이다.

초나라 무왕은 전에도 수나라를 정벌코자 했지만, 수나라는 계량의 간언 덕분에 무사히 난국을 수습했다. 그러나 수나라의 우환덩어리 소사가 제거된 것은 아니었고 대개의 역사가 그러했듯이 이 우환덩어리는 점점 권세를 잡아갔다. 호시탐탐 수나라를 노리던 초나라는 이제 때가 무르익었다고 보고는 다시 수나라 정벌에 나섰다. 앞에서 초나라의 대부 투백비가 "훗날을 도모하기 위함입니다."라고 한 말이 현실이 되는 순간이었다. 소사는 초나라의 기대대로 자신의 주군을 사지로 몰아넣었고 수나라 제후는 결국 자신이 타던 전차를 적에게 빼앗기는 수모를 당했다. 초나라군의 사기가 진작되고 수나라군의 사기가 땅에 떨어졌을 것임은 너무나 뻔한 일. 수나라 제후는 서둘러 강화를 청했다.

물론 별 기대는 하지 않았을 것이다. 초나라의 입장에선 기선도 제압했고 사기도 충천한데 강화를 할 이유가 없었다. 더구나 초나라는 대국이고 수나라는 소국이다. 전쟁을 치를 국력도 초나라가 월등했다. 그런데 상황은 화친을 맺는 것으로 종결됐다.

초나라 무왕은 이참에 수나라를 확실하게 제압하려 했지만 미래를 헤아릴 줄 알았던 투백비가 이를 만류했다. 그 까닭은 수나라의 우환덩어리였던 소사가 제거됐다는 것 단 하나였다. 소인배가 사라진 만큼 현명한 신하 계량이 힘을 얻을 터, 이렇게 되면 비에 맞은 생쥐 꼴이 된 수나라라 할지라도 쉬이 제압할 수 없다는 판단이었다.

비록 수나라가 소국이라 해도 계량과 같이 곧고 재능 있는 신하 한

명이 있어 대국 초나라의 침입을 막아 낼 수 있었다. 그런가 하면 대국으로서 수나라를 제압할 역량이 충분했음에도 초나라는 소사라는 간신 한 명에 의지하는 전략을 택했다. 그리고 간신이 제거되자 유리한 고지를 점했음에도 결국 소국 수나라와 화친하고 만다. 한 명의 힘이 나라의 크기와 군비보다 더욱 컸던 것이다. 곧 소사와 계량에 대한 위의 글은 누가 간신이었고 누가 현신이었나를 후세에 전하기 위한 기록이었다기보다는, 국력의 요체가 바로 인력이란 점을 분명히 밝히기 위한 기록이었던 셈이다.

춘추 시대 또한 지금과 같이 영토의 크기나 인구, 경제력, 첨단 무기, 지적 자산 등이 국력의 중요 부분을 이뤘을 것이다. 그러나 소사와 계량 이야기는 그중 무엇이 가장 중요한지를 시사해 준다. 사람의 힘이, 곧 국력 그 자체였던 시대. 역사책에 그리도 많은 간신과 현신 이야기가 나온 까닭은 지금도 이러한 진리가 여전히 유효한 시대이기 때문이리라.

4. 윗물이 썩으면!

【환공 16년】위나라의 선공(宣公)이 계모인 이강과 간통해서 급자를 낳자, 이 아이를 우공자(右公子, 군주의 측실 중 오른편에 거주하는 측실이 낳은 공자)에게 맡겨 돌보게 했다. 급자가 장성하자 제나라에서 며느릿감으로 선강을 맞아들였는데, 그녀가 매우 아름다워 선공 자신이 취했다. 그리고 수와 삭을 낳게 되자 수는 좌공자(左公子, 왼편에 거주하는 측실이 낳은 공자)에게 맡겨 돌보게 했다. 이때 총애를 잃은 이강이 목을 매고 자살했다. 그러자 선강은 삭과 짜고 급자를 무고했다. 선공이 이들 말을 믿고 급자를 제나라의 사신으로 보내면서 도적을 시켜 제나라로 가는 길목인 신 땅에서 기다리고 있다가 급자를 죽이라고 했다. 이복동생 수가 이 사실을 급자에게 알리면서 사신으로 가서는 안 된다고 말했다. 이에 급자가 대답했다. "아버지의 명을 저버리면 어찌 아들이라 할 수 있겠느냐? 만일 아버지란 이들

이 전혀 존재하지 않는 곳이 있다면 가능하겠지만 말이다."

급자가 떠나는 날이 되자 수는 그에게 술을 먹여 재우고는 자신이 급자의 깃발을 달고 먼저 떠났다. 기다리던 도적이 급자인 줄 알고 수를 죽였다. 이때 뒤쫓아 온 급자가 이를 보고는 도적에게 외쳤다. "그대가 찾는 것은 나인데 이 사람이 무슨 죄가 있다고 죽였는가? 어서 나를 죽여라!" 도적은 다시 급자를 죽였다. 이에 좌공자와 우공자 모두 혜공이 된 삭을 원망했다. 이해 11월, 좌공자 설과 우공자 직이 선공의 다른 아들인 검모를 옹립했고 혜공은 제나라로 달아났다.

고상한 예법을 전문적으로 논한 《예기》란 책도 "음식과 남녀의 문제는 인간의 가장 큰 욕망"이라고 인정했을 정도로 식욕과 정욕은 인간인 이상 극복하기 어려운 본질적인 욕구다. 동시에 인간은 이러한 욕망을 자제하고 극복할 수 있는 유일한 존재이기도 하다.

특히 본질적인 욕망을 제어할 수 있는 능력을 갖추는 것은 지배층일수록 더욱 필요한 기본 덕목이었다. 그럼에도 《좌전》에는 정욕을 이기지 못해 신세를 망치거나 국사를 그르친 사례가 꽤 실려 있다.

환공 18년 조에 보면 자신의 누이를 노나라의 환공에게 시집보낸 후 환공 몰래 통정하고 있던 제나라의 양공(襄公) 이야기가 나온다. 양공은 환공이 자신의 불륜을 알아채자 팽생을 보내 환공을 살해하고 모든 죄를 팽생에게 덮어씌워 죽이고 사건을 덮어 버린다.

제나라가 노나라보다 강대국이었기에 가능했던 일이었지만 양공 즉위 후에 제나라는 《좌전》 장공 8년 조에 기록되어 있듯이, "제대로 된 것이 하나도 없는" 난세로 접어든다. 또 소공 19년 조에는 간신의 말을 듣고는 며느릿감으로 데려온 진(秦)나라의 공주를 자신이 취한 초나라 평왕(平王) 이야기가 나온다. 이 사건은 복수의 화신 오자서(伍子胥)가 초나라에 대해 앙심을 품게 되는 계기가 되었고, 결국 초나라는 평왕 다음 대에 가서 오자서에 의해 철저하게 유린당한다.

이상이 비교적 잘 알려진 지배층의 패륜 이야기인데 위나라의 선공의 경우는 이들보다는 덜 알려졌지만 패륜의 정도는 이들을 압도하고도 남음이 있다.

그는 위로는 아버지의 부인과 통정해 자식을 낳았고 아래로는 자식의 부인이 될 며느리를 취해 자식을 낳았다. 그는 자신이 낳은 자식을 책임지려 하지 않고 이들을 자신의 장성한 다른 아들들에게 나눠서 맡아 키우라고 했다. 게다가 새로 총애하게 된 선강의 무고를 받아들여 자식마저 죽였다. 나아가 정부인의 장남이 계승한다는 예법을 무시하고 선강과의 사이에서 난 아들을 후계자로 정했다.

선공이 패륜의 극을 달리는 동안 사통하던 계모는 자살했고 아들들은 죽어 갔으며 살아 있는 이들은 불화했다. 급기야 죽은 후에는 장성한 아들들에 의해 자신이 지목한 후계자 혜공이 쫓겨나는 하극상이 발생했다. 종묘사직은 물론이고 백성의 삶이 어떠했으리라는 점은 짐작하고도 남음이 있다. 지배층 한 사람의 무도와 패륜이 결국은 온 나라의 피폐와 쇠망으로 직결된 것이다.

'사람이 사람인 까닭은 무엇일까?' 선공의 사례는 이런 근원적인 물음을 떠올려 준다. 그리고 그릇된 정욕을 이겨내는 것이 사람됨의 조건이라는 답변까지 제시해 준다. 그런데 이것만으로는 부족하고 또 왠지 공허하다.

'사람은 무엇에 의지해야 비로소 정욕을 이겨 낼 수 있게 될까?' 최소한 이 질문까지 답해야, 정욕을 극복해야 비로소 사람다운 사람이 된다는 답변이 현실적일 수 있게 된다. 그렇다면 우리는 무엇에 의지해서 정욕을 이겨 낼 수 있는 것일까?

《좌전》에는 이 물음에 대한 답이 풍요롭게 실려 있다. 사람은 역사를 먹고 사는, 그리하여 그 마음과 영혼에 역사를 품고 있는 존재라는 답변 말이다.

제3장

장공莊公

기원전 694년~기원전 662년

관중(管仲) 춘추 시대 제나라의 정치가로 군사력을 강화하고 상공업을 육성하는 등 부국강병을 꾀했다. 환공을 보좌해 그를 춘추 시대 처음으로 중원을 제패한 제후가 되게 했다. 포숙아와의 우정으로 유명하며, 이들의 우정을 관포지교라고 이른다. 그가 지었다는 《관자(管子)》가 전해진다.

포숙아(鮑叔牙) 공자 소백의 스승으로 제나라 양공이 정사를 어지럽게 하자 공자 소백을 모시고 거나라로 도망친다. 공손무지에 의해 제나라 양공이 죽임을 당하자 공자 소백을 모시고 제나라로 들어와 공자 소백을 제나라 환공으로 옹립한다. 또한 관중을 재상으로 천거한 뒤 자신은 아랫자리로 물러난다.

제(齊)나라 환공(桓公) 성은 강(姜). 이름은 소백(小白). 춘추오패의 한 사람으로 포숙아의 도움으로 제나라의 제후가 된다. 관중을 등용해 부국강병에 힘썼으며, 제후로서 천자에 버금가는 권세를 휘두르며 중원을 호령했던 최초의 패자다.

1. 관포지교의 핵심

【장공 8년】제나라 양공이 대부 연칭과 관지보를 시켜 계구를 지키게 했다. 오이가 익을 즈음 임지로 떠나려 하는 그들에게 양공이 말했다. "내년 오이가 익을 무렵에 교대해 주겠소." 그러나 일 년간 근무했지만 교대 명령이 내려오지 않았다. 또한 교대를 청했는데도 양공이 허락하지 않자, 이들은 반란을 모의했다. 제나라 희공(僖公, 양공의 아버지)의 친동생인 이중년이 공손무지를 낳았다. 공손무지는 희공에게 총애를 받아서 의복과 예우가 태자인 양공과 맞먹었다. 양공은 즉위한 후 그에 대한 예우를 대폭 낮췄다. 연칭과 관지보는 원한을 품은 공손무지를 등에 업고 반란을 일으키고자 했다. 당시에 연칭의 사촌 누이가 제나라의 궁궐에 있었는데, 양공의 총애를 받지 못하고 있었다. 공손무지는 그녀를 시켜 양공의 거동을 엿보게 하면서 약속했다. "일이 성사되면 내 너를 부

인으로 맞이하리라."

이해 겨울 12월, 양공이 고분 땅으로 놀러 갔다가 패구 땅에서 사냥을 했다. 이때 큰 돼지가 나타나자 종자 가운데 하나가 소리쳤다. "공자 팽생이다." 양공은 크게 노했다. "팽생이 감히 나타나다니!"라고 소리치며 돼지를 쏘아 맞혔다. 그러자 돼지가 사람처럼 일어나서 울부짖었다. 두려움을 느낀 양공은 수레에서 떨어져 발을 다치고 신발을 잃어버렸다. 숙소로 돌아온 양공은 노복 비를 시켜 신발을 찾아오게 했으나 찾아오지 못하자 비를 피가 나도록 채찍질했다. 비는 도망쳐 나오다 양공을 시해하려는 도적들(공손무지 등을 말함인데, 하극상을 경계해서 도적이라고 했음)과 마주쳤다. 그들이 비를 위협하며 결박했다. 이에 비가 "내 어찌 그대들을 막겠소?" 라고 하면서 옷섶을 풀어 매 맞은 등을 보여 주자 도적들은 비로소 비를 믿었다. 비는 자신이 양공의 처소로 먼저 들어가겠다고 청했다.

양공의 처소로 먼저 들어온 비는 양공을 숨긴 뒤 다시 나와서 도적들과 싸우다 궁문에서 죽었다. 양공의 신하 석지분여도 침소 앞 섬돌에서 싸우다 죽임을 당했다. 급기야 도적들은 양공의 처소로 쳐들어가 침상에 양공인 양 누워 있던 맹양을 죽였으나 양공이 아님을 알고는 소리쳤다. "우리가 죽인 자는 양공이 아니다. 얼굴이 닮지 않았다." 도적들은 양공을 찾다가 마침 양공의 발이 문짝 아래로 삐져나온 것을 보고는 양공을 끌어내 죽였다. 그리고 공손무지를 옹립했다.

당초 양공이 즉위한 후 제나라는 제대로 된 것이 하나도 없었다. 이때 포숙아가 말했다. "군주가 백성을 사악하게 만드니, 곧 변란이 일어날 것이다." 그러고는 공자 소백을 모시고 거(莒)나라로 도망쳐 나왔다. 얼마 후 변란이 일어나자 관중과 소홀은 공자 규를 모시고 노나라로 도망쳐 나왔다.

제나라의 양공은 앞에서 보았듯이 갖은 패륜을 저지르던 군주였다. 《좌전》의 저자는 그가 즉위한 후 "제대로 된 것이 하나도 없었다."며 양공의 무도함을 가차없이 고발했다.

이 기사에도 폭군으로서의 양공의 면모가 잘 묘사되어 있다. 군주로서 신하와 한 약속을 지키지 않았고 가까운 사람들을 공평하게 대하지 않았다. 너그러운 구석도 없었고 나라는 도탄에 빠졌는데도 한가하게 사냥을 즐겼다.

아이러니이지만 그나마 그에게 있는 것은 비나 석지분여·맹양과 같은 충신들이었다. 그러나 신의 주인은 백성! 마치 하늘이 양공 제거 작업에 착수라도 한 것처럼, 충신들의 가슴 저린 활약에도 양공은 하극상으로 목숨을 잃는다. 그리고 공실의 핏줄인 공손무지가 새로운 제후로 등극한다.

포숙아는 제나라의 명문 집안 출신의 대부였다. 그는 조국에서 벌어지는 일련의 혼란을 바라보고는 조만간 변란이 있을 것임을 통찰했다. 그러고는 공자들 중 군주의 재질을 갖췄다고 판단된 소백을 모시고 이웃 나라로 도망침으로써 훗날을 능동적으로 준비했다.

과연 그의 예상대로 제나라에서는 공손무지가 양공을 죽이는 하극
상이 벌어졌다. 그러자 이번에는 포숙아의 지기인 관중이 군주의 재
목이라고 판단된 공자 규를 모시고 소홀과 함께 노나라로 도망침으
로써 훗날을 도모한다.

【장공 8년】당초에 공손무지는 대부 옹름을 학대했다.

【장공 9년】봄, 옹름이 공손무지를 시해했다. 노나라 장공이 기에서 제나
라의 대부와 맹약을 맺었으니 제나라에 제후가 없어서 대부와 맹약을 맺
은 것이다. 이해 여름, 노나라 장공이 제나라를 침공해서 공자 규를 들여
보내려고 했지만, 제나라 환공(공자 소백)이 거나라에서 먼저 들어갔다.

이해 가을, 노나라의 군대가 제나라의 군대와 간시에서 전투를 벌였다가
패했다. 노나라 장공은 전차를 잃어 다른 전차를 타고 귀환했다. 이때 노
나라 장공의 수레를 몰던 진자와 호위 무관 양자가 장공의 깃발을 들고
다른 길로 도망가며 제나라 군사를 유인하다가 모두 포로가 되었다. 포숙
아가 군대를 이끌고 와서 말했다. "공자 규는 우리 제후의 피붙이이니 청
컨대 제후께서 그를 죽이십시오. 관중과 소홀은 원수이니 청컨대 그들을
산 채로 넘겨주셔서 분풀이를 할 수 있게 해 주십시오."

이에 노나라 장공은 공자 규를 생두 땅에서 죽였다. 그러자 소홀은 자살

했다. 관중은 압송해 줄 것을 청했고 포숙아가 그를 넘겨받은 후 제나라의 당부 땅에 이르러 그를 풀어 주었다. 그러고는 돌아가서 고하기를 "관중은 제나라의 상경인 고해보다 정사를 더 잘 돌보니 재상 자리를 맡겨도 될 것입니다." 환공은 포숙아의 말대로 했다.

양공을 제거하고 제후 자리에 오른 공손무지 또한 일국의 군주로서는 함량 미달이었다. 그 또한 대부가 일으킨 하극상으로 죽임을 당한다. 그리고 이 틈을 타서 제나라와 가까운 곳에 있던 포숙아가 제나라에 입성해서 공자 소백을 제나라의 새 제후로 옹립한다. 이가 바로 춘추 시대 제후로서 천자에 버금가는 권세를 휘두르며 중원을 호령했던 최초의 패자(霸者) 환공이다.

포숙아처럼 기회를 엿보던 관중은 노나라에서 군대를 빌려 입국하려 했지만 자신이 모신 공자 규를 제후로 옹립하는 데에 실패했다. 군주의 자리를 굳건히 하려면 강력한 라이벌을 제거할 수밖에 없는 게 냉혹한 정치 세계의 철칙. 환공을 세우자 포숙아는 주저 없이 노나라로 쳐들어와서 공자 규를 제거할 것과 소홀과 관중을 넘겨줄 것을 요구했다.

노나라로서는 이미 전투에 패한 처지라 강대국인 제나라의 요구를 들어주지 않을 수 없었다. 규를 죽이고 소홀과 관중을 넘겨주려고 했다. 이때 소홀은 모시던 주군이 죽으면 따라 죽는 것이 도리라며 자살을 한다. 그런데 관중은 기꺼이 포숙아의 포로가 되기를 청한다. 관중이 소홀보다 덜된 인간이기 때문에 그랬던 것일까?

포숙아의 의도는 이러했다. 주군을 위협할 수 있는 잠재적 위험 요소인 공자 규를 제거하고 그를 보필한 관중과 소홀은 유능한 인재이니 실은 제나라로 귀환시켜 중용하자는 것이었다. 그리고 포숙아의 이런 생각은 실은 훨씬 전에 지기였던 관중과 함께 마련했던 '제나라 중흥 프로젝트'의 일환이었다.

'관포지교(管鮑之交)'란 말로 꽤 알려진 관중과 포숙아, 이 둘은 제나라 양공이 패륜을 저지르며 국사를 그르치고 있을 때 머지않아 극심한 혼란이 닥쳐올 것임을 동감했다. 그들은 당시의 공자들 중에 천하를 제패할 만한 재목이 있는지를 조사했는데, 난처하게도 공자 소백과 규가 막상막하였다.

그러나 후보가 한 명인 것보다는 둘인 것이 성공 확률이 높은 법, 관중과 포숙아는 오히려 잘됐다고 생각하며 각각 한 명씩을 모시고 외국으로 망명해서 때를 기다리기로 했다. 그리고 훗날 제나라로 먼저 돌아와 자신의 주군을 제후로 옹립하게 되면 서로를 중용하기로 약조를 맺었던 것이다.

결국 포숙아는 관중과 옛날에 맺었던 약속을 지켰던 것이고 제후를 옹립하는 정도는 자신도 할 수 있지만 천하를 제패하는 일은 관중이어야만 가능하다며 관중을 재상으로 천거한 다음 자신은 아랫자리로 만족했다. 그리고 관중은 포숙아의 기대에 부응해서 제나라의 환공을 중원 최초의 패자로 등극시켰다. 통찰력과 결단력이 빛나는 대목이 아닐 수 없다.

이것이 관포지교의 핵심이다. 널리 알려진 바와 같이 포숙아가, 관중이 장사해서 얻은 이익을 배분하는 과정에서 자신을 속여도 이해해 주었고 전쟁에서 도망쳐 오는 비겁한 짓을 해도 이해해 주었으며 관직에 임명된 지 얼마 안 되어 그만두는 등 처세를 잘못해도 이해해 줌으로써 서로 막역한 지기가 되었다는 우정이 관포지교의 핵심이 아니다.

관중이 "세상에 나를 낳아 준 이는 부모요, 나를 알아준 이는 포숙아다."라고 고백했듯이, 관포지교의 핵심은 천하의 경영이라는 큰 포부를 품은 인재들이 그 포부를 이뤄 가는 과정에서 보여 준 서로에 대한 정확한 이해와 목표의 공유에서 비롯된 굳은 상호 신뢰였다.

양공과 공손무지에 의해 극심한 혼란을 겪었던 제나라는 정확한 통찰력과 민첩한 실천력을 지닌 관중과 포숙아의 활약에 힘입어 춘추 시대 최초의 패자 나라로 거듭났다. 관중과 포숙아의 삶과 우정이 힘을 발휘한 영역이 공적 영역이었던 까닭에, 그 범위는 이렇듯 일국을 넘어 온 천하였던 것이다. 여전히 인력이 곧 국력인 오늘날, 한반도에서 관포지교를 행할 이는 정녕 없는 것일까?

2. 전쟁에 관한 다양한 표현들

【장공 11년】여름, 송나라가 일 년 전 승구에서 당한 패배를 빌미로 우리 노나라를 침범하자 장공이 이를 저지했다. 송나라 군대가 진영을 갖추지 못했을 때 치고 들어가 자 땅에서 격퇴했다. 무릇 전쟁에서 적이 아직 진영을 갖추지 못한 상태에서 이긴 것은 "누구의 군대를 깨뜨렸다[패모사 (敗某師)]."라는 표현을 쓴다. 양쪽 모두 진영을 다 갖춘 후에 전투를 벌이는 것은 '전(戰)'자를 쓰고 전쟁을 벌여 크게 깨뜨린 것은 "격파했다[패적(敗績)]."라는 표현을 쓴다. 적의 수장을 잡은 것은 '극(克)'자를 쓰고, 매복하여 깨뜨린 것은 "누구의 군대를 취했다[취모사(取某師)]."라는 표현을 쓴다. 그리고 천자의 군대가 패한 것은 "왕의 군대가 누구에게 격파되었다[왕사 패적우모(王師敗績于某)]."라고 쓴다.

【장공 29년】 여름, 정나라 군대가 허나라를 침략했다. 무릇 전쟁에서 종과 북을 울리면서 쳐들어가는 것을 '벌(伐)'이라 하며 울리지 않고 치는 것을 '침(侵)'이라 하고 경무장한 채로 치는 것을 '습(襲)'이라 한다.

우리는 어른 양의 고기이든 새끼 양의 고기이든 그냥 양고기라고 부른다. 반면에 영어는 그 각각을 'mutton'과 'lamb'으로 구분하여 부른다. 양에 대한 호칭 또한 마찬가지다. 우리말에는 암컷 양과 수컷 양, 새끼 양의 명칭이 별도로 존재하지 않는다. 반면에 영어는 각각 'ewe', 'ram', 'lamb'으로 구분되어 있다.

언어학자들은 일상에서 자주 접하는 것일수록 상세하게 분류한다고 한다. 그래서 역으로 어휘를 근거로 그 말을 쓰는 사회의 일상을 유추해 갈 수 있다. 예컨대 어느 언어에서 유독 눈에 대한 어휘가 발달해 있다면 '이 언어를 쓰는 사회의 일상과 눈은 긴밀하게 연계되어 있다.'는 추론이 성립된다. 에스키모의 언어와 그들의 생활 환경을 통해서 이러한 추론이 맞았음을 확인할 수 있다.

위의 두 기사는 전쟁에 관한 표현을 자세하게 규정하고 있다는 점에서 공통적이다.

장공 11년 조에는 전쟁에 관한 모두 여섯 가지의 표현이, 장공 29년 조에는 모두 세 가지의 표현이 등장한다. 앞의 기사뿐만 아니다. 선공 7년 조에는 군사를 출동시킬 때 제후끼리 함께 도모한 경우는 '급

(及)', 함께 도모하지 않은 경우는 '회(會)'라고 한다는 진술이 나온다. 세 기사에서 '전쟁하다'와 관련된 동사만 추리면, '패(敗)·패적(敗積)·전(戰)·극(克)·취(取)·벌(伐)·침(侵)·습(襲)·급(及)·회(會)' 등 열 가지나 된다. 우리가 전쟁에 관한 표현을 이와 같이 엄격하게 구분해서 사용하지 않음을 감안할 때 이는 분명 특이하다. 따라서 이런 질문을 던져볼 수 있다. "《좌전》의 저자는 왜 이렇게 전쟁에 관한 표현을 엄격하게 구분하고자 했던 것일까?"

첫째, 《좌전》은 역사책이고, 저자로 알려진 좌구명이 포폄(褒貶, 옳고 그름이나 선하고 악함을 판단해서 결정함)을 엄격하게 수행하고자 했던 공자의 필법을 신봉한 결과로 볼 수도 있다. 포폄을 엄격하게 수행하자면 사실 그대로를 정확하게 기록해야 한다. 그러자면 비슷한 것들을 섬세하게 구분할 수 있어야 하기 때문이다.

둘째, 《좌전》이 전쟁이 일상화되고 만연했던 춘추 시대를 다룬 결과로 볼 수 있다. 기록에 의하면 춘추 시대 초기에 약 130여 개의 제후국이 있었고 많이 잡아야 350여 년 정도 지속된 춘추 시대 동안 50여 개의 나라가 망했다. 또 36명의 제후가 무력 도발에 의해 쫓겨나거나 죽임을 당했으니, 나라 간에 전투부터 내전에 이르기까지 수많은 전투가 있었음을 쉬이 짐작해 볼 수 있다. 이 정도면 전쟁이 일상화되고 더 나아가 내면화되었다고 할 수 있다. 곧 전쟁이 일상의 기본값이 되었음이다.

따라서 《좌전》에서 전쟁의 상태에 따라 관련 어휘를 상세하게 나눈 것은 특이한 현상이 아니라 당연한 현상이라 할 수 있다. 이미 언급했듯이 일상에서 자주 접하다 보니 언어적으로도 그 미세한 차이를 구분할 수 있었던 것이고 또 그렇게 구분해 사용할 필요가 생겼던 것이다. 어휘를 통한 생활상의 재구성은 비단 전쟁 관련 어휘에만 국한되지 않는다. 어떤 텍스트이든 이렇게 어휘 사용에 유의하면서 읽으면 거기서 많은 것을 풍성하게 길어 낼 수 있을 것이다.

3. 두려운, 그래서 병이 된 '오랑캐'

【장공 18년】 여름, 장공께서 제수의 서쪽에서 침략해 온 융족을 몰아 냈다. 《춘추》에 융족의 침입 사실이 기록되지 않은 것은 융족 이야기를 입에 담는 것 자체를 꺼려했기 때문이다.

【장공 30년】 겨울, 장공과 제나라의 환공이 노제에서 만나 산융을 함께 도모했다. 이는 산융이 연나라를 병이 날 정도로 줄곧 괴롭혔기 때문이다.

봉건제, 곧 춘추 시대의 근간을 이루었던 제도에 대해 복습해 보자. 사람들의 질서는 '천자-제후-경대부-사-서민'의 순으로 짜여 있었고 지리적 공간의 질서는 '경-기-국-가'식으로 짜여 있었다.

천하를 다스리는 천자는 신적인 존재였고 그는 자신이 사는 도성과 도성 주위의 일정 지역[기(畿)]만을 직할 통치했다. 그 외의 지역은 천자에게 통치를 위임받은 제후가 다스렸다. 제후 또한 천자로부터 받은 봉토[國] 중 자신이 사는 곳과 그 주위의 일정 지역만을 직할 통치했고 나머지 지역은 경과 대부 계층에게 통치를 위탁했다.

우리가 가문 정도의 뜻으로 알고 있는 '가(家)'는 본래 가문이란 뜻이 아니라 이렇게 제후로부터 위탁받아 경이나 대부 계층이 통치하는 지역을 가리켰다.

이상이 중원 사람들이 짜 놓은 천하의 구조였다. 그런데 《좌전》을 읽다 보면 이렇게 짜인 천하라는 무대에 중원 사람들만 오르내렸던 것이 아님을 금방 알 수 있다. 출현 빈도만 놓고 보면 이른바 '이적(夷狄, 오랑캐)'으로 지목된 이들이 중원 사람들 못지않게 자주 등장한다.

그들은 단순한 조연이 아니었다. '서쪽 오랑캐'의 하나인 서융(西戎)에 의해 천자가 쫓겨남으로써 춘추 시대가 시작되었음을 감안한다면 이적이 춘추 시대의 주인공 중 하나였음은 너무도 분명하다. 다만 중원 사람들이 이 점을 결코 인정하지 않았을 뿐이었다. 아니 인정하지를 못했다. 편견이 사실을 압도할 때가 많은 것이 인간사인 까닭이다.

'중원은 고도의 인문을 창출해 일상이 문명화된 곳이요, 이적이 사는 곳은 야수가 들끓는 야만의 땅'이라는 그릇된 관념에 사로잡힌 중원 사람들은 눈앞의 현실을 있는 그대로 인정하지 못했다. 그러나 이적은 최소한 중원인들 만큼이나 강했다.

【성공 16년】진(晉)나라의 대부 범문자가 말했다. "우리의 전대 군주들께서 자주 전투를 하셨던 것은 그럴 만한 까닭이 있기 때문이었습니다. 서쪽 진(秦)나라와 이적들 그리고 동쪽의 제나라와 남쪽의 초나라 모두가 강했기 때문에 힘을 다하지 않으면 우리의 자손들이 약해질 수밖에 없었습니다."

당시 중원인들은 서쪽의 진(秦)나라와 남쪽의 초나라를 이적의 나라로 분류하고 있었다. 제나라 또한 중화 우월주의자들의 눈에는 순수한 중원의 제후국이 아니고 동이(東夷, 동쪽의 오랑캐)와 섞인 것으로 보았다. 이들에 대해 힘을 다해 막지 않으면 자신들의 후손이 끊길 것이라는 범문자의 고백은 이적의 힘이 중원과 대등했음을 반증해 준다. 아니 어쩌면 중원을 능가했을지도 모른다.

희공 19년 조에는 송나라의 양공(襄公)이 이적인 증자를 잡아 토지신에게 제물로 바침으로써 동이들을 제압하려고 했다는 기사가 나온다. 이적을 인신 희생물로 삼아서라도 그들에게 공포심을 안겨 주려고 했던 송나라 양공의 전략, 이는 역설적으로 이적이 정상적인 방법으로는 쉬이 제압할 수 없는 힘을 지녔음을 시사해 준다.

게다가 이적의 힘은 단순히 용맹함에서만 비롯된 것도 아니었다. 춘추 시대 최초의 패자인 제나라의 환공과 2대 패자인 진(晉)나라 문공의 경우를 살펴보자.

훗날 소동파와 같은 골수 중화주의자는 과거의 답안지에 "제나라와 진(晉)나라는 순수한 중국이 아니다."라고 썼을 정도로 그들은 편향되어 있었지만 현실적인 이점이 있을 때면 이적의 장점을 능동적으로 흡수하기도 했다. 그 덕분에 제나라와 진나라는 중원을 제패할 수 있었다. 이적이 지니고 있던 강병(強兵)의 기술은 이미 중원의 그것을 능가했던 것이다. 그 결과 중원인들의 무시와는 관계없이 이적은 중원의 판도와 정세를 좌우하는 주요 상수로서 춘추 시대 중원이란 무대의 어엿한 주인공이 되었다.

장공 18년 조의 기사는, 이적을 금수나 다름없는 하찮은 존재라고 여겨왔는데 실상은 자기들보다 강했을 때, 이런 존재를 대하는 중원인들의 태도를 보여 준다. 곧 그와 같은 존재들을 아예 입에 담지도 않음이 그것이다. 융족은 중원의 서쪽부터 북쪽에 걸친 지역에 거주하던 유목 민족이었다. 그런데 여기서처럼 자기 나라보다 서쪽에 있는 이적을 가리켜 융족이라 할 때도 있다. 그들이 제수를 건너 노나라로 쳐들어오자 노나라의 장공이 군사를 이끌고 나가 그들을 물리쳤다. 이는 노나라의 입장에서는 역사에 기록할 만한 성과였다.

그런데 막상 《춘추》에는 노나라 장공의 승리는커녕 융족이 노나라를 침략했다는 사실조차 기록되지 않았다. 이를 두고 《좌전》의 저자는 《춘추》의 기록자인 공자가 융족이란 존재를 언급하는 것 자체를 꺼려했기 때문이라고 풀었다.

성인 공자조차도 언급 자체를 회피했던 이적들. 이적에 대한 거부감이 이 정도였다면, 장공 30년 조의 기사에서처럼 그들이 중원인들에게 '병(病)적인 존재'로 묘사된 것이 수긍이 된다. 나아가 《좌전》의 여기저기서 이적을 재앙의 근원이요, 우환덩어리로 규정한 것도 전혀 이상해 보이지 않는다. 그만큼 이적의 힘이 두려웠던 것이다.

4. 천자와 패자

【장공 27년】 천자가 소백(召伯)인 요를 시켜 제나라 환공에게 패자의 작위를 내린 후 위(衛)나라를 정벌해 달라고 청했다. 이는 이전에 위나라가 자신을 밀어내고 자퇴를 천자로 옹립하려고 했기 때문이다.

'하늘의 아들'인 천자는 신성불가침한 권위와 힘을 지닌 존재였다. 신과 인간의 중간에 위치한 그는 하늘에서 보면 인간의 대표 정도에 불과할지 몰라도 땅에서 보면 신의 대리자로서 범접할 수 없는 신성함을 지닌 지존이었다. 곧 제사 공동체 사회에서 천자는 상상 가능한 모든 힘을 지닌 절대적인 존재였다. 게다가 춘추 시대는 그 이전 시대처럼 제사 공동체였다. 그렇다면 당연히 천자가 무소불위의 권력을 휘둘러야 했음에도 현실은 전혀 그렇지 못했다. 제후들은 천자의 명을 받들지 않는 것은 물론이고 위나라처럼 새 천자를 옹립하는 하극상까지도 저질렀다. 천자는 너무도 무력했다. 천하를 호령하기는커녕 자신을 제거하고자 했던 소국 위나라의 제후를 혼내 줄 수 있는 힘조차 지니지 못했다. 실로 일개 제후만도 못한 처지였다.

그나마 다행인 것은 천자에게 제사 공동체를 떠받치는 예법 질서에서 비롯된 상징적인 힘이 남아 있다는 점이었다. 아무리 힘 있는 패자라 할지라도 다른 제후국들에게 예법을 근거로 한 명분에서 밀리면 그 힘을 행사하기가 어려웠던 것이 춘추 시대의 현실이었다. 천자는 이 점을 활용해서 중원의 패권을 놓고 각축하는 제후들에게 예법 질서 체계의 정점에 자리한 자로서 지닌 힘을 발휘할 수 있었다. 다만 그 힘은 매우 미약해서 여전히 힘 있는 제후의 눈치를 봐야 했다. 그들은 겉으로는 예법 질서를 따르는 듯했지만, 안으로는 갖은 편법을 동원해 자신들의 이익을 관철했기 때문이다. 이에 천자는 힘 있는 그들에게 부족한 것, 다시 말해 예법 질서 체계에서 그들이 대외적으로 명분을 취하는 데에 실질적으로 기여할 수 있는 것을 매개로 그들을 달래거나 그들의 힘을 빌리곤 했다.

장공 27년 조의 기사는 천자가 이러한 힘을 잘 활용한 사례를 담고 있다. 자퇴는 당시 천자였던 주나라 혜왕(惠王)의 숙부뻘이었다. 혜왕은 보위에 오른 후 소국인 위나라의 땅을 빼앗아서 자신의 원림(園林, 임금의 정원)으로 삼았다. 그리고 왕궁에서 가까운 지역의 땅을 비롯해 수차례에 걸쳐 대부들의 땅을 가로챘다. 땅을 뺏긴 이들이 원한을 품은 것은 당연했을 터, 위나라는 이들과 결탁하고 자퇴를 새 천자로 선포한 후 혜왕을 공격했다. 그러나 승리를 거두지 못했고 대부들은 자퇴를 모시고 위나라로 도망쳤다. 혜왕의 원한이 깊을 수밖에 없었다. 대국의 제후가 패자를 자처하며 천자만이 할 수 있는 일을 거리낌 없이 행하는 마당에 소국의 제후마저 대부들과 연합해 자신을 치는 하극상을 벌였기 때문이다. 게다가 자신에게는 이를 혼내 줄 수 있는 힘이 없었다.

당시 제나라의 환공은 관중의 보필 덕분에 중원의 제후를 호령할 수 있다. 제후들은 그가 모이라고 하면 모였다. 천자만이 할 수 있는 일을 그는 실제로 하고 있었다. 이는 월권이요, 더 중요하게는 하극상이었다. 그럼에도 혜왕은 환공을 중원의 패자로 정식 인정하는 사절을 보낸다. 환공에게 필요한 명분을 주는 대신에 그를 이용해서 위나라를 쳐 원한을 갚자는 속셈이었다. 허수아비 같은 천자를 대신해 천하의 질서와 안녕을 도모한다는 명분으로 '힘에 의한, 힘의 정치'를 편 패자가 이렇게 해서 처음으로 추인됐다.

【희공 28년】천자가 왕실의 경사인 윤씨와 왕자 호, 내사인 숙흥보를 시켜 진(晉)나라의 문공(文公)을 패자로 임명하고는, 천자를 대신해서 다른 제후국을 정벌할 수 있는 권한을 상징하는 대로(大輅, 제사 지낼 때 쓰는 수레)와 융로(戎輅, 군대 사열 때 쓰는 수레)의 의복 그리고 붉은색 활 1자루, 붉은색 화살

100개, 검은색 활 10자루, 검은색 화살 1천 개를 하사했다. 그리고 향 좋은 술 한 통과 천자의 호위 무사 300명을 함께 내리면서, "천자가 숙부뻘인 진나라 문공에게 이르노니, 삼가 천자의 명을 공경히 받들어 사방의 제후국을 편안케 하고, 법을 어기거나 죄악을 행한 자를 바로잡으시오."라고 명했다. 이에 진나라 문공은 세 번 사양한 후에 명을 받으며, "저는 외람되게도 재배하고 머리를 조아리며 천자의 위대하고 영화로운 명령을 받들어 천하에 널리 펼치도록 하겠습니다."라고 했다.

진나라의 문공은 제나라의 환공을 이어 중원의 두 번째 패자가 된 이였다. 천자는 제나라 환공에게 그러했던 것처럼 그에게 천자만이 입을 수 있는 옷과 쓸 수 있는 활과 화살을 하사했다. 그러고는 자신을 대신해 천하의 안녕을 도모하라고 명한다. 힘없는 천자로서 중원의 새로운 강자에게 일단 잘 보일 필요가 있었기 때문일까? 이에 진나라 문공은 세 번 사양한 후 천자의 명을 받든다. 형식 차원에서는 일개 제후이지만 실질적으로는 천자로 등극한 셈이었다.

패자가 천자를 대신하고 천자는 패자에 기대야만 그나마 천자 자리라도 유지할 수 있었던 세상. 천자가 자신에게만 있는 고유한 권한 등을 패자에게 팔아야만 비로소 자신의 이해관계를 관철시킬 수 있었던 세상. 이것이 춘추 시대의 냉혹한 현실이었다.

제4장

민공 閔公

기원전 662년~기원전 660년

위(衛)나라 의공(懿公) 의공은 학을 너무나 사랑해서 학에게 대부라는 작위를 내린 어리석은 군주였다. 오랑캐가 침입해 오자 의공은 대부들에게 출전을 명했다. 그러자 국인들은 대부 작위를 받은 학들과 나가 싸우시라며 이죽거렸다. 결국 의공은 그 전쟁에서 전사하고 만다.

강태공(姜太公) 본명 강상(姜尙)으로 그의 선조가 여(呂)나라에 봉해졌으므로 여상(呂尙)이라 불렸다. 주나라 문왕의 스승이며 무왕을 도와 상나라 주왕을 내쫓고 주나라의 무왕을 천자로 옹립했다. 그 공으로 제나라 제후에 봉해져 그 시조가 되었다.

1. 오랑캐를 극복하기 위한 '정신승리법'

【민공 원년】 오랑캐인 적인이 형(邢)나라를 침공하자 관중이 제나라 환공에게 아뢰었다. "융적과 승냥이와 이리는 만족할 줄 모릅니다. 또한 중원의 제후국들은 혈연관계로 엮여 있으니 버려 둘 수도 없습니다. 안락함과 맹독은 품어서는 안 됩니다. 《시경》에는 이런 말이 있습니다. '어찌 집으로 가고 싶지 않겠는가? 군령으로 온 긴급 문서가 무서울 따름이네.' 긴급 문서에는 '간악한 자들을 함께 미워하며 서로 도와준다.'는 내용이 들어 있었습니다. 청컨대 긴급 문서의 내용을 좇아 형나라를 구원하시기 바랍니다."

《좌전》에 많이 쓰인 낱말 중 '이(夷)' 자, '융(戎)' 자, '만(蠻)' 자, '적(狄)' 자가 들어 있는 것은 모두 '오랑캐'를 지칭하는 낱말들이다. 이들은 각각 동서남북의 오랑캐를 가리킨다. 그러나 이는 훗날에 정착된 용법이고 춘추 시대에는 방위별로 엄격하게 구분되어 사용되지는 않았다.

다시 '오랑캐'를 지시하는 '이(夷)' 자, '융(戎)' 자, '적(狄)' 자, '만(蠻)' 자를 살펴보자. '이(夷)' 자를 해체해 보면 '대(大)' 자와 '궁(弓)' 자로 나뉜다. 여기서 '대' 자는 사람의 형상을 뜻하고 '궁' 자는 사람의 상반신을 뱀이 칭칭 감고 있는 형상이다. 곧 '이'는 뱀과 더불어 사는 존재를 본뜬 글자로, 그것이 환기하는 바는 '인간적이지 못함'이었다. 또한 '적(狄)'이나 '만(蠻)' 자에 들어 있는 '견(犭)'이나 '충(虫)'은 모두 짐승을 뜻한다. '융'도 '사납다'는 뜻으로 좋은 의미는 아니었다. 결국 '오랑캐'를 사람이 아닌 존재나 짐승과 동격의 존재로 규정한 셈이다. 따라서 위의 기사에서 관중이 융적을 이리, 승냥이와 병렬한 후 이들은 욕심을 그칠 줄 모르는 존재라고 단언한 것은 중원인의 입장에서는 당연한 귀결로 보인다.

다만 관중과 같은 인물이 이런 이야기를 했다는 것이 사뭇 의외다. 그것도 오랑캐를 아무리 묽게 해도 그 독성이 제거되지 않는 '짐독(酖毒, 아주 독한 독)'에 비유하며, 오랑캐에 대한 두려움을 토로한 점은 분명 그답지 않다. 그러나 이는 역으로 오랑캐가 그만큼 강했음을 말해 주는 좋은 사례이기도 하다. 하여 자신이 모시는 군주를 중원의 패자로 만들었던 관중조차 극도로 오랑캐를 백안시할 수밖에 없을 정도로 중원인들에게 오랑캐는 두려운 존재요, 재앙의 근원이었던 것이다.

앞에서도 말했듯이 오랑캐는 춘추 시대라는 역사 무대에서 남다른 활약상을 보였던 중원 역사의 어엿한 주역 가운데 하나였다. 이는 《좌전》에 나오는 오랑캐에 대한 언급이 주로 제후국들과의 분쟁이나 전쟁과 관련돼 있다는 점만 봐도 쉬이 알 수 있다. 그들은 자주 중원의 제후국을 침공했으며 제후들과 연합해서 다른 제후국을 정벌하기도 했다. 제후들 또한 다른 나라를 칠 때면 종종 오랑캐를 활용하여 소기의 목적을 달성하고자 했다. 심지어는 천자를 공격하는 데에 오랑캐를 끌어들이기도 했다.

그렇다 보니 중원인들에게 오랑캐는 눈엣가시와도 같은 존재였다. 그들이 보기에 오랑캐들은 "여우와 살쾡이가 살고 승냥이와 이리가 울부짖는 곳과 같이 인간이 살 수 없는 곳에 살며, 자신들과 먹는 음식과 입는 복식이 다르고 재화도 통용해서 쓸 수 없고 언어도 통하지 않는(양공 14년 조)", 그렇기에 금수와 같은 존재임이 틀림없었다. 그런데 어이없게도 현실에서는 그 정도밖에 안 되는 존재에게 자신들이 오히려 당하고 있었다.

역사를 보면 현실에서 이길 수 없는 존재는 상상 속에서라도 이겨야 직성이 풀리는 것이 인지상정인 듯하다. 물론 이런 경향이 짙어지면 마치 노신(魯迅)의 소설 《아Q정전》의 주인공 아Q처럼 패배 의식이나 열등감에 매몰되어 자유인이 아닌 노예의 삶을 살 수도 있다. 그러나 인간은 저마다 아Q의 소질을 지니고 있기에 여의치 못한 현실을 버텨 내며 하루하루의 삶을 꾸려 가는 것일 수도 있다. 곧 아Q는 우리네 인간 군상의 자화상이기도 하다.

춘추 시대의 중원인들 또한 그러했다. 그들은 인간이 금수 같은 존재를 두려워하게 된 '모순적인' 현실을 어떻게든 합리화해야 했다. 무력의 사용은 되치기를 당할 확률이 높아 함부로 꺼낼 수 있는 카드가 아니었다. 그렇다면 남은 것은? 아Q와 같은 방법을 긍정적으로 활용하는 것이다. 자신에게 돌을 던진 어린애들을 그 자리에서 혼내지 못하고 숙소에 돌아온 아Q, 그는 '정신승리법'이라는 비전의 무기를 꺼내 들고 상상 속에서 그 어린애들을 단죄한다. "어른에게 돌을 던지는 것은 인간 이하의 것들이나 하는 짓이다. 그런 인간 이하의 것들에게 내가 화를 낸다면 나도 그들과 똑같은 존재가 되는 것이다."

이러한 아Q의 정신승리법은 오랑캐를 금수와 동일시했던 춘추 시대 중원인의 심리에서도 목도된다. 그들은, 인간이 못났기 때문에 호랑이나 늑대에게 잡혀 먹히는 것이 아니듯 중원인들이 열등하기 때문에 오랑캐에게 시달리는 것은 아니라고 합리화했다. 언뜻 보면 열등감의 극치인 듯도 하지만 실상은 달랐다. 역설적이지만 중원인들의 정신승리법은 중원의 문명화 정도를 더욱 부각시키는 데에 기여했다.

【양공 13년】 초나라의 문물을 찬란하게 만든 공왕(共王)은 직접 출정해서 만이를 위무했고 남해에 출정해서 그 지역을 중원으로 귀속시켰다.

초나라의 대부 자낭이 초나라 공왕이 생전에 세운 업적을 평가하는 대목에서 한 말이다. 여기서 흥미로운 점은, 초나라는 중원의 제후국들로부터 오랑캐로 지목된 나라였다는 사실이다. 그들은 자신의 군주를 부를 때 제후를 뜻하는 '공'이나 '후'가 아닌 천자를 뜻하는 '왕'을 사용했다. 이는 스스로를 중원의 천자와 최소한 동급으로 여긴 것이며, 그만큼 자신들을 중원 사람들과 구별했던 것이다. 그런데 위의 기사를 보면 초나라의 공왕이 주변의 종족을 '만이(蠻夷)'라고 칭했다. 이는 중원인들이 멀쩡한 자신들을 금수와 같은 존재로 전락시켰던 방식이었다. 그럼에도 중원인들이 그랬던 것처럼 초나라도 주변의 종족들을 야만시함으로써 자신들의 우월함을 드러내고자 했다. 주변의 종족을 오랑캐로 지목함으로써 자신은 오랑캐의 반열에서 벗어나게 되는 수사학적 효과를 누리고자 했던 것이었을까? 아무튼 오랑캐라고 지목받는 것을 이처럼 피하고 싶어 했던 것이 춘추 시대의 일반적인 정서였다.

이는 그만큼 문명화에 대한 욕구가 컸음을 반증해 준다. 또한 중원인들의 '오랑캐=금수'라는 정신승리법이 지닌 만만치 않은 '현실적 힘'을 웅변해 준다. 그것은 그저 끝 모를 열등감의 나락에서 허우적대는 노예의 사유만은 아니었다. 무력이나 물리력만큼이나 큰 위력을 지닐 수 있는 문명의 힘을 자각한 중원인들이 언제 올 지 모르는 외부의 위협을 효과적으로 제어하기 위해 고안한 고도의 전략이기도 했다.

2. 예, 패자가 되는 지름길

【민공 원년】 겨울, 제나라의 대부 중손초가 노나라에 와서 변란으로 인한 우환을 위로했다. 《춘추》에서 '중손'이라 쓴 것은 그를 기리고자 했기 때문이다. 중손초가 돌아와서 아뢰었다. "경보를 제거하지 않으면 노나라의 변란이 끊이지 않을 것입니다." 제나라 환공이 물었다. "어떻게 해야 그를 제거할 수 있겠소?" 대답해 아뢰었다. "변란을 계속 일으키다 보면 경보는 죽게 될 것입니다. 주군께서는 기다리시기만 하면 됩니다." 환공이 말했다. "노나라는 취할 만합니까?" 대답해 아뢰었다. "불가합니다. 노나라는 아직도 주례(周禮, 주나라의 예법)를 굳게 지키고 있습니다. 주례는 만사의 근본입니다. 신이 듣기에 '나라가 망하려면 반드시 그 뿌리가 먼저 썩은 후에 가지와 잎이 떨어진다.'고 합니다. 노나라는 주례를 폐지하지 않았으니 아직 움직일 때가 아닙니다. 주군께서는 노나라가 변란으로

부터 벗어나 안정을 이루도록 힘쓰시면서 그들과 친하게 지내십시오. 예를 지키는 나라와 친하게 지내고 토대가 굳건한 나라와 서로 의지하면서 내부에 분열이 있는 나라를 이간시키고 예에 어두워 혼란에 빠진 나라를 정벌하는 것이 바로 패자의 방책입니다."

역사를 읽을 때 반드시 지녀야 할 것 중 하나는 자존심이 상해도 사실을 사실대로 인정하는 태도다. 우리는 흔히 역대 중국의 왕조를 '한나라', '당나라'라 부르며 고려나 조선과 동급의 존재로 치부하곤 한다. 그러나 "수신제가치국평천하"라는 말에서 알 수 있듯이, 황하와 장강을 아우르면서 통일 왕조를 창출했던 한나라나 당나라 같은 경우는 사실 일개 국가에 불과했던 것이 아니라 천하 그 자체였다.

천자는 천하를 다스리는 존재였다. '나라[國]'는 그가 제후들에게 통치를 위임한 봉토를 가리켰다. 중원이라는 천하는 이러한 나라들이 천자의 우산 아래 모여 그의 통치를 받드는 세계였다. 춘추 시대 또한 이러한 구조를 골간으로 삼은 시대였다. 따라서 천자가 제후를 다스리고 제후는 천자를 따르며 소임을 다해야 했다. 그러나 이는 어디까지나 원칙이었을 따름이고 현실은 전혀 그렇지 않았다. 천자가 허수아비로 전락했던 까닭에 세상은 '넘버2'인 제후들의 각축장이 되었다. 큰 힘을 지닌 제후들은 천자 그러니까 천하의 주인 자리를 넘보았고 그렇지 못한 제후들은 강대국의 틈바구니에서 살아남기 위해 분투했다.

대국과 소국 사이는 물론 대국과 대국 사이, 소국과 소국 사이에 갈등과 충돌이 끊이질 않았다. 그런데 이러한 소용돌이 속에서도 천하라고 하는 큰 틀은 깨지지 않고 있었다. 한 시대를 호령할 만큼 큰 힘을 지녔던 제나라 환공이나 진나라 문공조차도 기존의 천하를 뒤엎고 새로운 천하를 열려 하지 않았다. 이는 최소한 다음의 두 가지 이유 때문이었다.

첫째, 새로운 체제를 열려면 그에 합당한 역량을 지녀야 했다. 곧 새로운 천하를 연다는 것은 춘추 시대의 기본 틀인 봉건제를 넘어서야 한다는 것인데 춘추 시대의 생산력으로는 이것이 불가능했다. 따라서 아무리 큰 힘을 지닌 제후라 할지라도 여전히 봉건제를 기반으로 하는 천하를 고수할 수밖에 없었다.

둘째, 예법 질서가 여전히 현실적인 위력을 발휘하고 있었다. 위의 기사에서 중손초는 정변을 겪은 노나라를 위로하고 돌아와 노나라에 정변이 계속 일어날 것이라고 보고한다. 이는 경보라는 이 하나 때문에 혼란을 겪는 노나라가 안타까워 한 말이었다.

그런 그에게 제나라의 환공은 노나라를 병합할 만하냐고 물었다. 그러자 중손초는 정색하며 그것은 불가능한 일이라고 잘라 말했다. 노나라가 만사의 근본인 주례를 굳게 지키고 있으니 나라의 기틀이

튼실하다는 이유에서였다. 강력한 힘을 지닌 패자라도 예법을 지키는 나라를 함부로 칠 수 없다는 뜻이다. 국세도 작고 그나마 기울어가던 노나라가 예법을 지켰다는 이유 하나로 당시 중원의 최강자인 제나라 환공의 침입을 막아 낸 셈이었다. 이처럼 예는 '현실적'인 힘을 여전히 발휘하고 있었다.

예의 힘은 여기에 그치지 않았다. 중손초는 "예를 지키는 나라와 친하게 지내고 토대가 굳건한 나라와 서로 의지하면서 예에 어두워 혼란에 빠진 나라를 정벌하는 것"이 바로 패자로서 해야 할 일이라며 패자의 조건에 대해 언급했다. 패자는 '예에 의한, 예의 정치'를 수행했을 때 비로소 될 수 있고 패자가 된 후에도 예를 기반으로 천하의 질서를 잡아야 한다는 것이다. 춘추 시대가 실질적으로는 약육강식의 세계였음을 감안한다면 중손초의 간언은 이상에 불과한 듯 보인다. 그러나 진나라 문공이 패자가 되는 과정을 살펴보면 중손초의 간언은 이상이 아니라 현실이었음을 알게 된다.

【희공 27년】 진나라 문공은 제후가 되어 백성을 교화한 지 2년이 되자 그들을 전쟁에 동원하려고 했다. 그러자 대부 자범이 아뢰었다. "백성들이 아직 의로움을 몰라서 안정적으로 생활하지 못합니다." 이에 문공이 출병해서 천자인 주나라 양왕의 지위를 확고히 하고 귀국해서는 백성을 이롭게 하자, 백성들이 안정적으로 생활하게 되었다. 이에 그들을 동원하고

자 하니 자범이 간했다. "백성들이 아직 미더움을 몰라서 물자를 활용할 줄 모릅니다." 이에 원(原)나라를 신뢰로 굴복시킴으로써 믿음의 본보기를 보여 주었다. 이에 백성들은 물자를 교환할 때 이문을 많이 남기려 하지 않았고 자신이 한 약속을 잘 지키게 되었다. 이에 문공이 물었다. "이제는 동원할 수 있겠소?" 자범이 답했다. "백성들이 아직 예를 몰라서 윗사람에 대한 공손함을 지키지 못합니다." 이에 군사 훈련을 크게 거행해서 그들에게 예의 본보기를 보여 주었고 봉록과 품계를 전담하는 관직을 신설해서 관직의 위계를 바로잡자 백성들이 의심하지 않고 따르게 되었다. 이런 후에 백성들을 전쟁에 동원하여 제나라 곡 땅의 수비병을 내쫓고 포위됐던 송나라를 구원했다. 그리고 한 번의 결전을 통해 패자가 되었으니, 이는 문공의 인문적인 교화 덕분이었다.

북방 진나라의 문공은 오랜 망명 생활 끝에 예순이 넘어서야 귀국하여 제후의 자리에 올랐다. 그리고 얼마 안 되어 제나라 환공을 이어 중원의 2대 패자로 등극했다. 위의 기사에는 그가 노구임에도 짧은 기간에 패자가 될 수 있었던 이유가 분명하게 서술되어 있다.

'인문적인 교화'의 시행! 백성들에게 의로움을 가르치고 솔선해서 미더움을 보여 주며 공손하게 행함으로써 그들의 생활을 안정되고 넉넉하며 예의롭게 만들었다. 이렇게 한 후에야 전쟁에 동원하니 단한 번의 싸움으로 중원의 패자가 될 수 있었다는 것이다.

이는 우리의 통념과는 다르게 춘추 시대에도 의로움[의(義)]이라든지 미더움[신(信)], 예 같은 덕목이 오로지 관념적이지도 또 형식적이지도 않았음을 말해 준다. 초대 패자였던 제나라 환공 또한 "예로써 역심을 품은 이조차 껴안고 덕으로써 멀리서 복종하지 않는 자들을 품는다. 덕과 예를 일관되게 지키면 복종하지 않는 이가 없다.(희공 7년)"는 관중의 간언을 받아들인 결과 패자의 자리를 오래 보전할 수 있었다. 곧 의로움이라든지 미더움, 예 같은 덕목에는 나라의 군비나 한 개인이 타고난 자질보다도 더 큰 영향력을 발휘하는 현실적인, 너무나도 현실적인 힘이 서려 있었던 것이다.

따라서 패자가 되기 위해서는, 또 패자가 된 후에도 패자는 예의 수호자임을 적극적으로 보여 주어야 했다. 더구나 패자는 "제후 간에 혈연관계가 가까운 나라와 친하게 지내고 큰 나라와 함께 일을 하며, 공물을 잘 바치는 나라에 상을 주고 그렇지 않은 나라를 징계하는 (소공 13년)" 천자의 예를 대신 실천해야 자신의 자리를 보전할 수 있었다. 예는 이렇게 작은 나라가 대국의 침략을 막아 낼 수 있는 보루요, 큰 나라의 제후가 패자가 되는 지름길이었다.

3. 명칭의 체계와 헌법

【민공 원년】 천자가 백성을 언급할 때는 '조민(兆民)'이라 하고, 제후가 언급할 때는 '만민(萬民)'이라고 한다.

"나라에 헌법이 없다면 나라를 다스릴 수 있을까?" 헌법이란 것이 등장하기 전의 시절, 이른바 '전통 시기'의 역사와 놀다 보면 자연스레 갖게 되는 질문이다.

헌법은 단지 헌법 조문만을 가리키지 않는다. 헌법에는 이른바 헌법 정신이란 것이 담겨 있다. 복잡다단한 인간사를 법조문에 다 담아낼 수 없기 때문에 통치의 이념과 원칙 등을 헌법 정신이란 이름으로 표방하곤 한다. 우리나라는 이를 '전문'에 명기했다. 그런가 하면 이를 헌법 조문의 행간에 깔아 놓는 나라도 있고 영국처럼 관습에서 찾는 나라도 있다. 어느 나라든 헌법 또는 그 역할을 하는 무엇인가가 있게 마련이다. 전통 시기 또한 그러했다. 명칭이나 체계 등은 달랐지만 헌법의 역할을 수행한 것이 있었다. 예컨대 조선 시대에는 《경국대전(經國大典)》이 있었고, 당(唐)나라 시대에는 율령(律令)이 있었다. 그 이전에도 치국의 근간을 밝혀 놓은 법체계가 있었다. 그중에는 지금까지 전해지는 것도 있고 그렇지 않은 것도 있다. 원래 있었는데 중간에 소실된 것도 있고 불문법 시절의 것이라 애초부터 전수가 힘든 경우도 있다.

춘추 시대는 불문법의 시대였다. 기록에 의하면 공자의 선배 세대였던 정나라의 자산이란 이가 처음으로 법을 명문화했다고 한다. 그런데 바로 그렇게 했다는 이유로 자산은 두고두고 욕을 먹었다. 잘된 다스림은 명문화된 법이 아니라 일상에 녹아든 예에서 나온다는 믿음이 늘 주류의 가치관을 형성했기 때문이다. 이로 보건대 춘추 시대에 헌법 역할을 했던 명문화된 법조문은 없었던 것으로 판단된다. 대신 앞 장에서 설명했듯이 예가 춘추 시대의 헌법 역할을 했다. 예는 만사의 근본인 만큼 개인의 일상부터 국가의 통치에 이르는 모든 면을 규제했다. 언어생활 또한 마찬가지였다. 말을 않고 사회생활을 할 수 없는 만큼 말을 규제하는 것은 예로 대변되는 통치 질서를 일상화하고 내면화하는 데에 무척 효율적인 수단이었다. 하여 언어의 세계를 확실하게 규제하려고 했다. 천자도 예외가 아니었다. 위의 기사에서처럼 같은 '백성'을 지칭해도 천자는 다른 이들과는 다른 말을 써야 했다. 제후도 마찬가지였고 경이나 대부도 예에서 규정한 대로 말을 해야 했다. 군주의 경우도 천자일 경우에는 왕이라 부르고 제후이면 공이나 후·백·자·남 등으로 불러야 했다.

【선공 16년】겨울, 진(晉)나라의 경공(景公)이 사회를 시켜 왕실의 분란을 해결해 주자, 천자인 주나라의 정왕(定王)이 그에게 왕실이 주관하는 연회 가운데 하나인 향례를 베풀었다. 이때 원나라 양공이 향례를 주관하면서 찐 고기 반쪽을 통째로 올리자 사회가 왜 그렇게 하는지를 물었다. 정왕이 이를 듣고는 사회를 불러 말했다. "그대는 들어 본 적이 없는가? 천자인 왕이 향례를 베풀 때는 통째로 찐 고기의 반쪽을 올리고 연례를 베풀 때는 이를 썰어서 올리오. 제후들에게는 향례를 베풀며 경대부에게는 연례를 베푸는 것이 왕실의 예절이오." 사회는 귀국한 후 의전에 대한 예를 연구해서 이를 기반으로 나라의 예법을 수립했다.

이 기사에는 두 가지의 연회 이름이 등장한다. 하나는 천자가 제후에게 베푸는 향례이고 다른 하나는 경대부에게 베푸는 연례다. 그리고 그 각각의 경우 차리는 음식이 다름을 언급하고 있다.

천자가 누구에게 베푸는 연회인가에 따라 차리는 음식의 종류도 달라지는 것은 그럴 수 있다. 그렇다고 명칭까지 꼭 달라야 하는 것은 아니다. 우리는 대통령이 청와대에서 만찬을 베풀었다고만 하지 참석 대상이 누구냐에 따라 만찬의 이름을 달리하지는 않는다.

그렇다면 군이 이름을 달리한 까닭이 무엇일까? 이에 답하기 위해 먼저 '진시황(秦始皇)'이란 호칭을 분석해 보자.

진시황이란 말을 글자 그대로 풀면 '진의 첫 황제', 곧 '진의 초대 황제'라는 뜻이 된다. 그런데 이러한 풀이는 반은 맞고 반은 틀리다. 진시황이 진의 초대 황제인 것은 변치 않는 사실이다. 그러나 그는 단지 진의 초대 황제였던 것이 아니라 중국 역사를 통틀어서 처음으로 황제가 된 이였다. 진시황이란 말의 정확한 뜻은 '진에서 배출한 중국 최초의 황제'인 셈이다. 곧 진시황이 그 이전에는 없었던 황제라는 자리를 만들고 그 자리에 자신이 최초로 올랐다는 뜻이다.

황제는 '황(皇)' 자와 '제(帝)' 자의 합성어다. 이 둘은 본래 신적인 존재를 지시하던 말이었다. 다시 말해 진시황 이전에 나온 문헌에서 '황'이나 '제' 자가 붙어 있다면 그들은 인간보다 훨씬 높은 자리에 있던 신령이다. 인간 세계에서 가장 높은 자리에 있던 이를 부를 때는 '왕'이라고 했다. 그래서 춘추 시대 천자를 일컫는 말이 왕이었다. 문제는 전국 시대에 들어와 그나마 남아 있던 천자의 권위가 바닥으로 떨어지자 힘을 지닌 제후들이 왕을 자처하기 시작했다는 데에 있었다. 거칠게 말하자면 "내가 중원이란 천하를 호령할 만한 힘을 지니고 있으니, 내가 왕이 아니면 누가 왕이냐?"는 식의 논리였다.

동쪽의 강국 제나라가 먼저 자신을 천자라고 칭하며 '동제(東帝)', 곧 동방의 왕이라고 선언했다. '왕' 자를 쓰고 싶었지만 다른 제후국의 반발을 피해 가려고 인간 존재보다 높이 있는 신적 존재를 부를 때 쓰는 '제' 자를 대신 쓴 것이다. 그러자 서쪽의 강국 진(秦)나라의 제후도 자신을 '서제(西帝)'라 부르며 자신이 진짜 천자라고 주장했다. 천자 곧 '하늘의 아들'은 같은 하늘 아래엔 한 명만 있어야 했다. 하늘이 동쪽과 서쪽으로 쪼개진 것도 아닌데, 동제, 서제라 하며 천자를 자처하는 모습은 볼썽사나울 뿐이었다.

결국 제나라와 진나라 제후의 천자 참칭 사건은 해프닝으로 끝났다. 둘 다 다른 제후들의 비아냥 속에 동제와 서제라는 호칭을 거두어들였다. 그러나 이 사건의 파장은 매우 컸다. 인간 중 가장 높은 이를 가리키는 말로 '왕' 자가 아닌 '제' 자를 사용함으로써 결과적으로 '왕'의 존엄과 그 호칭에 서려 있던 권위가 크게 훼손되었다. 인간 중 최고 존재를 지시하는 말이 사라져 버린 셈이었다.

이는 중원을 통일한 진시황에겐 큰 고민거리였다. 그는 저마다 속으론 왕이라 자처하던 제후들을 제압하고 일개 제후국에 불과했던 진나라를 천자의 나라로 거듭나게 만들었고 자신이 그 나라의 초대 천자가 된 인물이었다. 그런데 사람들이 자신을 그냥 왕이라고 칭한다면? 그렇다면 자신이 제압한 왕을 자처하던 제후들과 무슨 차이가 있단 말인가!

진시황에겐 그렇게 흔해 빠져 버린 왕이라는 호칭이 아닌, 범접할 수 없는 신성함을 강력하게 표출하는 새로운 호칭이 필요했다. 기존에 사용되던 왕이란 말로는 모든 제후들을 제압하고 일궈 낸 통일 제국의 주인을 지시할 수는 없었다. 결국 신에게 붙이던 호칭을 갖다 쓸 수밖에 없었다. 최고의 인간 존재보다 더 높은 존재가 신이었기 때문이다. 하여 그는 자신을 '황제'라고 지칭하고 이를 따르도록 명했다. 신을 지칭하던 황제가 천자를 지칭하는 말로 그 위상이 재조정된 것이다. 그리고 왕이란 명칭은 제후에게 붙는 말로 그 위상이 강등되었다. 진시황은 이렇게 사람들이 자신을 황제라고 부르면서, 자신이 기존의 왕들이 뛰어넘을 수 없는 위엄과 권위를 지닌 자임을 내면화하도록 했다. 그리고 이를 바탕으로 황제와 왕 사이에 엄격하고도 넘볼 수 없는 권위의 장벽을 구축하고자 했다. 이것이 진시황이 황제란 명칭을 도입하려 했던 까닭이었다.

진시황의 사례는, 예를 근간으로 세상을 다스렸던 시절 호칭의 체계를 바꾸는 것은 새로운 천하가 열렸음을 선포하는 행위와 같았음을 말해 준다. 지금으로 말하자면 새로운 헌법을 제정하는 것이요, 헌법 정신을 바꾸는 행위다. 그만큼 호칭의 체계는 통치의 이념과 그 지향을 잘 반영할 수 있었다. 따라서 호칭의 체계를 잘 지키면 역으로 기존의 통치 구조를 유지할 수도 있었다.

그래서 사회적 위계질서에 따라 동일한 대상을 나타내는 말이라도 다 달리했다. 사람들은 일상에서 그렇게 규정된 말을 사용하면서 자신도 모르는 사이에 기존의 위계질서를, 또 그 속에 스며들어 있는 통치의 이념과 지향에 길들여져 갔다. 이것이 성문화된 헌법이 없어도 그 넓은 지역과 많은 사람을 다스릴 수가 있었던 까닭이었다.

4. 학으로 나라를 지키게 하시오!

【민공 2년】 겨울 12월, 적인이 위나라를 침공했다. 위나라의 의공(懿公)은 학을 좋아했다. 그가 키우는 학 중에는 대부이 작위를 받아 그들이 타는 수레를 타고 다녔다. 의공이 적인을 맞아 싸우고자 하니 징발된 도성의 사와 대부들이 모두 말했다. "학을 징발하십시오. 작위를 받은 학들을 제쳐 두고 작위 없는 우리가 어찌 싸울 수 있겠습니까?"

의공은 출전하기에 앞서 대부 석기자에게 패옥을 내리고 대부 영장자에게 화살을 내리며 국사를 담당하게 한 후 말했다. "이것으로써 전권을 부여하노니 국사를 처리하되 이로운 것을 택해 행하시오." 그리고 부인에게 수놓은 옷을 주면서 말했다. "이 두 대부의 말대로 하십시오."

의공이 출전할 때 대부 거공이 그의 전차를 몰았고, 대부 자백이 호의 무관이 되어 오른편에 섰다. 대부 황이는 선봉을, 대부 공영제는 후군이 되었다. 영택에서 적인들을 맞아 싸웠다. 그러나 위나라의 군사가 크게 패하고 결국 크게 도륙을 당했다. 이때 의공이 제후의 깃발을 내리지 않아서 죽임을 당했다.

《좌전》은 근엄하다. 생동감 있는 묘사와 박력 있는 필치가 돋보여 흥미진진할 때가 제법 있지만 그렇다고 웃음을 자아낼 정도는 아니다. 해학하고는 거리가 먼 책임에는 틀림이 없다.

《좌전》의 이런 특징을 감안해 볼 때 위의 기사는 참으로 소중하다. 풍자와 해학을 만날 수 있는 기사는《좌전》을 통틀어 몇 안 된다. 필자가 발견한 것은 학 키우기를 좋아했던 위나라 의공의 이야기 외에 다음의 기사 정도다.

【희공 4년】봄, 제나라 환공이 다른 제후들과 연합해서 채나라를 쳤다. 채나라가 무너지자 드디어 초나라를 쳤다. 초나라의 제후가 사자를 보내 말을 전했다. "군주께서는 북방에 살고 나는 남방에 살고 있어 서로 아무런 영향도 주고받을 수 없습니다. 하여 군주께서 우리 땅을 침공하리라고는 생각하지 못했습니다. 무슨 까닭으로 오셨습니까?" 제나라 환공을 대신해 관중이 대답했다. "옛날 소강공이 우리 선조인 강태공에게 명하기를 '중원의 제후들이 죄를 범하면 그대가 그들을 징계함으로써 주나라의 왕실을 보필하라!'고 했습니다. 그리고 우리 선조가 맡을 지역을

내려 주셨는데, 그 땅은 동으로 발해와 서로는 황하, 남으로는 목릉, 북으로는 무체에까지 이르렀습니다. 지금 그대들이 주나라 왕실에 바쳐야 할 포모(包茅)라는 공물을 바치지 않아서 왕실에서는 제사를 공손히 모시지 못하고 술을 거르지 못하고 있습니다. 우리 환공께서는 이를 징계하고자 하십니다. 또한 예전에 주나라의 소왕(昭王)이 한수를 넘어 남정을 왔다가 돌아오지 못하고 죽었으니 이 또한 힐문코자 합니다." 초나라 사신이 초나라의 제후를 대신해서 대답했다. "공물을 바치지 않은 것은 우리 군주의 죄이니 앞으로 어찌 바치지 않겠습니까? 그러나 주나라 소왕을 돌아가지 못하고 죽게 한 죗값은 한수 가에 가서서 한수에게 따져 보십시오."

포모는 왕실에서 조상신에게 제사 지낼 때 쓰는 술을 거를 수 있는 풀을 말한다. 줄기에 난 가시가 가늘고 촘촘해 이 풀을 겹쳐 놓고 술을 거르면 아주 작은 불순물까지도 제거할 수 있었다.

제나라 환공은 중원의 패권을 쥐기 위해 남방의 강국 초나라를 제압하지 않을 수 없었다. 그러나 춘추 시대는 예법 질서가 여전히 큰 영향력을 발휘하고 있었고, 무엇보다도 패자가 되기 위해서는 예의 수호자라는 명분을 갖추고 있어야 했다. 하여 아무리 작은 나라라도 함부로 침공할 수는 없는 일이었다. 원래 제후는 일 년에 두 차례씩 천자를 알현하러 도성으로 와야 했고, 위임 통치하는 지역의 특산물을 정기적으로 진상해야 했다. 물론 이는 천자가 힘으로 제후를 제압할 수 있을 때의 이야기다. 춘추 시대는 그렇지 못했던 때여서 천자에 대한 의무에 충실했던 제후는 별로 없었다. 초나라 또한 마찬가지였다. 다만 운이 안 좋았을 뿐이다.

제나라 환공은 왕실의 수호자를 자처하며 공물을 제때 바치지 않았다는 명분을 세워 초나라로 짓쳐 들어갔다. 그리고 이것만으로는 부족했는지 예전에 주나라 소왕이 한수를 건너 초나라를 정벌하러 왔다가 객사한 죗값도 함께 물어야 한다는 명분까지 추가했다.

생트집에 가까운 명분이었지만 당시 제나라는 한창 강성해지던 때여서 남방의 강국을 자처한 초나라도 저자세를 취할 수밖에 없었다. 하여 사자를 보내 세 치 혀로 제나라 환공의 침공 명분을 무력화시키고자 했다.

힘을 가진 쪽과 그 힘을 피해 가야 하는 쪽의 기선 싸움! 모골을 서늘케 하는 전율이 흘렀다. 먼저 초의 사자가 사리를 들어 이번 침공이 명분도 실리도 없다고 공박했다. 이에 관중이 나서 앞에서 말한 명분을 들고 나왔다. 그러자 초나라 사자는 앞으로는 공물을 잘 바치겠다고 다짐함으로써 제나라의 명분을 무력화했다. 그러더니 대뜸 천연덕스럽게 익살을 떨었다. 소왕이 한수의 물이 불어 건너지 못해서 객사한 만큼, 그 죗값은 한수에 가서 청구하라는 것이었다. 제나라와 초나라 사이에 형성됐던 팽팽한 긴장감이 이 대사 한마디로 일순간 사라지고 독자들은 '푸홋' 하며 웃음을 짓게 된다. 근엄한《좌전》이 독자를 웃게 하는 보기 드문 경우다.

초나라의 사자 입장에서 보면 전망은 무진장 어두웠다. 제나라의 주장이 생트집인 줄 알면서도 그것들을 정벌의 명분으로 삼은 터여서 상대가 어떻게 나오든 제나라는 정벌을 감행할 것이었다. 역사는 이런 상황에서 논리를 따지고 도덕을 운운하며 상대의 허점을 까발리고 공박해 봤자 별로 소용이 없다는 것을 일러 준다.

이때 초나라의 사자가 꺼낸 비장의 무기가 바로 '익살'이었다. 제나라가 내세운 명분이 난센스라면 상황을 아예 희화화하는 것이 난국 타개의 묘수일 수 있다는 판단에서였다. 결국 제나라 환공은 초를 치지 못하고 무력시위만 벌이다가 몇 개월 후 초나라와 화친을 맺기에 이른다. 한 사람의 익살이 수많은 인명과 물자의 피폐를 구제한, 통쾌한 풍자와 해학이라 할 수 있다.

이에 비해 위나라 의공과 학 이야기는 가슴을 무겁게 한다. 풍자와 해학이 쓰였지만 통쾌한 웃음으로 이어지지는 않는다. 학을 너무 좋아한 나머지 그들에게 작위와 대부만 탈 수 있는 수레를 내려 주었으니 나라의 근간인 국인(國人, 대부와 사 계층)들 마음이 편했을 리 없다.

의공의 행위를 뒤집어서 보면 국인들이 학만 한 대우 또는 그만도 못한 대우를 받은 셈이 되기 때문이다. 결국 일이 터지고 말았다.

오랑캐인 적인이 침입해 오자 위나라 의공은 대부들에게 출전을 명했다. 그러자 국인들은 대부 작위를 받은 학들과 나가 싸우시라며 이죽거렸다. 하는 수 없이 직접 출전한 위나라 의공. 나라의 근간인 국인과 학의 경중도 구분 못했을 정도였으니 전투를 잘 치를 리 없다.

싸움은 위나라의 대패로 끝났다. 많은 병사가 도륙당했고 의공 자신도 전사했다. 《좌전》에서 보기 드문 풍자와 해학이 그만 빛을 발하지 못하고 사그라진 대목이다.

한편 위나라 의공의 학 이야기는 당시의 호사가적 취미를 보여준다는 점에서도 주목할 만하다. 한자 문화권에서 호사가적 취미가 공적 영역에서 해롭지 않다는 판정을 받은 것은 근대에 와서의 일이다. 지도층은 내면세계를 갈고 닦는 고차원적인 취미가 아니면 해서는 안 되었기 때문에 《좌전》에는 호사가적 취미에 대한 언급이 매우 적다.

【희공 24년】정나라의 공자 자화의 동생 자장은 자화가 피살되자 송나라로 도망쳤다. 그는 황새의 깃으로 관을 장식하기를 좋아했다. 정나라 제후가 이 소문을 듣고는 자장을 싫어하게 되어 도적을 시켜 그를 유인한 후 8월에 진나라와 송나라의 경계에서 그를 죽였다.

역시 결말이 안 좋게 끝나는 이야기다. 당시에 호사가적 취미를 갖

는다는 것은 남에게 피해를 주지 않는 한 추구할 수 있는 사적인 일
이 아니라 위나라의 의공이나 대부 자장처럼 자기 자신만이 아니라
나라에까지도 큰 피해를 입히는 '공공의 적'으로 치부됐던 듯하다.

제5장

희공僖公

기원전 660년~기원전 627년

주(周)나라 평왕(平王) 주나라의 제13대 왕으로 유왕(幽王)의 아들이다. 유왕이 왕비와 태자 의구(훗날의 평왕)를 폐한 뒤, 총애하던 애첩 포사의 아들을 태자로 책봉하자 왕비의 아버지 신후가 유왕과 백복을 죽이고 외손자인 의구를 왕으로 삼았다. 이후 동쪽으로 도읍을 옮겼는데, 그 이전을 서주(西周), 이후를 동주(東周)라 부른다.

진(晉)나라 문공(文公) 진나라의 제후로 춘추 시대의 오패(五霸) 중 한 사람이다. 아버지 헌공이 태자 신생을 죽이고, 여비의 소생인 해제를 후계자로 삼으려 하자 도망가서 국외에서 19년을 지냈다. 진(秦)나라 목공(穆公)의 원조로 진나라로 돌아와 62세에 즉위했다.

요임금 삼황오제(三皇五帝)라 불리던 신화 속 이상적 제왕의 한 명으로, 최고의 태평성대를 일구었다고 전해지는 고대 중국의 성군 중의 성군이다. 그에게 제왕의 자리를 양위받아 천하를 태평케 한 순(舜)임금과 더불어 대대로 이상적 군주의 전형으로 일컬어진다.

1. 제후가 여러 여인과 결혼하는 까닭

【희공 4년】당초 진(晉)나라 헌공(獻公)은 여희를 부인으로 삼고 싶어서 이에 대해 거북점을 쳤는데 불길하다고 나왔다. 다시 시초점을 쳤는데 이번에는 길하다고 나왔다. 헌공이 말했다. "시초점의 결과를 따르겠다." 그러자 거북점을 친 이가 아뢰었다. "시초점은 예측 범위가 짧고 거북점은 깁니다. 긴 것을 좇는 것이 낫습니다. 거북점의 점괘가 '오로지 그만을 총애하면 헌공이 아끼는 것을 빼앗기게 된다. 향기로운 풀과 악취 나는 풀을 10년 동안 같이 두면 악취만이 남게 된다.'는 것이니 시초점을 좇아서는 안 됩니다." 헌공은 이를 듣지 않고 여희를 부인으로 삼았다.

여희는 해제를 낳았고 그녀의 여동생은 탁자를 낳았다. 여희는 해제를 태자로 세우기 위해 중대부 이극과 모의를 했다. 하루는 여희가 태자 신생에게 말했다. "군주께서 꿈에 태자의 생모인 제강을 보셨다고 하니 속히

가셔서 제사를 지내야만 합니다." 이에 태자는 곡옥으로 가서 제사를 지낸 후 희생으로 쓴 고기를 헌공에게 바쳤다. 때마침 헌공은 사냥을 하러 갔기에 여희가 엿새 동안 그 고기를 궁중에 두었다가 헌공이 돌아오자 독을 넣어 바쳤다. 헌공이 그 고기를 먹으려 할 때 여희가 만류했다. 헌공이 그 고기를 땅에 던지자 땅이 끓어올랐고 개에게 먹이자 바로 죽었으며 내시에게 먹이니 그도 바로 죽었다. 여희가 울면서 고했다. "이 못된 짓은 태자가 한 것입니다." 이에 태자 신생은 신성으로 몸을 피했다.

헌공은 태자의 스승 두원관을 죽였다. 그러자 어떤 이가 태자에게 말했다. "태자께서 해명하시면 주군께서는 반드시 사태를 분별하시게 될 것입니다." 태자가 말했다. "군주께서는 여희가 없으면 침소에 들어도 불편해 하시고, 음식을 드셔도 드신 것 같지 않다고 하십니다. 내가 해명하게 되면 여희는 필시 벌을 받을 것입니다. 군주께서 연로하셨으니 그리 되는 것이 내게 무슨 즐거움이 될 수 있겠소?" 어떤 사람이 말했다. "태자께서는 외국으로 떠나시려는 것입니까?" 태자가 말했다. "군주께서 나의 죄명을 살펴 벗겨 주지 않으셨습니다. 이러한 죄명을 쓴 채로 떠난다면 누가 저를 받아 주겠습니까?"

이해 12월 27일, 태자 신생은 신성에서 목을 매고 자살했다. 그러자 여희는 남은 2명의 전 부인 소생 공자를 헐뜯어서 "그들도 이 일을 알고 있었다."고 말했다. 이에 공자 중이는 포 땅으로, 공자 이오는 굴 땅으로 도망갔다.

점을 치는 방법은 다양하다. 춘추 시대 전에는 주로 거북점을 쳤다. 거북의 등 껍질이나 배의 껍질을 잘 말려 여기에 작은 홈을 판 후 향 같은 것을 꼽고 불을 붙이면 등 껍질이나 배 껍질이 열로 인해 갈라지며 틈이 생긴다. 이 틈의 모양을 보고 길흉을 판단하는 방식이었다. 위의 기사에 나오는 시초점은 산가치라 불리는 시초 50개를 가지고 《역경》에 의거해서 점을 치는 방식이다.

위의 기사는 진나라 헌공이 여희를 정실부인으로 맞이한 후 벌어진 국정의 혼란에 관한 기록이다. 헌공에게는 전 부인 소생의 장성한 태자와 아들들이 있었는데, 뒤늦게 정실부인이 된 여희가 자신의 소생을 태자로 세우는 과정에서 음모를 꾸며 부당한 행위를 자행했다.

그 결과 여희는 자신의 소생인 해제를 태자로 앉히는 데에 성공하고 태자였던 신생은 모든 것을 포기하고 자살했다. 그러나 중이와 이오 같은 공자들은 이웃 나라로 화를 피해 도망갔다. 그중 중이는 천하를 떠돌다 60세가 넘어서야 고국으로 돌아와 제후가 되었는데, 이 사람이 바로 짧은 기간에 국력을 키워 제나라 환공에 이어 중원의 2대 패자가 된 진나라 문공이다.

학자들은 《좌전》이 겉으로는 예법 질서를 강조하는 등 왕도 정치를 지향하는 것처럼 보이지만 실은 패도 정치를 지지했다는 혐의를 두곤 한다. 이 기사 또한 그 근거의 일부다. 《좌전》에 보면 제나라 환공이나 진나라 문공같이 부국강병을 이룬 인물에 대한 기록이 많은 양을 차지하고 있기 때문이다.

이 기사도 하늘의 경고를 무시하고 여희를 부인으로 맞아 정국의 혼란을 자초한 헌공의 행동을 경계하는 데에 중점을 둔 듯하다. 그러나 앞뒤의 기사와 함께 읽어 보면 그보다는 문공이라는 진나라 패자의 일생을 상세히 기록하려는 의도가 강했음이 확인된다.

다시 말해 헌공의 우매함이나, 여희의 간악함을 고발하고 비판하자는 의도만큼이나 그러한 악조건을 극복해 가는 공자 중이의 슬기로움을 부각시키려는 의도가 있었다. 그런데 필자는 이 기사에서 《좌전》 저자의 이러한 기록 의도보다는 왜 헌공이 여희만 아니라 그의 여동생과도 결혼을 하게 되었는지에 대해 설명하고자 한다.

'지금―여기'와는 전혀 다른 '그때―거기'의 관습에 배인 사유와 의도를 읽는 것이 2대 패자 진나라 문공의 삶을 읽는 것 이상으로 흥미롭고 가치 있기 때문이다.

【양공 19년】 제나라 영공(靈公)이 노나라에서 부인을 맞이한 후 안의희라 불렀다. 둘 사이에는 소생이 없었지만, 안의희의 조카딸인 종성희가 아들 광을 낳았다. 이에 그를 태자로 삼았다.

위의 진나라 헌공과 여희 관련 기사를 찬찬히 보면 헌공이 여희를 맞이했다는 언급은 있지만 그녀의 여동생과 결혼했다는 언급은 없다. 그런데 헌공과 여희 사이에서 해제가 태어났고 여동생은 탁자를 낳았다는 언급이 불쑥 나타난다.

제나라의 영공과 안의희의 결혼을 다룬 이 기사 또한 마찬가지다. 둘의 결혼에 대한 언급은 있지만 제나라 영공이 안의희의 질녀(조카딸)와 결혼했다는 언급은 없다. 그런데 영공과 안의희의 질녀 사이에서 아들이 태어났고 그를 태자로 세웠다는 사실이 아무렇지도 않게 언급된다. 무언가 두서가 없는 듯해서 개운하지 않기도 하지만 그보다 더 찜찜한 것은 아무리 제후라 하더라도 친자매 둘과 한꺼번에 결혼을 했다는 사실이요, 이모와 조카딸 사이인 두 여성과 한꺼번에 결혼을 했다는 사실이다.

그러나 이는 어디까지나 '지금-여기'의 상식과 통념을 기초로 한 느낌이요, 판단일 따름이다. 춘추 시대까지만 해도 제후는 적어도 3명의 여성과 한꺼번에 결혼할 수 있었다. 아니 그래야만 했다. 정실부인으로 맞고자 하는 여성과 그녀의 친자매 중 한 명 그리고 사촌자매의 딸 중 한 명이 바로 그 3명이다. 인류학자들은 이러한 결혼 풍습은 고대 사회에서 드문 현상이 아니었다고 한다.

제후는 한 나라의 권력이 집중된 존재다. 그런 존재를 한 명의 여성이 독점했을 경우 정국이 혼란해질 가능성이 높다는 것을 경험적으로 알고 있었다고 한다. 하여 정실부인과 같은 항렬에서 한 명을,

그다음 세대에서 한 명과 동시에 결혼함으로써 제후에게 집중된 권력을 한 세대와 그다음 세대가 공유할 수 있도록 배치했다는 것이다.

또한 제후와 이 3명의 여성 사이에서 난 후계자는 차별을 받지 않고 누구나 태자가 될 수 있게 했다. 그래서 위의 두 기사에 자매나 질녀와의 결혼 사실을 별도로 언급하지 않았고 제나라 영공과 안의희는 질녀 종성희가 나은 아들을 태자로 삼는 데에 아무런 이의가 없었던 것이다.

결국 《좌전》의 기록이 엉성하지 않았으며 '지금-여기'의 통념에 준해서 그들을 문란하다고 판단할 근거도 전혀 없는 것이다. 오히려 권력의 집중으로 인한 폐해를 막기 위한 고대인들의 노력을 엿볼 수 있는 중요한 대목인 셈이다.

2. 제후국의 상호 통보 체제

【희공 7년】윤 12월, 천자 혜왕(惠王)이 붕어했다. 혜왕의 아들 양왕(襄王)은 부왕의 총애를 받던 동생 태숙 대가 모반을 일으켜 자신이 보위에 오르지 못할까 두려워해서 부왕의 죽음을 공표하지 않고 모반이 있었다는 점만을 제나라에 알렸다.

【희공 8년】겨울, 왕실에서 사람이 와서 혜왕의 붕어 사실을 알렸다. 혜왕이 붕어한 지 일 년 가까이 흐른 후에야 붕어 사실을 알린 것은 왕실에 정변이 있어서 통보가 늦어졌기 때문이었다.

'붕어'는 천자의 죽음을 가리키는 말이다. 앞(제4장 〈3. 명칭의 체계와 헌법〉)에서 밝혔듯이, 같은 일이나 현상일지라도 신분에 따라 그 표현을 달리했다. 죽음은 누구에게나 동일한 현상이지만, 천자의 죽음은 여기서처럼 '붕어'라 했고, 제후의 죽음은 '훙거'라고 달리 표현했다. 또 대부나 사(士)의 죽음은 '졸'이라는 표현을 썼다.

언뜻 보면 약육강식과 부국강병의 논리만이 판친 듯이 보이지만 춘추 시대에는 중원이라는 천하를 떠받쳐 주는 몇몇 인문적인 체제가 수립되어 있었다. 이번 장에서 다루고자 하는 제후국 사이의 상호 통보 체제가 대표적인 예다. 제후국 사이의 상호 통보 체제는 지방 분권적 요소가 강한 봉건제 하에서 중원을 하나로 묶는 신경망이었다. 춘추 시대 또한 이 체제가 어느 정도는 가동되었던 듯하다. 아니 철저하게 지키고자 노력한 듯하다.

당시의 사관들은 제후는 물론이고 천자가 죽어도 왕실로부터 그 사실을 통보받지 않으면 이를 사서에 기록하지 않았다. 위의 두 기사에서 보듯 주나라 혜왕은 분명 노나라 희공 7년에 죽었건만, 이 사실이 《춘추》에 기록된 것은 노나라 희공 8년이었다. 엄연한 사실도 통보받지 않으면 역사에 기록될 만한 사실이 못 됐던 것이다. 이것이 당시 역사를 기록하는 이들이 지니고 있던 통념이요, 원칙이었다. 그들은 "천자가 붕어했어도 부고가 정식으로 오지 않으면 또한 사서에 기록하지 않는 것이 예다.(양공 28년 조)"라고 단언하기도 했다. 따라서 저간의 사정을 잘 모르는 이가 《춘추》를 보면 그는 주나라 혜왕이 노나라 희공 8년에 죽은 것으로 믿을 수밖에 없게 된다.

【문공 14년】14년 봄, 천자 경왕(頃王)이 붕어했다. 그런데 주공 열과 왕손 소가 정권을 다투는 바람에 부음을 알리지 않았다. 무릇 천자가 붕어하거나 제후가 홍거(제후가 죽는 짓)하더라도 부음을 알려 오지 않으면 사서에 적지 않는다. 재앙이나 경사 또한 알려 오지 않으면 사서에 적지 않는다. 이는 공경스럽지 못한 일을 징계하기 위함이다.

실제로 《좌전》에는 통보받지 못했다는 이유로 천자나 제후의 죽음을 기록하지 않은 사례가 적잖이 실려 있다. 그 정도로 상호 통보 체제를 중시했다. 서로 통보해 줘야 하는 내용은 단지 천자나 제후의 죽음만이 아니었다. 예컨대 제후국에서 일어난 정치적 중요 사건은 서로에게 통보해 줘야 하는 주요 항목이었다.

진나라 헌공은 태자 신생이 자결하자 다음 해에 이 사실을 제후들에게 알렸다. 당시 제나라 환공은 중원의 패자로서 여희로 인해 진나라에서 벌어진 정치적 혼란을 바로잡아야 했다. 하여 병사를 내어 진나라의 혼란을 바로잡으려 했고 이는 사서에 기록될 만한 큰 사건이었다. 그런데 《춘추》에는 이 사건이 기록되어 있지 않다. 이에 대해 《좌전》의 저자는 제나라가 이 사실을 노나라에 통보하지 않아서 기록하지 않았다고 해명한다.

그 밖에도 대형 화재 사건이라든지 '오랑캐'의 침입 사실, 제후의 등극, 제후국 사이의 전쟁과 결과 등도 통보하고 받아야 하는 중요한 사안이었다. 물론 이들 또한 통보가 없을 때에는 사서에 기록하지 말아야 했음은 두말할 필요가 없었다.

3. 인의 조건 : 권력으로부터 거리 두기

【희공 8년】 송나라 환공(桓公)이 병이 나자 태자인 자보가 간곡하게 간청했다. "목이가 저보다 나이도 많고 어지니 주군께서는 그를 후계자로 세워 주십시오." 이에 환공이 목이에게 보위에 오르라고 명했으나 자어(목이의 별칭)가 사양하며 아뢰었다. "태자는 나라조차 능히 양보할 수 있으니 이보다 더 큰 어짊이 어디에 있겠습니까? 저는 그에게 미치지 못한 데다가 제가 보위에 오르는 것은 이치에 맞지도 않습니다." 그러고는 빠른 걸음으로 물러났다.

"천하는 천자의 것인가? 아니라면 누구의 것인가?" 춘추 시대에는 지금처럼 강력한 중앙 집권 형태로 나라를 다스릴 수 없었기에 천자라는 신적인 존재를 만들어 낼 수밖에 없었다. 그런데 만약 함량 미달의 천자가 나타나 지상 최고의 권력을 휘둘러 온 천하를 도탄에 빠뜨리고 만다면? 이러한 위험이 상존했기 때문에 한자 문화권의 지식인들은 그러한 질문을 던질 수 있게끔 훈련받았다.

'천하는 공적인 것'이라는 뜻의 '천하위공(天下爲公)'이라는 관념은 이러한 고민 끝에 나왔다. 하늘이 천자에게 지고지순한 힘을 부여한 까닭은 그것이 천하를 공평하게 다스리는 데에 필요했기 때문이니, 이 힘을 사리사욕을 채우는 데에 써서는 안 된다는 관념이었다. 이러한 맥락에서 '선양(禪讓)', 곧 군주의 자리를 양보하는 것이 최고의 미덕으로 칭송되었다. 전설적 존재인 요임금이나 순임금이 성군의 대명사가 된 까닭도 천자의 자리를 자손에게 물려주지 않고 현자를 찾아내서 그에게 물려주었기 때문이다. 물론 자손에게 물려주었다고 해서 무조건 잘못됐다는 뜻이 아니다. 천자의 아들이라는 이유 하나로 자질이 없음에도 천자 자리에 오르는 행위가 바로 천하를 자기 소유로 여겼음의 반증이 된다는 뜻이다.

송나라의 태자 자보는 훗날 제후가 되어 양공(襄公)이라 불렸다. 역사가에 따라서는 소국의 제후임에도 그를 패자의 반열에 넣을 정도로 그는 보위에 오른 후 정사를 잘 보았던 현명한 군주였다. 태자 시절 그는 아버지 환공의 병환이 깊어지자 자신의 형을 후계자로 추천한다. 굳이 이 대목에서 그의 행동이 진심이었는지를 따져 볼 필요는 없다. 진심이었다는 증거도, 아니었다는 증거도 없기 때문이다. 그보다는 추천을 받은 자어가 송나라 환공에게 '자보는 어진 사람'이라고 평가했음에 주목할 필요가 있다.

주지하고 있듯이 어짊[인(仁)]은 유가 최고의 덕목이다. 사람들은 누군가가 어질다는 소리를 들으면 '너그럽다'든지 '인자하다·자비롭다·슬기롭고 온화하다' 등의 형용사를 떠올린다. 주로 어질다는 말을 한 개인의 내면적인 품성이 대인 관계 속에서 발현될 때의 덕목과 연계시키는 것이다. 그런데 자보더러 어질다고 한 자어의 평가는 앞의 형용사들과는 관계가 없는 듯하다.

위의 기사 내용이 제후 자리를 놓고 서로 양보하는 데에 초점이 맞춰져 있으므로 개인의 내면적 덕성보다는 제후라는 큰 자리를 양보했다는 사실에 근거한 평가라고 보인다. 물론 자어가 평소에 자보의 품성을 살펴보았기 때문에 어질다는 평가를 내렸을 수도 있다. 그러나 설사 그렇더라도 《좌전》의 저자가 자어의 개인적인 평가를 선양을 다루는 맥락에 넣는 순간 독자는 선양이란 맥락에서 어질다는 평가를 이해하게 된다. 곧 제후의 자리를 자신보다 더 나은 자에게 선뜻 양보할 수 있었기 때문에 자보는 어질다는 평가를 받게 됐다고 이해하는 것이다.

자보가 어질다는 평가를 받게 된 근거를 일반화한다면 '권력으로부터 거리를 둘 줄 아는 능력이 곧 어짊이다.' 정도가 될 것이다. 그리고 이를 군주가 아닌 일반 평민에게 적용한다면 '이해관계로부터 거리를 둘 줄 아는 능력이 곧 어짊이다.' 정도가 될 것이다.

　유가들이 최고의 덕목으로 꼽은 어짊은 도덕적 또는 정신적으로 고도의 수양을 해야 도달할 수 있는 경지가 아니라 이렇게 살면서 늘 부딪히게 되는 갖가지 이해관계에 매몰되지 않으면 되는 그런 경지였던 것이다. 물론 이해관계에 매몰되지 않는다는 것이 쉬운 일은 아니지만 그렇다고 어렵기만 한 일 또한 아닐 것이다.

4. '병법서'로서의 《춘추좌전》

【희공 15년】 대부 경정이 진(晉)나라 혜공(惠公)에게 아뢰었다. "옛날에는 출전을 할 때면 반드시 자기 나라에서 난 말을 탔습니다. 이는 그 나라의 풍토에서 나고 자란 까닭에 그 나라 사람들의 마음을 잘 알기 때문이었습니다. 또 그 나라 사람들이 내리는 명령이 몸에 익었고 그 나라의 길에 익숙하기 때문이었습니다. 그래서 어느 경우에 처하든 뜻대로 부릴 수 있었던 것입니다. 그런데 지금 군주께서는 다른 나라에서 난 말을 타고서 전쟁에 임하려고 하십니다. 만약 말이 겁을 먹어 평정을 잃게 되면 사람이 쉬이 부리지 못하게 됩니다. 말이 난잡한 기운이 돌아 미친 듯이 성을 내고 음험한 피가 온몸을 돌아 발작하며 핏줄을 팽창시켜 흥분을 돋우게 되면 겉으로는 강성하나 그 속은 피폐해지게 됩니다. 말이 이 지경에 이르면 나가지도 물러서지도 못하게 되며 방향 전환도 할 수

없게 됩니다. 주군께서는 반드시 후회하시게 될 것입니다." 그러나 진나라 혜공은 듣지 않았다.

　북방의 강국 진(晉)나라와 서방의 강국 진(秦)나라는 춘추 시대 최고의 숙적이었다. 천하를 놓고 벌인 두 나라의 다툼은 서쪽 진나라가 강성해지면서 본격화되었다. 중원 제후국들로부터 '오랑캐'로 멸시받던 서쪽 진나라는 목공(穆公)이 취한 일련의 개혁에 힘입어 중원의 강국으로 발돋움한다. 또한 그는 미래를 보고 북방 진나라에서 여희의 모략을 피해 온 공자 이오를 받아들였다. 그리고 북방 진나라의 헌공이 죽자 공자 이오에게 군사를 내어 줘 그가 북방 진나라에 들어가 제후 자리에 오르게 했다.

　이오는 자신의 고국으로 들어가기 전에 서쪽 진나라 목공에게 약속을 한 적이 있었다. 자신이 제후가 되면 자기 나라의 서쪽에 있는 5개의 성을 바치겠다는 내용이었다. 그런데 제후의 자리에 오른 이오, 곧 혜공은 이 약속을 지키지 않았다.

　얼마 후 북방 진나라에 기근이 심하게 들었다. 그러자 혜공은 뻔뻔스럽게도 목공에게 식량 원조를 요청했다. 목공의 신료들이 발끈했을 것은 너무나 당연하다. 그러나 목공은 혜공의 행위가 괘씸하지만 그 백성들에게 무슨 죄가 있느냐며 식량을 원조해 준다. 그 1년 후 이번에는 서방 진나라에 심한 기근이 들었다. 목공은 혜공에게 식량 원조를 요청했다. 그런데 혜공은 원조에 응하지 않았을 뿐만 아니라 서쪽 진나라로 곡식이 유출되지 못하도록 했다. 결국 참다못한 목공이 기근을 극복한 후 혜공 정벌에 나섰다.

국가 간의 신의를 쉽게 저버렸던 북방 진나라 혜공은 사생활 또한 문란했다. 제후가 된 후 그는 자결한 태자 신생의 부인과 간통했고 신하들의 간언을 듣지 않았다. 그리고 만류하는 신하들을 제치고 서방의 진나라 목공이 쳐들어오자 선뜻 응전하러 출병한다.

결과는 대패였고 그는 포로가 되어 서방 진나라로 압송된다. 위의 기사는 서방 진나라 목공이 북방 진나라 혜공을 치러 오자 혜공이 출전하게 되었을 때, 대부 경정이 혜공에게 올린 간언의 한 토막이다.

《좌전》의 저자는 목공과 혜공 사이의 이야기에 상당히 긴 분량을 할애했다. 그는 이기적인 데다가 생각마저 짧았던 북방 진나라의 혜공과 패자다운 도량을 지닌 서쪽 진나라 목공의 캐릭터를 선명하게 대조했다. 이를 통해 어리석은 군주와 현명한 신하의 갈등 그리고 충성스런 신하가 취해야 할 행동과 갖춰야 할 자세 등을 제시했다. 또한 패자가 되기 위한 조건과 나라가 쇠하게 되는 원인도 분명하고 설득력 있게 제시했다. 상당한 분량에 걸쳐 의론을 펼쳤던 셈이다.

그런데 막상 이 부분은 저자가 의론을 펼쳤다는 느낌을 받지 못할 정도로 흥미진진하게 읽힌다. 3, 4년에 걸쳐 일어난 일련의 사건이

박진감 있고 속도감 높게 펼쳐져 있기 때문이다. 특히 서쪽 진나라의 목공이 북방 진나라의 혜공을 포로로 잡는 대목의 서술은 압권이다.

혜공은 이 기사에서처럼 경정의 간언을 듣지 않고 다른 나라의 말로 전차를 끌게 하다가 진흙 수렁에 빠지는 바람에 포로가 되고 만다. 이렇게 큰 전쟁을 앞두고 두 제후가 취했던 태도의 차이, 전시에 사용한 전술과 병법의 차이 그리고 실제 전투 상황에 대한 생생한 기록 등을 보면 한 편의 '병법서(兵法書)'를 읽는 듯한 착각에 빠져들게 한다.

사실 춘추 시대에 나온 역사책은 대개가 병법서의 속성을 강하게 띠고 있었다. 역사에는 국가의 통치와 직접 관련된 내용이 담겨야 한다는 사고가 지배적이었기 때문에 전쟁이 일상화되던 춘추 시대에는 상당 부분이 나라 사이에 벌어졌던 전투를 다룰 수밖에 없었을 것이다.

《좌전》 또한 패자에 관한 내용이 주축을 이룬다는 평가를 받을 정도로 전쟁과 병법에 대한 내용이 많다. 패자가 되고 또 그 자리를 유지하기 위해서는 어쩔 수 없이 많은 전투를 치러야 했기 때문이다. 그렇다 보니 어떤 말을 타고 전쟁에 임해야 하는가를 다룬 위의 기사처럼, 《좌전》에는 전쟁과 병법의 세부적인 면에 대한 언급까지 상세하게 실려 있다. 그리고 그 분량도 상당하다. "《좌전》은 병법서다."라고 주장하기 충분할 정도로 말이다.

5. 예가 없으니 오랑캐라 할 수밖에!

【희공 22년】 여름, 송나라의 양공(襄公)이 정나라를 치자 자어가 아뢰었다. "이른바 재앙이란 것이 우리 송나라에 있게 될 것입니다." 당초에 천자인 평왕(平王)이 낙읍으로 천도할 때에 대부 신유가 이천을 건너가다가 머리를 풀어 헤친 채로 들판에서 제사를 지내는 자를 보고는 "앞으로 백 년이 되지 않아 이곳은 오랑캐의 땅이 될 것이다. 그에 앞서 예가 무너질 것이다."라고 했다. 이해 가을, 서쪽의 진(秦)나라와 북쪽의 진(晉)나라가 육혼 땅에 살던 융인을 이천 지역으로 이주시켰다.

【희공 22년】 정나라의 숙첨이 말했다. "초나라의 성왕(成王)은 제명대로 살지 못할 것이다. 그는 주연의 예를 행하면서 끝내 남녀를 구별하지 않았다. 남녀를 구별하지 않으면 예라고 할 수 없다. 그러니 어찌 제명에

죽는다고 할 수 있겠는가?" 이에 제후들은 그가 패업을 이루지 못할 것임을 알았다.

평왕은 주나라가 일부 제후와 '오랑캐'의 일족인 융인(戎人) 연합군에 의해 멸망한 후에 낙읍에서 재건된 동주(東周)의 초대 천자다. 자어가 송나라 양공에게 화가 닥칠 것이라고 예언한 것은 기원전 638년의 일인데, 이는 주나라의 재건, 곧 동주가 시작된 해인 기원전 771년보다 백여 년 후의 일이다. 그러니 신유가 이천을 건너간 시점이 언제인지 정확지 않지만 대략 계산하면 자어의 예언이 얼추 들어맞았다고 할 수 있다.

그런데 이 기사에서 주목해야 할 점은 자어의 예언이 정확했는가의 여부보다는 자어가 제시한 "예가 먼저 무너질 것이다."라는 예측의 근거다. 이는 숙첨의 언급처럼 "예를 지키지 않으면 제명에 죽지 못한다."라는 당시 사람들의 일반적인 관념이 반영된 것으로 볼 수 있다. 다만 자어는 이러한 관념에서 '죽는다'를 '오랑캐처럼 된다'는 것으로 대체했다는 점에서 주목할 만하다.

그의 논리에 따르면 어느 지역에 예가 무너지면 오래지 않아 그 지역은 '오랑캐'화 된다. 그리고 이를 역으로 적용하면 예가 있으면 오랑캐가 되지 않을 수 있다는 논리가 된다. 곧 '오랑캐=무례, 중원인=예'라는 구도가 성립된다. 이를 근거로 중원인들은 오랑캐를 이렇게 묘사한다.

【희공 8년】진(晉)나라의 대부 이극이 군사를 이끌고 출전했는데 양유미가 수레를 몰았고 괵석이 전차의 호위 무관이 되어 오른편에 섰다. 그들이 채상에서 적인을 깨뜨렸다. 이때 양유미가 말했다. "적인은 부끄러워할 줄 모르니 추격하면 반드시 크게 이길 것입니다." 이에 이극이 말했다. "그들을 막았으니 됐소. 더 많은 적인을 끌어들일 빌미를 줄 필요가 없소." 곁에 있던 괵석이 말했다. "일 년이 지난 후에 적인들은 반드시 다시 침략해 올 것입니다. 추격하지 않는 것은 우리의 유약함만 보여 줄 따름입니다." 여름, 적인이 과연 진나라를 다시 침략했다.

【희공 24년】천자인 주나라 양왕(襄王)이 적인의 군사를 끌어들여 정나라를 치려 하자 대부 부진이 간했다. "귀로 다섯 가지 소리의 화음을 듣지 못하는 것을 귀먹었음[농(聾)]이라고 하고 눈으로 다섯 가지 빛깔의 무늬를 구별하지 못하는 것을 눈멀었음[매(昧)]이라고 합니다. 마음으로 덕과 의라는 근간을 본받지 못하는 것을 꽉 막혔음[완(頑)]이라고 하고, 입으로 충성되고 미더운 말을 하지 못함을 일러 말 못함[은(嚚)]이라고 합니다. 적인들은 이 모두를 본받아 네 가지의 사악함을 갖추고 있습니다."

【희공 24년】 여름, 적인이 정나라를 쳐서 역 땅을 빼앗았다. 이에 정나라와 불편한 관계였던 주나라 양왕이 적인을 크게 칭찬하며 그 군주의 딸을 왕후로 삼으려 했다. 이때 부진이 간했다. "안 됩니다. 신이 듣건대 '보답하는 자는 싫증을 내는데 받는 자는 만족할 줄 모른다.'고 했습니다. 적인은 본래부터 탐욕스러운 자들인데 왕께서 또다시 이를 부추기시고 계십니다. 여자는 본성상 끝을 모르고 부녀자의 원한은 한이 없으니 적인들은 필시 우환덩어리가 될 것입니다."

이렇듯 중원인들은 오랑캐를 본디부터 부끄러움을 모르는 족속이요, 모든 유형의 악을 갖춘 존재이자 끝없이 욕심을 추구하는 부류로 규정했다. 그들이 나열한 오랑캐의 악한 속성은 모두 예의 규제 대상이었다. 그래서 중원인들은 오랑캐에게는 예가 없다고 단정했으며, 예를 지키지 않는 사람이 제명에 못 죽듯이 예가 사라진 나라는 머지않아 오랑캐가 된다고 예단했다. 물론 이는 중원인의 일방적인 주장에 불과하다.

'제4장 민공'에서 설명했듯이, 어느 민족이든 지금의 헌법에 해당하는 통치 이념과 그에 따른 질서가 있게 마련이므로 오랑캐 또한 그들 나름의 통치 이념과 통치 질서를 지니고 있었을 것이다. 문제는 역사였다. 중원인은 자신들의 역사를 문자로 기록해서 남겼고 이른바 오랑캐들은 그렇게 하지 않았다. 그들은 역사를 기록하지

'못했던' 것이 아니라 그럴 필요가 절실하지 않았기 때문에 '안 했던' 것이다.

그 결과 역사에는 중원인의 시각만이 존재하게 되었다. 이것이 바로 시공을 초월해서 그 영향력을 발휘하는 인문의 힘이다. 사람이 그 영혼에 역사를 담아야 하는 이유가 여기에 있다. 역사를 담을 줄 아는 이들만이 인문의 힘을 가늠하고 그것을 자신의 것으로 취할 수 있기 때문이다.

6. 전쟁, 사람이 하는 '놀이'

【희공 22년】 초나라 군사가 송나라를 쳐서 정나라를 구원하고자 했다. 송나라 양공(襄公)이 응전하고자 할 때, 대사마 고가 아뢰었다. "하늘이 상나라의 후예인 우리 송나라를 버린 지 오래됐습니다. 주군께서 다시 일으키시려 하지만 하늘이 용납하지 않을 것입니다." 그러나 송나라 양공은 듣지 않았다. 그해 겨울 11월 초하루, 송나라 양공은 홍수라는 강에서 초군과 싸웠다. 이때 송군은 이미 전열을 갖추고 있었고, 초군은 홍수를 다 건너지 못했다. 사마 자어가 말했다. "저들은 많고 우리는 적습니다. 저들이 아직 강을 다 건너지 못했으니 지금 공격하십시오." 양공이 대답했다. "아직은 아니 되오." 초군이 드디어 강을 다 건넜다. 그러나 아직 전열을 갖추지 못했다. 이에 자어가 또다시 공격하자고 아뢰었다. 양공이 말했다. "아직은 아니 되오." 그리고는 초군이 전열을 다 갖춘 후에야 공

격했다. 그 결과 송나라군은 크게 패했고 양공도 허벅지에 부상을 입었으며 양공을 호위하던 군사들도 모두 죽었다.

송나라 대부들이 모두 양공을 탓하자 양공이 말했다. "군자는 부상당한 사람에게 거듭 부상을 입히지 않으며 늙은 병사는 포획하지 않는 법이오. 옛날의 용병술을 보면 적이 어려움에 처한 것을 이용하지 않았소이다. 과인은 멸망한 상나라의 후예지만 전열을 갖추지 못한 적을 향해 공격 명령을 내릴 수는 없소." 듣고 있던 자어가 말했다. "군주께서는 전쟁에 대해 모르고 계십니다. 강한 적이 지세가 험해 전열을 갖추지 못한 것은 하늘이 우리를 도우신 것입니다. 따라서 지세가 험한 곳에 있을 때 돌격 명령을 내리심이 마땅하지 않겠습니까? 그래도 이기지 못할까 두려울 따름입니다. 지금 강한 군사들은 모두 우리의 적입니다. 설령 여든이 넘은 노인이라 할지라도 잡아서 취해야 하는 마당에 어찌 늙은 병사라고 다름이 있겠습니까? 군사들에게 치욕을 환기하며 싸움을 가르치는 까닭은 적을 죽이기 위해서입니다. 그러니 부상을 입었으나 죽지 않은 자들을 어찌 다시 찌르지 않을 수 있겠습니까? 거듭 적을 상해하는 것이 애석하시다면 아예 처음부터 부상을 입히지 말았어야 합니다. 또한 늙은 병사를 애처로워하시는 것은 항복하는 것과 마찬가지입니다. 군대는 유리한 것을 이용하기 마련이며 종과 북 또한 사기를 돋우기 위해서 울리는 것입니다. 유리할 때 움직인다는 것은 적이 지세가 험한 곳에 처했을 때라도 상관없다는 것이고, 종소리와 북소리로 투지를 돋운다는 것은 적이 전열을 갖추지 못했을 때 공격해도 무방하다는 뜻입니다."

【희공 25년】겨울, 진(晉)나라 문공이 원(原)나라를 포위하면서 군사들에게 사흘 치의 군량만 휴대하게 했다. 그런데 원나라 사람들이 항복하지 않자 후퇴할 것을 명했다. 이때 원나라로 보냈던 첩자가 빠져나와 고했다. "원나라 사람들이 항복하기로 했습니다." 그러자 곁에 있던 군관이 아뢰었다. "청컨대 조금만 기다리십시오." 그러자 문공이 말했다. "신뢰는 나라의 보배요, 백성이 기댈 언덕이다. 원나라를 얻고 신뢰를 잃는다면 백성들이 어디에 기댈 수 있겠는가! 그리하면 잃는 바가 더욱 많을 것이다." 그러고는 30리 뒤로 퇴각했다. 이에 원나라 사람들이 항복해 왔다.

송나라 양공의 전쟁 이야기와 진나라 문공이 원나라의 포위를 푼 일화는 꽤 알려진 사건이다. 둘 다 전쟁에서 인간다운 덕목을 지킨 행위와 관련한 일화이지만 전쟁의 결과와 이에 대한 평가는 상반된다.

송나라 양공의 경우는 인도적 가치를 주장하다 패배로 끝났고 후세에도 헛된 명분을 좇다가 이길 수 있는 전쟁에서 패한 어리석은 행위라 해서 '송 양공의 어리석은 어짊[송양지인(宋襄之仁)]'이라는 고사성어가 생겨나기도 했다. 반면에 진나라 문공의 경우는 신뢰라는 덕목을 고수한 결과 원나라 땅을 수중에 넣었고 후세에도 미래를 내다

볼 줄 아는 현명한 처신으로 칭송되었다.

유사한 행위에 대해 평가가 갈리게 된 데는 여러 요인이 있었겠지만, 그중 가장 큰 요인은 송나라 양공은 작은 나라의 제후였다는 점과 진나라 문공은 패자로 등극한 큰 나라의 제후였다는 점이다. 냉엄한 현실에서는 인간다운 덕목을 똑같이 고수한다 할지라도 누가 했는가에 따라 판이한 결과가 초래되고 평가 또한 달라지곤 한다. 진나라 문공은 패자로서 그러한 행동을 했기 때문에 중원의 힘없는 제후들이 그의 인간다움을 믿고 귀의했던 것이며, 송나라 양공은 망한 상나라의 후예요, 힘없는 소국의 제후에 불과했기에 몇 차례에 걸쳐 인간다운 덕목을 발휘했지만 결국 전쟁에서 질 수밖에 없었다.

그런데 송나라 양공이 정말 사리를 모르고 그런 행동을 했던 것일까? 전쟁터에서도 인도적 가치를 지켜야 한다고 생각한 이가 과연 송나라 양공 한 명뿐이었을까?

【성공 9년】가을, 정나라의 제후가 진(晉)나라에 갔는데 진나라 사람들이 그가 초나라와 협력했다는 이유로 그를 동제에 억류했다. 그리고 진나라의 난서는 정나라를 쳤다. 이에 정나라에서 백견을 사자로 보내 화친을 청했지만 진나라 사람들은 백견을 죽였다. 이는 예가 아니다.

《좌전》의 저자는 송나라 양공의 행동이 옳았음을 시사한다. 그는 적의 사자를 죽이는 것은 예가 아니라고 단언한다. 전쟁을 하는 까닭은 승리하기 위해서며 그렇게 하기 위해서는 피치 못하게 적을 죽여야 한다. 이것이 전장의 논리로 사자든 뭐든 간에 적이라면 그 수를 줄이는 것이 유리하다.

전장은 본래 인간다움이 가장 처절하게 짓밟히는 현장이다. 반면에 예는 인간다운 삶의 실현을 추구한다. 전쟁터에서 이 둘을 조화한다는 것은 사실 물과 불을 조화롭게 섞는 것만큼이나 비현실적이다. 그럼에도 송나라 양공이나 《좌전》의 저자는 왜 이런 생각을 했던 것일까? 혹 이들이 비현실적인 이상주의자여서가 아니라 그들이 그렇게 생각하도록 이끌어간 힘 때문이라면?

사람은 '놀이하는 존재(Homo Ludens)'로 규정되기도 한다. 네덜란드의 요한 호이징하라는 학자는 놀이를 통해 인류는 자신 안에서 문명을 창출할 수 있는 동력을 발견하고 이를 실현할 수 있었다고 본다. 그리고 전쟁도 사람이 발명한 놀이의 하나라고 규정한다. 사리를 따져 보면, 전쟁은 인류의 문명화 과정에서 불가피했지만 그로 인해 문명 자체가 파괴되어서는 안 된다는 딜레마적 상황을 해소하기 위해, 모두의 파국을 방지하는 일련의 규칙이 마련됐을 개연성이 높다.

전쟁을 놀이로 보는 관점도 여기에서 비롯된다. 실제로 전쟁의 주요 목적이 노동력 확보였던 시절에는 자기 소유가 될 수 있는 노동력을 제거할 이유가 없었기에 적군을 대량 살육하는 일은 거의 없었다. 대개의 경우 지휘자들끼리의 경합을 통해 전쟁의 승패를 결정짓는 형태가 일반적이었다. 전쟁에 일종의 규칙이 있었던 셈이다.

송나라 양공의 행위는 전쟁이 지녀 왔던 놀이로서의 속성에 충실했던 결과로 볼 수 있다. 곧 저 옛날부터 내려오던 전쟁의 관습을 고수한 결과로 볼 수도 있다. 《좌전》의 주장 또한 마찬가지다. 어디까지나 전쟁은 사람이 하는 것이기에 그것 또한 사람을 사람답게 만드는 예의 규정으로부터 벗어날 수 없다는 관념이 짙게 깔려 있다.

다만 시대가 변하고 있었음을 송나라 양공이나 《좌전》의 저자는 고려하지 않았다. 문명화된 인간이 놀이로서의 전쟁이 약육강식, 부국강병의 수단으로 바꾸는 것을 애써 모른 척했다. 아니 그래야 한다고 굳게 믿었을지도 모른다. 아직도 전장에서 이런 일들이 벌어지고 있었기 때문이다. 자어는 송나라 양공의 행위를 심하게 몰아붙였다. 시대가 바뀜에 따라 전쟁의 양상이 변했기 때문이다. 그러나 전장에서는 놀이로서의 전쟁이란 관습에 충실한 것이 목숨을 보전하는 것과 같은 실리보다 더 중요했던 듯싶다.

【소공 21년】 송나라의 대부 자록이 공자 성의 전차를 몰았고 장근이 전차 호위 무관이 되어 오른편에 섰다. 적진에서는 간주가 여 땅을 봉토

로 받은 화표의 전차를 몰았고 장개가 전차 호위 무관이 되어 오른편에 섰다. 양측이 만나자 공자 성이 수레를 돌렸다. 그러자 화표가 고함쳤다. "야, 성아!" 공자 성은 대부인 화표가 신분 질서를 무시하고 자신의 이름을 함부로 부른 데에 격노해서 다시 수레를 돌려 화표를 향해 내달렸다. 그가 화표를 쏘려고 화살을 메길 때 화표는 이미 화살을 다 메겼다. 공자 성은 "나를 총애하셨던 송나라 평공(平公)의 영혼이 나를 도와주실 것이다!"라고 했다. 그러자 화표가 쏜 화살은 공자 성과 장근의 사이로 지나갔다. 이때 공자 성이 다시 화살을 메길 때 화표는 다시 활시위를 당기고 있었다. 그때 공자 성이 말했다. "교대로 활을 쏘지 않는 것은 야비한 짓이다." 이에 화표는 화살을 풀었고 공자 성이 그를 쏘자 화표는 화살에 맞아 죽었다. 이를 본 장개가 무기를 빼어 들고 전차에서 뛰어내렸다. 이를 본 공자 성이 그를 쏘아 허벅지를 맞혔다. 장개는 포복을 해서 공자 성의 전차 밑으로 가서 전차를 파괴하고자 했다. 공자 성이 다시 그를 쏘아 죽였다. 화표의 전차를 몰던 간주가 공자 성에게 자신에게도 화살을 쏘라고 했다. 그러자 공자 성이 말했다. "내가 그대를 군주께 잘 말해 주리다." 간주가 대답했다. "전차에 탄 이들과 함께 죽지 않는 것은 군법이 정한 큰 죄입니다. 큰 죄를 범하고도 공자를 따른다면 군주께서 저를 어찌 믿고 쓰시겠습니까? 속히 화살을 쏘시기 바랍니다." 이에 공자 성이 그를 쏘아 죽였다.

이 기사의 내용은 송나라 원공(元公) 시절에 내분이 일어나 화씨 일족이 반란을 일으킨 데서 비롯되었다. 그런데 그 내용을 보면 두 세력 사이의 싸움이라기보다는 싸움에 임했을 때 어떤 태도를 취해야 하는가를 더욱 잘 보여 주고 있다.

내가 죽을지 몰라도 화살을 서로 교대로 쏘는 것, 그리고 함께 전차를 탔으면 죽는 한이 있더라도 항복하지 않는 것이 그 시대의 전쟁 규칙이었다. 무릇 모든 놀이에는 규칙이 있는 법, 이런 규칙을 지키는 것이 목숨보다도 중요하다고 보는 것, 그것이 송나라 양공이나 좌구명의 전쟁놀이에 대한 입장이었던 셈이다.

제6장

문공 文公

기원전 627년~기원전 609년

순임금 삼황오제라 불리던 신화 속 이상적 제왕 중 한 명. 요임금으로부터 왕위를 물려받아 태평성대를 이어갔으며, 그 자신도 우임금에게 왕위를 선양했다. 요임금, 우임금, 탕임금과 함께 '요순우탕'으로 함께 불리며, 대대로 이상적 군주의 전형으로 칭송되었다.

진(秦)나라 목공(穆公) 덕공(德公)의 셋째 아들. 춘추 오패(五覇)의 한 사람으로 분류되기도 한다. 백리해 등 유능한 신하를 발탁해서 국정을 정비하고 국토를 넓혔다. 효산의 전투에서 패배하고 다시 효산으로 찾아가 전사한 병사의 시신을 묻어 줄 정도로 인덕을 갖춘 그는 훌륭한 군주로 칭송받았다.

1. 개념어로 보는 춘추 시대

【문공 3년】봄, 장숙이 제후들의 군사와 함께 심(沈)나라를 쳤다. 이는 심나라가 초나라의 편에 붙었기 때문이다. 이때 심나라의 백성들이 도망쳤다. 무릇 백성이 군주를 두고 달아나는 것을 '궤(潰)'라 하고 군주가 백성을 버리고 도망가는 것을 '도(逃)'라 한다.

'도망치다', '달아나다', '도주하다'. 우리말에서 '도망가다'와 비슷한 말을 추려 본 것이다. 이 밖에도 비슷한 말이 더 있을 것이다. 그러나 그것이 무엇이든 간에 우리말에서는 이 유의어들을 가려서 사용하지 않는다. 다시 말해 임금이 도망가든 국민이 도망치든 구분하지 않고 사용할 수 있다. 그런데 《좌전》의 경우는 이와는 양상이 사뭇 다르다. 위에서 보듯 군주가 도망가는 경우와 백성이 도망가는 경우를 구분해서 각각 다른 글자를 쓰고 있다.

앞의 '제3장 장공'에서도 언급했듯이, 일상에서 늘 접할 수 있을 때 비로소 우리는 그것을 상세히 구분하고 이름 붙인다. 따라서 도망가는 경우를 나누어서 표현했다면 도주라는 행위가 그만큼 빈발했다는 반증이 된다. 《좌전》에서 '도망하다'와 관련된 동사를 찾아 그 출현 횟수를 다른 동사와 비교하면 틀림없이 상위에 놓일 것이다.

후계자를 둘러싼 권력 다툼으로 이 나라 저 나라 할 것 없이 많은 수의 공자가 타국으로 도망쳤고, 빈발했던 하극상으로 인해 수많은 대부가 타향을 전전했다. 여기에 제후국 간의 전쟁과 이적의 침공 등 '도주의 시대'였다고 칭해도 심하지 않을 정도로 춘추 시대는 도망이 일상화된 시절이었다. 그렇다 보니 도망하는 다양한 양상을 포착할 수 있게 되었고 그 각각을 다른 글자로 표현하게 되었다. 그리고 사용의 혼란을 막기 위해 위에서처럼 엄밀하게 개념 정의를 했다. 이런 사례를 문공 조에서 더 찾아보자.

【문공 7년】 겨울, 서(徐)나라가 거(莒)나라를 쳤다. 거나라에서 노나라로 사신을 보내 동맹을 청했다. 대부 목백이 거나라로 가서 동맹을 맺는 와중에 거나라 여인을 맞이해 노나라로 데려가고자 했다. 전에 동생인 양중에게 거나라 여인을 아내로 맞이하게 해 주겠다고 한 약속을 지키기 위해서였다. 그는 언릉 땅으로 가서 성벽에 올라 데려가기로 한 여인을 보

앉다. 그 여인은 매우 아름다웠다. 이에 목백은 그 여인을 자신의 아내로 삼아 버렸다. 이 소식을 들은 양중이 노나라의 문공을 찾아가 목백을 치게 해 달라고 청했다. 문공이 허락하려고 할 때 곁에 있던 숙중혜백이 간했다. "신이 듣기에 병란이 나라 안에서 일어나는 것을 '난(亂)'이라 하고 나라 바깥에서 일어나는 것은 '구(寇)'라고 합니다. '구'는 그 화가 다른 이에게 미치고 '난'은 그 화가 자신에게 미친다고 합니다. 지금 신하가 '난'을 일으키려 하는데 주군께서는 이를 금하지 않으시니 이로 인해 적국에 의한 '구'가 초래되면 어찌하려고 하십니까?" 이에 문공은 양중을 만류했고 숙중혜백이 나서서 양중은 거나라 여인을 포기하고 목백도 그녀를 돌려보내는 조건으로 두 사람을 화해시켜 두 사람 형제 간 우애를 예전처럼 회복시키고자 했다. 두 사람이 이 제안에 따랐다.

【문공 18년】 계문자가 이렇게 회답했다. "성인 주공(周公)이 《서명(誓命)》을 지어 이렇게 말했습니다. '예법을 훼손하는 이를 일러 적(賊)이라 하고 그 적을 숨겨 주는 이를 일러 '장(藏)'이라 하며 재물을 훔치는 이를 일러 '도(盜)'라 하고 나라의 기물을 훔치는 이를 일러 '간(姦)'이라 한다. 장이라는 죄목을 쓰고서도 간이 훔쳐 낸 나라의 기물을 사용하는 것을 일러 '대흉덕(大凶德)'이라고 한다. 이들에게는 정한 형벌을 가하되 사면해서는 안 되며 형법서인 《구형(九刑)》에 기록해서 그 행위가 잊히지 않게 해야 한다.'"

앞의 7년 조에는 난리가 발생했을 때 그 원인이 나라 안으로부터 비롯되었는가, 아니면 외부로부터 왔는가에 따라 '난'과 '구' 자로 구분됨이 언급되어 있다. 18년 조에는 '적(賊)·장(藏)·도(盜)·간(姦)·대흉덕(大凶德)'과 같은 범죄 행위에 대한 엄격한 개념 정의가 소개되어 있다. 그만큼 난리가 잦았던 것이고 그만큼 도적질과 연관된 범죄 행위가 많았던 것이다. 그렇다면 당연히 형법도 발달했을 터, 소공 14년 조에는 다음과 같은 언급이 나온다.

【소공 14년】 진(晉)나라 대부 한선자가 숙어에게 오래된 소송을 처리하게 했다. 잘못은 대부 옹자에게 있었다. 그러나 옹자는 딸을 숙어에게 바쳐 후실로 삼게 한 후 자신의 죄를 대부 형후에게 뒤집어씌웠다. 이에 형후가 노해서 숙어와 옹자를 조정에서 죽였다. 한선자는 숙향에게 형후의 죄에 대해 물었다. 이에 숙향이 아뢰었다. "세 사람 모두에게 죄가 있으니 살아 있는 자는 사형에 처하고 죽은 자도 그 시신을 꺼내어 함께 저자거리에 효시하십시오. 옹자는 자신의 죄를 알면서도 뇌물을 바쳐 승소했고 숙어는 소송을 거래 대상으로 삼았으며 형후는 함부로 살인을 했으니 이들의 죄는 같습니다. 자신이 잘못했으면서도 다른 이의 훌륭한 이름에 기대어 처벌을 벗어나고자 하는 것을 일러 '혼(昏)'이라 합니다. 탐욕스러워서 관직을 부패케 하는 것을 일러 '묵(墨)'이라 합니다. 살인을 꺼리지 않는 것을 일러 '적(賊)'이라 합니다. 《서경》에는 '혼과 묵과 적은 사형에 처

한다.'라고 되어 있습니다. 이는 순임금 때 사법장관이었던 고요가 정한 형벌이니 청컨대 이를 따르십시오." 이에 한선자는 형후를 죽인 후 옹자와 숙어의 시체와 함께 저자거리에 늘어놓았다.

만성적인 정치적 소요와 혼란 속에 도주가 일상화되고 범죄가 만연했던 시절인 만큼 형벌의 발달은 당연한 귀결일 터였다. 형벌을 가해야 하는 사건이 자주 일어나는 시절을 다스리기 위해서는 형벌의 적용이 공평해야 했고 그러기 위해서는 범죄의 동기와 양상을 잘 살펴서 형벌을 적용해야 했다. 이 과정에서 관련 표현의 개념을 명확하게 하는 작업이 필수적으로 요청됐던 것이다.

물론 여기에서 다룬 것처럼 춘추 시대가 혼란과 패륜만이 극에 달했던 시절은 아니었다. 우연하게도 이 절에서 다룬 표현들이 하필 난리와 범죄, 형벌 등과 관련되다 보니 이들을 통해 재구성한 춘추 시대의 생활상이 어둡게 보인 것이다. 만약 춘추 시대의 밝은 면을 비춰 주는 용어들을 기반으로 이 시대의 생활상을 재구성한다면 춘추 시대의 어두움이 가실 것이다. 다만 《좌전》에는 이렇게 활용할 수 있는 대목이 거의 없어서 아쉬울 따름이다.

2. 바람직한 군주와 신하란?

【문공 3년】진(秦)나라 목공이 진(晉)나라를 치러 가서 황하를 건넌 후 배를 불태워 결의를 다졌다. 진격해서 왕관과 교 땅을 점령했지만 진나라는 출병하지 않았다. 목공의 군대가 드디어 모진에서 황하 지류를 건넌 후에 효산으로 들어가 지난 전투에서 죽은 병사들의 시신을 수습해서 매장하고는 돌아왔다. 그래서 서융의 패자가 되었으니 이는 맹명이란 사람을 중용했기 때문이다. 군자들은 이 일을 통해 진나라 목공이 군주가 될 만함을 알게 되었다. 그는 인재를 두루 등용했으며 등용한 인재들을 한결같이 대했다. 맹명도 신하로서의 태도가 흐트러지지 않았고 신중하고도 사려 깊게 행동했다. 자상 또한 맡은 일에 충실했고 인재를 고르는 안목이 있어 능력 있는 이들을 잘 등용했다.

【문공 6년】 8월 14일, 진(晉)나라의 양공(襄公)이 서거했다. 그런데 영공(靈公)이 어리다 보니 진나라의 대부들은 변란이 있을까 걱정되어 장성한 군주를 세우고자 했다. 그러자 조돈이 말했다. "공자 옹을 옹립합시다. 그는 선행을 좋아하고 나이도 많으며 선군께서도 아끼셨습니다. 또한 우리와 오랜 맹방인 진(秦)나라와도 가깝습니다. 선한 이를 세우면 군주의 지위가 견고해지고 나이가 많은 이를 모시는 것은 순리입니다. 선군께서 아낀 이를 옹립하는 것은 선군에 대한 효고 오랜 맹방과 우호를 다지면 나라가 안정됩니다. 나라에 변란이 있을까 해서 장성한 군주를 세우고자 한 것이라면 이 네 가지 덕을 지닌 분을 세워야 변란도 해소될 것입니다."

서쪽의 진(秦)나라와 북쪽의 진(晉)나라는 춘추 시대 최고의 앙숙이자 오랜 맹방이었다. 이익이 첨예하게 부딪힐 때에는 전쟁도 불사했지만 대개는 서로에게 이익이 되는 길을 택했다. 둘 다 강대국이기에 무력 분쟁이 장기화될 수 있었고 그렇게 되면 결국 서로 피폐해질 것이 너무도 빤했기 때문이다.

서쪽 진나라의 목공은 중원의 제후국으로부터 '오랑캐'라 백안시됐던 조국을 일련의 변법(變法, 제도 개혁)을 통해 강국으로 키워 낸 역량 있는 군주였다. 또한 그는 앞의 '5장 양공'에서 보았듯이 북방의 진나라가 헌공과 그의 애첩 여희로 인해 혼란에 빠진 이후 혜공이 즉위할 수 있도록 도와주었다. 그러나 혜공이 약속을 어기며 거듭 잘못을 저지르자 그를 정벌해서 포로로 잡아갔다. 이후 시간이 흘러 목공은 북쪽 진나라의 공자 중이를 도와 제후에 오르게 한다. 그는 혜공 이오와는 달리 목공에게 한 약속을 지켜 제후가 된 후에 서쪽 땅을 북방 진나라에게 넘겼다. 그리고 내정 개혁에 착수해서 짧은 시간에 중원의 강자로 발돋움한다. 이가 바로 제나라 환공에 이어 중원의 패자에 오른 진나라 문공이다.

문공은 패자가 되기 위해서는 서쪽 진나라와의 일전을 피할 수 없음을 잘 알고 있었다. 하여 이에 대한 준비를 착실히 했다. 반면에 서쪽의 진나라 목공은 한때 자만의 덫에 걸린 것처럼 슬기로운 신하들의 말을 듣지 않고 무모하게 북방의 진나라 정벌에 나섰다. 결과는 대패였다. 이 두 나라 사이에는 험준한 협곡이 펼쳐져 있었고 그 사이를 황하가 급하게 흐르고 있었다. 원래는 북방의 진나라가 이 일대의 황하 서쪽 땅까지 차지하고 있었으나 문공이 제후에 오르면서 이 지역을 서쪽 진나라에게 넘겨주었다.

목공은 군사를 이끌고 이 지역을 가로지른 후 황하를 건너 효산이라는 험준한 산으로 짓쳐 들어갔다. 효산은 양국 사이의 요충지였기 때문에 어차피 통과할 수밖에 없는 곳이었다. 이를 잘 알던 북방 진나라의 문공은 효산에서 효과적인 매복전을 펼쳐 서쪽 진나라 목공의 군사를 대파했다. 기록에 의하면 수만의 군사 중에서 돌아온 병사는 수십 명에 불과했다고 한다. 이를 역사에서는 '효산의 전투'라고 한다.

구사일생으로 살아 돌아온 진나라 목공은 이내 자신의 잘못을 깊게 반성했다. 패장인 그를 무엇보다도 괴롭힌 것은 효산의 전투에서 졌다는 사실이 아니라 목숨을 부지하는 데에 급급해서 수많은 병사의 시신을 방치했다는 사실이었다. 그는 다시 대오를 정비해서 효산으로 진군했다. 진정한 프로는 프로를 알아본다고 했던가? 북방 진나라의 문공도 목공이 왜 다시 침공하는지 그 이유를 잘 알고 있었다. 하여 응전하지 않았다. 진나라 목공 또한 효산에 들어가 전사한 병사들의 시신을 수습해서 묻어 준 뒤 더 나아가지 않고 귀국했다. 둘 다 중원의 판도를 좌지우지할 만한 큰 그릇이었던 셈이다.

역사가들은 진나라 목공이 이런 훌륭한 일을 할 수 있었던 것은 맹명이란 유능한 신하가 있었기 때문이었다고 한다. 그렇다고 해서 진나라 목공의 참 군주다움이 훼손되지는 않는다. 군주의 제일 덕목은 빼어난 신하를 발탁하는 것이요, 시기하지 않고 그의 말을 따르는 것이기 때문이다.

진나라 목공은 맹명의 재능을 높이 사서 그의 말대로 행했다. 맹명과 같은 유능한 신하를 발탁했고 그의 말대로 행했다는 것은 그 자체로 참 군주로서의 자질을 갖추었음을 입증한다. 하여 사람들도 진나라 목공이 훌륭한 군주가 될 자질을 갖췄다고 평가했다. 곧 인재의 발탁과 신임, 평민을 아끼는 마음과 그것의 실천 등 여러 조건을 갖취야 비로소 훌륭한 군주라는 평가를 받을 수 있었음이다.

사실 훌륭한 군주란 어떤 군주인가라는 문제는 역사가라면 나 몰라라 할 수 없는 주제였다. 《시경》이나 《서경》 그리고 《춘추》와 같은 고대의 문헌에도 이 주제에 대한 사고의 궤적이 풍요롭게 담겨 있다. 곧 만만치 않은 지적 전통을 형성해 왔던 셈인데 춘추 시대의 극심한 정치적 소요와 불안정은 이러한 지적 전통에 불을 붙였다.

하여 《좌전》에는 앞의 '신하가 군주를 골랐다.'는 파격적인 사실이 실린 문공 6년 조의 기사처럼 바람직한 군주에 대한 논의가 무척 세련되게 펼쳐져 있다. 그리고 진나라 목공과 맹명의 예에서 극명하게 볼 수 있는 것처럼, 현명한 군주는 현명한 신하가 있을 때 비로소 나올 수 있기에 바람직한 신하상에 대한 논의도 바람직한 군주상에 대한 논의만큼이나 자세하게 전개되었다.

【문공 6년】봄, 진(晉)나라가 이 땅에서 군사 훈련을 하면서 5개 군단 중 2개 군단을 줄였다. 이에 호역고가 중군의 대장이 되었고 조돈이 그를 보좌해서 부장이 되었다. 양처보가 온 땅에서 돌아온 다음 다시 동 땅에서 군사 훈련을 하면서 중군의 주장과 부장을 서로 맞바꿨다. 양처보는 조돈의 아버지인 조최의 부하로 조씨 가문에 속했던 까닭에 양처보는 조돈이 유능하다고 판단해서 "유능한 이를 중용하는 것이 나라에 도움이 된다." 라고 말했다. 그래서 조돈이 주장이 됐던 것이다.

조돈은 이에 처음으로 국정(國政, 곧 나라를 다스리는 집정)이 되어 제도를 정비하고 사법 제도를 바로잡았으며 형벌을 공평히 했다. 또한 도주범을 엄히 다스렸고 문서를 바탕으로 계약하게 했으며 옛 폐습을 해소하고 위계질서의 근본을 다졌다. 기존의 관직을 다시 설치하고 묻혀 있는 인재를 발탁했다. 이러한 일들이 완수되자 태부인 양처보와 태사인 가타에게 업무를 넘겼고, 온 나라에서 이를 시행해서 근간이 되는 제도로 삼게 했다.

예나 지금이나 국정을 개혁하기 위해서는 많은 준비와 숙고가 필요하다. 조돈이 발탁되어 국정 개혁에 착수해 성공했다는 사실은 그가 확실하게 준비된 인재였음을 입증해 준다. 역사가들이 조돈에게 유능하다는 평가를 내린 것도 이러한 까닭에서였다. 곧 바람직한 신하란 조돈처럼 평소에 완벽하게 준비한 자요, 기회가 주어졌을 때 이를 실현할 줄 아는 능력을 구비한 자였다. 또한 맹명의 예에서처럼 권력을 차지했을 때도 자신의 본분을 잃지 않고 직무를 충실하게 수행할 줄 아는 자였다.

이 기사에서 엿볼 수 있는 좋은 정치, 능률적인 국정은 이러한 바람직한 군주와 신하가 만나 서로를 신뢰할 때 비로소 실현될 수 있었던 것이다.

3. 약자의 보루인 예

【문공 7년】진(晉)나라의 대부 극결이 조돈에게 말했다. "일전에 위나라가 순종치 않아 그 땅을 취한 적이 있습니다. 그러나 지금은 순종하고 있으니 그 땅을 돌려주십시오. 배신한 자를 토벌하지 않고 무엇으로 위엄을 보일 수 있겠습니까? 마찬가지로 순종하는 자를 잘 대하지 않으면 무엇으로써 진정을 보일 수 있겠습니까? 위엄도 아니고 진정도 아니라면 무엇으로써 덕을 보일 수 있겠습니까? 덕이 없는데 무엇으로써 패자의 자리를 유지할 수 있겠습니까? 그대는 정경이란 고위직을 맡아 제후를 이끌고 있습니다. 그러니 덕에 힘쓰지 않고서 장차 어찌하시려 합니까?《서경》〈하서〉편에 '아름다운 일로 권하고 경계하며 위엄 있는 형벌로 감독하며 아홉 가지 노래로 권해서 일을 그르치지 않게 하라.'는 말이 있습니다. 아홉 가지 일의 덕[구공지덕(九功之德)]은 다 노래로 부를

수 있습니다. 그래서 아홉 가지 노래라고 합니다. 육부(六府)와 삼사(三事)를 일러 아홉 가지의 일[구공(九功)]이라 합니다. 물·불·쇠·나무·흙·곡식에 관한 것이 육부의 일이고, 덕행·이용·후생이 삼사의 일입니다. 의롭게 행하는 것을 일러 '덕례(德禮)'라고 합니다. 예가 없으면 백성은 즐거워하지 않으며 반란의 실마리가 됩니다. 그대의 덕행이 노래로 불리며 칭송될 만한 것이 하나도 없다면 그 누가 믿고 따르겠습니까? 어찌해서 순종하는 이들이 그대를 노래로 칭송하게 하지 않습니까?" 조돈이 듣고는 매우 기뻐했다.

흔히 '예의 바르다', '예절을 지킨다'와 같은 말을 들으면 자기도 모르는 사이에 윗사람 중심의 상하 관계를 떠올리곤 한다. 그러나 이는 우리 사회에서 예가 지니는 단면만 부각된 결과일 뿐 예가 윗사람에 대한 일방적 우대를 강조하는 것은 '결코' 아니다.

예는 크게는 사회 제도 일반을 가리키고 작게는 사람과 사람이 관계 맺는 방식을 가리킨다. 따라서 예가 상하 관계를 규정한다고 할 때 여기서의 상하 관계 속에는 윗사람과 아랫사람의 관계뿐 아니라 사회적으로 높은 사람과 낮은 사람의 관계도 포함된다. 그리고 윗사람 중심의 일방적인 상하 관계를 규정한 것이 예라는 진술은 예가 사회적으로 높은 이들의 이해관계를 반영했다는 진술로 이어진다.

그런데 앞의 기사에서 진나라의 대부 극결은 "예가 없으면 백성이 기뻐하지 않을" 뿐 아니라 나아가 "백성들이 모반하게 되는 실마리를 제공한다."라고 말했다. 예가 윗사람에게 유리한, 그들을 위한 것이라면 사회적 지위가 낮은 백성에게는 예가 없을수록 유리할 수 있다. 그런데도 극결은, 백성들은 예가 없다는 이유로 반란까지 일으킬 수 있다고 경고했다. 예에 대한 우리의 통념이 잘못되었든지 아니면 극결의 언급에 문제가 있든지 둘 중 하나는 예를 잘못 이해하고 있음이 분명하다.

사람이 사회를 이루고 사는 한 그곳에는 사회적 강자와 약자가 있게 마련이다. 춘추 시대 또한 그러했다. 관직에 진출한 대부 계층 이상이 사회적 강자에 속했고 사(士)나 서민은 약자에 속했다. 그런데 춘추 시대에는 성문화된 헌법이 있지도 않았고 지금처럼 인권을 중시하는 관념도 없었다. 인터넷은 고사하고 비판 언론도 없었다.

이런 상황에서 사회적 약자가 만약 부당한 대우를 받았다면 그가 할 수 있는 일로 어떤 것이 있을까? 무엇이 그의 억울함을 구제해 줄 수 있을까? 만약에 같은 일을 했는데 전에는 문제 삼지 않더니 이번에는 불법을 자행했다며 체포한다면? 같은 죄를 저질렀는데 갑은 무죄 방면되고 을은 징역을 살게 된다면? 한마디로 사회적 강자의 기준 없는 횡포를 사회적 약자가 막을 수 있는 길은 과연 무엇이었을까?

이 문제에 대한 극결의 답이 '예'였다. '준법 투쟁'이라는 말에서 알 수 있듯이 때에 따라 법은 사회적 약자가 기댈 수 있는 방편이 되기도 한다. 마찬가지로 권력을 부당하게 행사하는 강자에게 맞설 수 있는 길의 하나는 예를 앞세워 그 부당함을 알리는 방식이다. 사회적 강자 또한 예를 중시하고 그 가치를 긍정할 수밖에 없기에 예를 앞세운 항의를 무시할 수는 없기 때문이다.

그래서 예는 사회적 강자의 이익만을 대변하는 것이 아니라 약자에게는 강자의 횡포에 맞설 수 있는 최후의 보루이기도 하다. 또한 힘없는 이들은 예에 비추어 어떻게 살아야 할지를 가늠하고 그 위에서 미래를 대비하며 일상을 꾸려 간다. 예가 지켜지지 않으면 사회적 약자들은 미래를 대비할 수 없게 되어 불안 속에서 나날을 보낼 수밖에 없게 된다. 삶이 즐거울 수가 없는 것이다. 그리고 그 정도가 심해지면 결국 모반을 꿈꾸게 된다.

【소공 25년】 정나라의 대부 자태숙이 아뢰었다. "저는 선배 대부인 자산에게 이러한 말을 들었습니다. '무릇 예란 하늘의 강령이요, 땅의 마땅함이고 사람의 행할 바입니다.' 예는 하늘과 땅의 본바탕이기 때문에 사람들이 이를 실천하고 본받는 것입니다. (중략) 예는 위와 아래 사이의 벼리이고 하늘과 땅 사이의 근간이며 사람들이 삶을 살아가는 터전입니다. 그래서 선왕들이 예를 숭상했던 것이며 옛사람들이 사람 중에 능히 자신을 닦아 예로 나아간 자를 일러 '완성된 사람'이라고 불렀던 것

입니다. 예가 크고도 큼은 또한 당연하지 않겠습니까?" 진(晉)나라의 실권자인 조간자가 듣고 말했다. "저는 이 말씀을 죽을 때까지 지켜 가도록 하겠습니다."

여기서 자태숙이 분명하게 밝혔듯이 예를 지킨다는 것은 윤리적 차원에서는 자연의 섭리를 지키는 행위이고 생활의 차원에서는 사람이 살아갈 수 있는 터전을 마련하는 일이다. 그래서 예는 사회적 강자만이 아니라 약자에게도 꼭 필요한 삶의 기반이었던 것이다.

한편 사회적 약자 대 강자의 구도에서 예가 사회적 약자의 보루가 된 것처럼 국제 관계에서도 그러했다. 앞에서 이미 설명했듯이 예를 지키는 것은 패자가 되기 위한 필수 조건이었다. 춘추 시대 한 나라에서의 사회적 강자와 약자의 관계는 국제적 차원에서는 대국과 소국의 관계와 동일했다. 따라서 대국이 일정한 기준 없이 이랬다저랬다 하게 되면 소국은 일상이 불안정하고 미래를 도모할 수 없게 되었다.

누군가가 나서서 예측 가능한 국제 질서의 모습을 제공해 줘야 했다. "제후 중에 패자가 없는 것이 얼마나 해로운 일인가!(소공 16년 조)"라는 말은 대국에 대한 아부가 아니라 살아남기 위한 절규였다. 중원의 질서를 예측 가능한 수준에서 유지해 주는 패자의 부재가 오히려 소국에게는 불행한 일이었던 것이 춘추 시대 국제 관계의 실상이었다.

【성공 8년】 봄, 진(晉)나라의 경공(景公)이 한천을 보내 노나라 문양 지역의 전답을 제나라에게 돌려주라고 전해 왔다. 한천이 귀국하려 하자 노나라의 대부 계문자가 그에게 송별연을 베푼 후 사적인 발언임을 전제로 말했다. "대국은 의를 준수함으로써 패자가 되어야 합니다. 그래야만 제후들이 한편으론 패자의 덕을 그리워하고 한편으론 토벌될까 두려워해서 두 마음을 품지 않게 됩니다. 문양의 전답으로 말하자면 본래 우리 노나라의 땅이었다가 제나라에 뺏긴 것을 진나라가 제나라에 무력을 써서 우리 노나라에게 돌려주게 한 땅이었습니다. 그런데 지금 그때와는 다른 명을 내려서 '문양의 전답을 제나라에 돌려주라.'고 합니다. 믿음으로써 의를 행하며 의로써 천명[명(命)]을 완수하는 것은 소국이 바라는 바요, 그리워하는 것입니다. 신의를 알 수 없게 하고 의로움이 서지 않는다면 사방의 제후 중에 누가 이탈하지 않고 남아 있겠습니까?"

대국의 눈치를 볼 수밖에 없는 것이 소국의 현실이었기에 소국이 바라는 것은 대국이 신의를 지키고 의로움의 기준을 분명하게 세우는 일이었다. 소국의 입장에서는 대국이 이러한 덕목을 갖추고 있어야 미래 예측이 가능해지고, 그래야만 안정적으로 개인적, 사회적, 국가적 차원에서의 일상을 유지해 갈 수 있기 때문이다.

소국의 인물들이 예와 신의, 의로움과 같은 윤리적인 덕목을 중시했던 것은 그들이 약육강식의 현실 세계를 도외시했던 도덕적 이상주의자여서가 아니라 그러한 현실을 너무도 잘 알고 있었기에 취했던 소국의 생존 전략이었다.

이렇듯 예는 그것이 제대로 시행될 때 비로소 사회적 약자들이 미래를 온전히 대비할 수 있게 되고 눈앞의 일상을 편안히 꾸려 갈 수 있게 된다. 예가 사회적 강자에게는 그들의 이해관계를 보장해 주는 통치의 수단이었지만, 약자에게는 혹 있을 수 있는 강자의 부당한 행위로부터 자신을 보호하는 사회적이자 국제적인 보호막이었다.

4. 쟁송제라는 국제 사법 질서

【문공 14년】주공 열이 왕손 소를 상대로 진(晉)나라에서 소송을 벌이고자 했다. 이때 천자인 주나라 광왕(匡王)은 왕손 소를 돕겠다던 약속을 어기고 왕실의 고위 관료인 윤씨와 염계를 진나라에 보내 주공 열에게 무죄를 내려 달라고 청했다. 이에 진나라의 집정이었던 조선자가 왕실의 분쟁을 조정해서 원래 상태로 돌려 놓았다.

이 기사의 내용을 이해하기 위해서는 몇 가지 사전 지식이 필요하다. 첫째, 제후나 경대부 사이에서 분쟁이 발생했을 때 이를 소송을 통해 처리하는 제도가 있었다. 이를 '쟁송제(爭訟制)'라 부른다. 둘째, 제후 사이의 소송은 원래 천자 앞에서 이뤄졌다. 큰 나라든 작은 나라든 일정 지역의 통치를 천자로부터 직접 위임받은 것은 똑같다는 점에서 제후는 동급이었다.

동급 사이에서 다툼이 일어났다면 그들보다 상위의 존재가 처리하는 것이 순리였다. 그런데 이 기사에서는 천자 앞에서가 아니라 북방의 진나라, 좀 더 정확하게 이야기하자면 조선자 앞에서 소송이 진행됐다. 이는 천자에게 실질적인 힘과 권위가 없었던 춘추 시대에 일어난 일이었기 때문이다. 이 시절에는 힘센 대국의 제후가 천자를 대신했기 때문에 북방의 진나라에서 소송이 열렸던 것이며 당시 진나라의 실권자가 조선자였기 때문에 주나라 광왕이 그에게 사람을 보내 청탁을 넣었던 것이다.

쟁송제는 춘추 시대의 국제 사법 질서였다고 해도 과언이 아니다. 희공 28년 조에는 이런 이야기가 나온다.

【희공 28년】 위나라의 성공(成公)과 대부 원훤이 진(晉)나라의 문공 앞에서 쟁송을 벌였다. 이때 영무자가 위나라 성공의 보(輔, 소송 대리인)가 되었고, 감장자가 좌(坐, 소송 대리인)가 되었으며 사영이 대사(大士, 변호인)가 되었다. 위나라 성공이 이 소송에서 패했다. 그러자 진나라 문공은 사영을 죽이고 감장자를 발꿈치를 자르는 월형(刖刑)에 처했으며 영무자는 충성스러웠다는 이유로 사면했다. 그리고 위나라 성공을 잡아서 천자의 도읍인 낙읍으로 보내 깊은 감옥에 가두었다. 영무자가 쫓아가 위나라 성공의 옷과 음식 수발을 들었다. 원훤은 위나라로 돌아와 공자 하를 새

제후로 옹립했다.

위나라의 성공은 원훤과 형제였던 숙무의 죽음 문제를 놓고 다투고 있었다. 원래 성공은 위나라 신하들로부터 배척을 받아 진나라 문공에 의해 쫓겨난 적이 있었다. 그러나 주나라 왕실에서 힘쓴 덕분에 다시 복귀하게 되었는데, 이때 원훤이 숙무를 모시고 도읍을 지키고 있었다. 그런데 숙무가 제후 자리를 탐낸다고 의심한 성공의 신하 중한 명이 그를 활로 쏘아 죽였다. 이 일로 원훤은 진나라로 망명했고 숙무의 죽음에 대한 쟁송을 벌였던 것이다.

따라서 이 문제는 단순히 한 개인을 누가 살해했는가의 진실을 규명하는 차원을 넘어 위나라의 권력 구도와 관련이 있는 문제였다. 위나라 성공이 사주한 진범이라면 그는 제후의 자리에서 쫓겨나게 되고 그렇지 않다면 위나라 성공의 정치적 위상은 안정되고 강화된다. 하여 당시의 패자였던 진나라 문공 앞에서 양 당사자가 쟁송을 벌이게 되었다.

소송 결과 위나라 성공의 잘못이 드러났다. 그러자 천자를 대신하고 있던 진나라 문공은 그의 법정 대리인 3명 중 2명을 죽이고 위나라 성공을 천자가 사는 낙읍으로 압송해서 투옥시켰다. 쟁송에서 군주, 곧 제후급 이상은 소송의 당사자이지만 대리인을 내세우게 되어 있었다. 감장자와 사영이 죽은 까닭은, 그들이 위나라 성공의 대리인이었는데도 군주가 지게 하는 불충을 저질렀다는 이유에서였다.

이는 춘추 시대의 쟁송제가 단지 형식에 그친 것이 아니라 제후를 처벌할 수 있는 실질적인 힘이 실린 사법 제도였음을 알 수 있는 대목이다. 또 양공 10년 조에는 이런 기사가 실려 있다.

【양공 10년】천자의 숙부인 진생이 백여와 권력을 놓고 다투었다. 천자인 주나라 영왕(靈王)이 백여 편을 들었다. 이에 진생이 크게 분노하며 도망쳐 나왔다. 그가 황하에 이르렀을 때 주나라 영왕은 그를 복귀시키기 위해 그가 미워하던 사교를 죽인 후 설득에 나섰다. 그러나 진생은 귀환하지 않았고 급기야는 그곳에 거처했다. 이때 진(晉)나라의 도공(悼公)이 사개를 보내 이러한 왕실의 분란을 해소하게 하자 진생과 백여가 서로 소송을 제기했다. 하여 진생 측의 우두머리 가신과 백여 측의 대부 하금이 왕궁의 뜰에서 소송을 벌였고 이를 사개가 듣고 있었다. 진생 측의 가신이 말했다. "미천한 집안의 출신이 윗사람을 능멸했으니 이는 질서를 크게 어지럽히는 것입니다." 백여 측의 하금이 말했다. "옛날 평왕(平王)께서 도읍을 동쪽의 낙읍으로 옮길 때 우리를 포함한 일곱 가문은 왕을 뒤따라가 제사에 쓰일 제물을 갖춰 드렸습니다. 그때 평왕께서는 우리를 믿으시고 이를 받으신 후 붉은색의 소를 희생으로 바치시면서 맹세하시기를 '대대로 관직을 잃지 않도록 하겠다.'고 말했습니다. 만약 미천한 집안의 출신이었다면 어떻게 동쪽 낙읍으로 올 수 있겠으며, 평왕께서 우

리를 포함한 일곱 가문을 믿을 수 있으셨겠습니까? 지금 진생이 천자를 보필한 이래로 정사는 뇌물로 이루어지고 사법 분야는 그와 친한 이들이 전담했습니다. 군의 장수들도 그 부유함이 이루 헤아릴 수 없을 정도입니다. 그러니 우리가 미천한 가문 출신으로 보이지 않을 도리가 있었겠습니까? 바라건대 대국에서 잘 헤아려 주십시오. 아래가 바르지 않게 된다면 어찌 공정하다고 할 수 있겠습니까?"

이에 진나라 도공을 대신한 범선자가 말했다. "천자께서 지지하시면 우리 도공께서도 그를 지지할 것이며 반대하시면 도공께서도 그렇게 할 것입니다." 그러고는 진생과 백여에게 소장을 제출하게 해서 대조하고자 했다. 그러자 진생 측에서 소장을 내놓지 못했다. 진생은 이에 진(晉)나라로 도망갔다.

이 기사에는 주나라 왕실에서 벌어졌던 권력 다툼의 양 당사자가 진나라 문공 이래 패자를 자처하던 진나라 도공의 대리인 앞에서 쟁송을 벌이는 장면이 생생하게 서술되어 있다. 쟁송제는 이처럼 천자조차도 그 결정을 받아들여야 하는, 현실 구속력이 강했던 제도였다. 그렇다 보니 중원의 또 다른 주인공이었던 오랑캐들도 쟁송제를 활용했다.

소공 23년 조에는 오랑캐의 나라인 주(邾)나라가 노나라를 상대로 패자의 나라였던 북방의 진나라에 소송을 건 사건이 실려 있다. 진나라는 노나라와 주나라에 변론할 사람을 보내라고 요청했는데, 노나라가 이에 불복해서 변론에 임하지 않았다. 오랑캐인 주나라와 쟁송하는 것은 예법에 맞지 않은 일이라는 것이 그 이유였다.

노나라는 결국 이 소송에서 졌지만 진나라는 노나라의 요구를 받아들인다. 물론 국제적인 이해관계를 따진 진나라가 이를 실행하지는 않았지만 말이다. 이렇듯 쟁송제의 적용 범위는 중원의 제후국에 한정되지 않았다. 가히 명실상부한 국제적 사법 제도였다고 할 만한 대목이다.

제7장

선공 宣公

기원전 609년~기원전 591년

우(禹)임금 중국 하나라의 시조다. 아버지 곤이 홍수를 막으려고 하다 실패하자, 순임금은 우에게 그 일을 맡겼다. 신혼 초 4일 동안만 집에 머물렀을 뿐 백성을 돌보느라 아들 계가 태어났으나 돌보지 못했다고 한다. 우임금이 죽은 뒤 계가 즉위했는데, 이때부터 왕위의 세습 제도가 생겨났다.

초(楚)나라 장왕(莊王) 이름은 여(侶). 춘추 오패(五霸)의 한 사람으로, 진(晉)나라 경공(景公)의 군대를 격파하고 중원의 패자가 되었다.

조돈(趙盾) 춘추 시대 진(晉)나라가 배출한 명재상 가운에 한 명이다. 제 환공에 이어 패업을 이루었던 진 문공 사후에 진나라의 위세와 역량을 지속적으로 떨치는 데에 크게 공헌했던 인물이다. 훗날 "치세에는 유능한 신하요, 난세에는 영웅다운 재목이었다"는 평가를 받았다.

1. 인간의 조건

【선공 2년】송나라의 대부 광교의 수레가 정나라의 군사를 치자 정나라의 군사가 우물에 빠졌다. 광교가 창을 거꾸로 잡고 내려 줘서 그를 꺼내 주었더니 그 병사가 광교를 붙잡아 갔다. 군자가 말했다. "전장에서의 법도를 지키지 않고 적을 죽이라는 군명을 어겼으니 포로가 돼도 마땅하다. 전투할 때 '과(果)'와 '의(毅)'를 내보여 군령을 좇는 것을 일러 전장의 법도라고 한다. '과(果)'는 적을 죽이는 능력이고 '의(毅)'는 그 능력을 발휘하는 것이다. 이 법도를 어기면 망하는 것이다."

이 싸움이 있기 직전에 송나라의 대부 화원은 양을 잡아 군사들을 위로했다. 그런데 화원의 전차를 몰던 양짐이 양고기를 받지 못했다. 그리고 싸움이 벌어지자 양짐은 "어젯밤 양고기를 나눠 준 일은 그대가 주도하신 것입니다. 그러나 오늘의 전투는 제가 주도합니다."라고 말하더니 그대로 정나라 군대로 돌진했고 그 결과 전쟁에서 패했다.

군자들이 말했다. "양짐은 인간이 아니다. 자신의 사적인 원한을 갚느라 나라를 패하게 하고 백성을 죽게 했으니, 이보다 더 큰 형벌을 내릴 일이 있겠는가? 《시경》에서 말한 '선량한 사람을 모조리 없앤 사람'이란 게 바로 양짐이 아니겠는가? 그는 백성을 죽이면서 자신의 원한을 푼 사람이다."

흔히 인간을 만물의 영장이라고 한다. 여기서 영장은 '영험함을 지 닌 우두머리' 정도의 뜻이다. '영험'은 정신적·영적인 요소다. 이는 인간을 인간답게 만드는 핵심이 정신과 영혼에 있음을 말해 준다. 그 리고 정신과 영혼은 인간만 지니고 있기에 인간이 만물의 영장이라 는 것이다. 그런데 우리에게 익숙한 이러한 '인간의 조건'에 대한 논 의가 저 옛날부터 지구 상의 여기저기 할 것 없이 보편적으로 존재하 던 관점은 아니었던 듯하다.

춘추 시대에는 인간의 조건을 사회적 차원에서 규정지었다. 인간 이라는 말 자체가 '인생세간(人生世間)' 곧 '세상에서 살아가는 사람'의 준말로 인간이 인간이기 위해서는 사회에서 산다는 조건을 충족해야 함을 분명히 하고 있다.

'사회적'이란 말은 달리 표현하면 '공적'이라는 말이다. 인간에게는 공적이지 않은, 곧 '사적'인 욕망과 지향도 있지만 그것만으로는 인간 이라 할 수 없고, 공적인 욕망과 지향을 우선시할 줄 아는 능력을 지녔을 때 비로소 인간이라 할 수 있다고 본 것이다.

앞의 기사에 나오는 양짐과 그에 대한 군자, 곧 식자층의 평가도 인간에 대한 이러한 관점을 바탕에 깔고 있다. 무장이 되어 양고기를 받아먹지 못한 '사소한 일'에 원한을 품었기 때문에 인간이 아니라는 평가를 받은 것이 아니다. 설사 양짐이 부모를 죽인 원수를 갚느라고 그렇게 했다 해도 평가에는 변함이 없게 된다. 곧 정신과 영혼이 있는가의 여부보다는 '공'을 '사'보다 앞세울 수 있는가의 여부가 인간의 제일 조건이었기 때문이다.

'천자-제후-경대부-사-서민'으로 이루어진 봉건제적 신분 구조에서 사 계층 이상만을 '인간'이라고 규정한 까닭도 여기서 비롯된다. 사 계층이 되기 위해서는 문자를 해독할 수 있는 능력을 지녀야 했다. 곧 글을 읽을 줄 아는 존재만이 인간이라는 뜻이 된다. '사'보다 '공'을 앞세울 줄 아는 능력은 타고나는 것이 아니라 후천적인 공부로 배양된다고 보았기 때문에 식자 능력이 인간과 인간이 아님을 가르는 기준이 됐다.

그래서 춘추 시대 사람들은 외형적·생리적으로 자신들과 똑같은 구조를 지녔음에도 '오랑캐'를 인간으로 보지 않고 금수와 동격으로 보았다. 자신들이 보기에 이들에게는 식자 능력이 없다고 판단됐기 때문이다.

이처럼 인간인가, 아닌가라는 문제는 사지가 있고 직립 보행을 한다와 같은 외형적인 요소에 의해 판정되는 것이 아니라, "식자 능력이 있는가?" 곧 "공부를 통해 '공'을 '사'보다 앞세울 줄 아는 능력을 갖추었는가?" 그리고 "이 능력을 사회적 차원에서 실천으로 옮길 수 있는가?"에 따라 결정되었다.

춘추 시대 사람들은 '서다[입(立)]'라는 표현을 써서 이러한 능력을 갖춘 상태를 표현했다. 공자가 말한 "열다섯 살에 학문에 뜻을 두고 서른 살에 섰다."라는 것 또한 이러한 상태를 의미한다. '서다[立]'는 동물적인 사람에서 학문 수양을 거쳐 사회적인 인간으로 거듭났다는 뜻이다.

【성공 17년】 진(晉)나라의 여공(厲公)이 정변을 일으켜 반대 세력을 제거하려 하자 서동이 간했다. "먼저 반드시 극씨 집안의 주요 인물 3명을 죽이십시오. 그들은 가문이 큰 데다가 원한도 많이 샀습니다. 큰 집안을 제거하면 제후가 핍박받지 않을 수 있고 원한을 많이 산 사람을 적대시하면 일을 성사시킬 수 있습니다." 여공이 말했다. "그렇게 하겠다."

극씨 집안사람들이 이 소식을 들었다. 극기가 여공을 치자며 말했다. "우리가 설사 죽는다고 해도 괜찮다. 군주 또한 반드시 위험해질 것이다." 이에 극지가 말했다. "인간이 인간으로서 설 수 있는 까닭은 믿음[신(信)]과 지혜[지(知)]와 용기[용(勇)]가 있기 때문입니다. 믿음이란 군주를 배반하지 않는 것이고 지혜란 백성을 해하지 않는 것이며 용기란 반란을 일으키지 않는 것을 뜻합니다. 이 세 가지를 잃는다면 그 누가 우리와 함께 하겠습니까? 죽어서도 원망을 더 많이 받는다면 무슨 소용이 있겠습니까? 군주가 신하들을 거느리고 있는 것이 당연한데 신하를 죽인다 한들 군주를 어찌할 수 있겠습니까? 우리에게 죄가 있다면 우리는 벌써 죽었어야 합니다. 만약 죄가 없는데도 죽이는 것이라면 군주는 백성을 잃게 될 것이니 편안하고자 해도 그럴 수 있겠습니까? 오직 군주의 명을 기다리는 길밖에는 없습니다. 군주의 녹을 받아 집안사람들을 모을 수 있었던 것인데, 집안사람들이 많다 해서 군주의 명에 대항한다면 이보다 더 큰 죄가 있겠습니까?"

《좌전》의 기록만으로 볼 때 극지는 그다지 훌륭한 인물은 아니다. 이 기사에서 그가 내보인 품성은 가히 대인의 그것이지만, 막상 진나라 여공이 서동을 시켜 공격을 감행하자 그는 줄행랑을 치다가 잡혀 죽고 말았다. 말과 행동이 사뭇 달랐으니 품격이 높았던 이라고 할 수는 없을 듯하다.

그런데 그 정도의 인물도 인간이 인간으로서 '서기[立]' 위한 조건으로 '군주를 배반하지 않는 믿음[信]과 백성을 해하지 않는 지혜[知]와 반란을 일으키지 않는 용기[勇]'를 들었다. 인간의 조건을 사회적 차원에서 규정했던 춘추 시대의 인간관은 이 정도로 매우 공고하고도 분명했다.

2. 생동감을 구현하라!

【선공 2년】진(晉)나라 영공(靈公)은 도무지 임금답지 않았다. 그는 세금을 과도하게 걷어 궁궐의 담벼락을 화려하게 꾸몄고, 궁전 누각에 올라 길 가는 사람에게 화살을 쏘고는 그것을 피해 가는 사람들의 모습을 보며 즐겼다.

하루는 궁중의 주방장이 곰 발바닥을 잘 익지 않은 상태로 삶아 올리자 그를 죽이고는 시체를 삼태기에 담아 궁녀들더러 끌고 조정을 가로질러 가게 했다. 마침 조돈과 사계가 그 곁을 지나다 삼태기 밖으로 나온 주방장의 손을 보고는 그 까닭을 물었다. 조돈은 답변을 들은 후에 매우 우려하면서 간하러 들어가고자 했다. 이에 사계가 말했다. "우리 둘이 같이 간언을 올렸는데 받아들이지 않을 경우 이어서 간언할 사람이 없습니다. 제가 먼저 들어가겠습니다. 저의 간언이 받아들여지지 않으면 그대께서 뒤이어 간언해 주십시오." 그리고 난 후 사계는 간언을 올리고자 들어갔지만 세 번째가 되어서야 궁궐 처마 밑에서 빗물을 피하고 있던 영공을 만날 수 있었다. 영공은 그를 피할 수 없게 되자 쳐다보며 말했다. "나는 이미 내 잘못을 잘 알고 있소이다. 앞으로 고치도록 하지요."(중략) 그러나 영공은 자신의 잘못을 고치지 않았다. 이에 조돈은 자주 간언을 올렸고 영공은 그를 싫어했다. 영공은 역사(力士)인 서예에게 조돈을 죽이라고 했다. 새벽에 서예가 조돈의 집으로 가서 보니 조돈의 방문이 열려 있었다. 그는 관복을 단정하게 차려 입고 입궐을 준비하고 있었다. 그러나 아직 일렀는지 가만히 눈을 감고 앉아 있었다. 이를 본 서예는 물러나며 탄식했다. "군주에게 공경해야 함을 집에서도 잊지 아니하니, 역시 민지주(民之主, 곧 집정)답다. 민지주를 죽이는 것은 충성스럽지 못한 행위다. 그렇다고 임금의 명령을 저버리는 것 또한 미덥지 못한 행위다. 이 중에서 한 가지를 범하는 것은 차라리 죽는 것만 못하다." 마침내 홰나무에 머리를 찧어 자결했다.

그해 가을 9월, 진나라 영공이 조돈을 궁중의 연회에 초청했다. 그는 무장한 병사를 숨겨 둔 뒤 조돈을 연회에 초대해서 그를 죽이려 했다. 그런데 조돈의 호위 무사인 시미명이 이를 알아차리고는 단상으로 얼른 뛰어올라 말했다. "임금이 주최하는 연회에서 신하가 석 잔 이상을 마시면 이는 예에 어긋납니다." 그러고는 조돈을 부축해서 내려왔다. 이에 영공이 맹견을 풀어 덤비게 했지만 시미명이 때려 죽였다. 이때 조돈이 말했다.

"인재를 버리고 개를 부리니 사납다 한들 어디에 쓰리오!" 조돈은 싸우며 빠져나왔고 시미명은 죽었다.

역사책에 담을 수 있는 내용과 표현의 한도는 어디까지일까? 흔히들 역사는 냉철한 태도로 과거의 사건을 있는 그대로 객관적이고도 이성적인 필치에 담아야 한다고 여기고 있다. 이런 통념에 비추어 본다면 앞의 기사는 역사라기보다는 소설에 가깝다.

이 기사는 "선공 2년 가을, 9월 을축일에 조돈이 영공을 시해했다."라고만 되어 있는 《춘추》 원문에 붙은 《좌전》의 해설이다. 《춘추》에는 그가 왜 영공을 죽이고자 했는지, 또 어떻게 죽였는지에 대해서는 한마디도 나와 있지 않다. 그런데 《춘추》보다 얼마 뒤에 나온 《좌전》에는 조돈과 사계의 대화에서부터 호위 무사 시미명의 발언까지 자세하게 실려 있다. 게다가 영공의 명령을 받고 조돈을 죽이러 간 암살자의 심리가 직접 인용으로 묘사되어 있고 암살자가 마음속으로 혼자 판단한 내용까지도 언급되어 있다.

이는 사관이 밀착 취재를 했더라도 절대로 알 수 없는 것들이기에 조돈 이야기를 '사실'이라기보다는 '허구'라고 단정해도 할 말이 없는 대목이다. 그럼에도 한자 문화권의 대표적인 역사서인 《좌전》에는 이런 식의 서술이 곳곳에 실려 있다.

통념상 사실의 기록을 본성으로 삼는 역사서에 허구가 대거 끼어

들었다는 점은 역사서의 신뢰도를 떨어뜨리는 요인이 된다. 그러나 이는 어디까지나 역사를 보는 하나의 관점에 불과하다. 따지고 들어가면 무엇을 사실이라고 할 것이며 어떻게 쓰는 것이 사실적인 기록인지에 대해 '합의'하는 것은 불가능에 가깝다.

비슷한 예로 종교인들은 자신이 믿는 종교의 경전에 쓰인 것을 모두 사실이라고 믿지만, 그 종교를 믿지 않는 이는 사실이 아니라고 주장하는 것이 현실이다. 따라서 과거의 '사실'을 '있는 그대로' 쓰는 것이 역사의 본성이라는 관점은 진리라기보다는 '주장'에 가깝다.

한자 문화권에서 역사책을 쓰는 이유는 과거의 사실을 있는 그대로 기록하기 위함이 아니었다. 역사가는 과거의 사실을 기록하는 방식을 통해 자신의 주장이나 견해를 전개하고자 했다. 과거에 이러저러한 사실이 있었다는 점을 연표를 구성하는 식으로 기억하는 것보다는 그러한 사실들로부터 끌어낸 바를 삶이라는 구체적인 맥락에서 어떻게 활용할 것인가가 이들의 주요 관심사였다.

《좌전》의 저자도 마찬가지였다. 그에게는 실제 상황과 한 치의 오차도 없이 정확히 기록하느냐가 주된 관심사가 아니었다. 그보다는 사건의 경위를 얼마나 생동감 있게 전달하는가의 문제가 더 큰 관심사였다. '머리'가 아니라 '마음'으로 역사를 만났을 때 과거는 현실과 융합되어 '지금-여기'의 삶에서 지혜의 원천이 될 수 있다고 여겼기 때문이다.

조돈의 이야기처럼 역사적 인물의 말을 직접 인용의 형태로 기록하고 그들의 속마음과 심리 묘사를 태연하게 덧붙인 것은 이러한 역사 기록의 목표를 효과적으로 달성하기 위한 서술 전략이었다. 사실 그대로의 기록보다는 역사적 사건을 생동감 있게 재현함으로써 독자의 삶에 그 사건을 현재화하는 것, 이를 위해 문학적 허구를 과감히 활용했던 것이다. 그러나 이는 단순히 저자의 주관적 상상에 의해 가공된 허구가 아니라 사건에 대한 독자의 정확한 이해를 돕기 위해 구성된 '살아 있는' 허구였다.

단지 나열에 불과한, 생기가 메마른 역사적 사건은 이러한 서술 전략 아래서 생동감 있는 기록으로 거듭날 수 있었다. 그 결과 독자들은 옛날의 사건이 생생하게 재현된 《좌전》을 읽으면서 당시의 맥락을 실감나게 체험하게 된다. 이것이 《좌전》이 오늘날까지도 고전으로 읽히는 까닭 가운데 하나다.

3. 인의 조건 : 문무를 겸비한다는 것의 의미

【선공 4년】초나라 사람이 정나라 영공(靈公)에게 진귀한 음식인 커다란 자라를 바쳤다. 마침 공자 송이 자가(공자 귀생)와 함께 영공을 알현하고자 했다. 이때 공자 송의 식지가 저절로 떨리자 공자 송은 이를 자가에게 보이며 말했다. "일전에 내 식지가 이렇게 떨린 적이 있었습니다. 반드시 별미를 맛보게 될 것입니다." 알현하러 들어가니 요리사가 큰 자라의 배를 가르고 있었다. 공자 송과 자가는 이를 보고 서로 웃었다. 정공이 그 까닭을 묻자 자가가 지금까지 나눈 이야기를 아뢰었다.

정나라 영공이 드디어 대부들을 불러서 큰 자라를 함께 먹었다. 그런데 공자 송에게는 일부러 주지 않았다. 이에 공자 송이 분노해서 주방으로 가 솥에 손을 넣어 자라 고기를 꺼내 먹은 다음에 나가 버렸다. 정나라 영공이 이를 듣고 노해서 공자 송을 죽이고자 했다. 이에 공자 송이 자가에게 먼저 조치를 취하자고 모의했다. 그러자 자가가 말했다. "가축도 늙으면 죽이기를 꺼려하는데 하물며 군주를 어찌 죽일 수 있겠습니까?" 이에 공자 송은 자가가 모반을 일으키려 한다면서 모함했다. 두려워진 자가는 공자 송을 좇기로 했다.

여름, 이들은 영공을 시해했다. 이에 《춘추》는 이렇게 썼다. "정나라의 공자 귀생이 자신의 군주인 이(夷)를 시해했다." 이는 자가의 권세가 공자 송의 행위를 말리는 데에 부족했기 때문이다. 이를 두고 군자가 평했다. "어질면서[仁] 이를 실현할 힘[무(武)]을 지니지 못하게 되면 일을 이룰 수 없게 된다." 무릇 신하가 군주를 시해했는데 군주의 이름을 쓴 것은 군주가 무도했기 때문이다. 신하의 이름을 쓴 것은 신하에게 죄가 있기 때문이다.

이 기사에 나와 있는 군자의 평가를 직역해 보자. "'인(仁)'하면서도 '무(武)'하지 않으면 일을 성취할 수 없다!"

일반적으로 '인(仁)' 자는 우리말로는 '어질다' 정도로 풀이되고 영어로는 'gentle'이나 'benevolent', 'kindhearted', 'considerate' 등으로 풀이된다. 한자 문화권에서는 명쾌하게 개념 규정을 하는 관습이 드물었던 까닭에 사람들은 '인'을 실현하고 있다고 여기는 사람을 묘사함으로써 '인'의 의미를 터득하곤 했다. 앞의 '온화하다', '자비롭다', '친절하다', '사려 깊다' 등은 '인'한 사람의 속성으로, '인'은 이러한 제반 속성이 융합된 그 무엇(이를 여기서는 '어짊'이라고 칭하기로 한다.)을 지시한다.

'무(武)' 자는 창이란 뜻의 '과(戈)' 자와 그치다라는 뜻의 '지(止)' 자의 합성어로 "전쟁을 그치게 하다."라는 뜻이다. 아이러니한 사실은 창으로 대변되는 전쟁을 그치게 하려면 또 다른 힘이 필요하다는 것이다. 그것이 전투력이든 외교력이든 또는 경제력이든 간에 한창 충돌 중인 무력 사용을 멈추게 하려면 그렇게 할 수 있는 힘이 필요하다.

'무' 자는 바로 그러한 힘을 가리킨다. 그것은 목적하는 바를 실현할 수 있는 역량, 곧 현실에 투입되어 실제적인 힘으로 전화될 수 있는 역량을 뜻한다. '불무(不武)'는 '무'의 부정형으로 목적하는 바를 실현할 수 있는 역량의 미비를 의미한다. 따라서 앞의 군자의 평가는 이렇게 해석된다. "어질면서 이를 실현할 수 있는 힘이 없으면 일을 성사시킬 수 없다!"

언뜻 보면 아무런 모순이 없는 발언인 듯하다. 그러나 이 진술은 모순이다. 사고 실험을 한 가지만 해 보자. 만약 공자가 내면적으로는 어진 속성을 갖췄지만 그것을 밖으로 전혀 드러내지 않았다면 곧 '어질게 행동하지 않는다면' 제자들이 그가 어진지 아닌지를 과연 알 수 있었을까? 정의가 무엇인지 알아도 정의롭게 행동하지 않는 것처럼 사람은 머리로만 알고 몸으로는 실천하지 않을 수 있는 존재다.

어떤 이가 '어짊'에 해당하는 속성들을 갖췄지만 이를 겉으로 전혀 드러내지 않는다면 다른 이들은 그가 어진지 아닌지를 전혀 알 수 없게 된다. '어질다'라는 평가를 내리려면 어짊에 해당하는 제반 속성이 외적으로 발현되는 것을 보면서 그가 그것들을 구비했다는 사실을 확인해야 비로소 가능해진다. 따라서 역으로 구현되지 않는 어짊은 어짊이 아니게 된다.

"어질면서 이를 실현할 수 있는 힘이 없으면 일을 성사시킬 수 없다."는 평가가 모순인 까닭이 여기에 있다. 실현할 수 있는 힘이 없으면 어짊은 겉으로 구현되지 못할 것이고 겉으로 구현되지 않았으면 '어질면서'라는 진술을 할 수 없게 된다. 곧 '어질다'라는 진술은 그것의 실현 능력인 '무'가 앞서 충족되어야만 비로소 가능해진다.

이렇게 '무'가 '인'의 필요조건이 되는 관계가 한자 문화권 최고의 경지로 치는 '문무(文武)'가 겸비되는 상태다. 통념상 '인' 자가 환기하는 덕목과 '무' 자가 환기하는 덕목이 사뭇 다른 것처럼 인식되지만 실은 이 둘은 이처럼 상호 보완적인 관계를 맺고 있었다.

하여 공자도 "어진 자는 반드시 용맹함[勇]을 지녔다.(《논어》〈헌문(憲問)〉)"고 단언했다. '무' 자가 용맹하다는 뜻으로도 쓰이듯이 '용맹함[勇]'이라는 덕목은 단순히 힘만 센 것을 뜻하는 것이 아니다. 문공 2년 조에서 "의롭지 못하게 죽는 것은 용맹함이 아니다."라고 하고 또 애공 16년 조에서 "의를 따르는 것을 용맹함이라 한다."라고 했듯이 용맹함이란, 의로움을 행할 수 있는 능력을 의미한다. 곧 내면적인 덕목을 바깥으로 구현할 수 있는 능력을 가리킨다.

어짊[仁]은 유가가 내세운 최고의 덕목이다. 공자는 《논어》에서 100여 차례나 어짊에 관해 언급했고 성리학을 집대성한 주희는 어짊을 우주 만물의 섭리[천리(天理)]라고 단정하기도 했다. 따라서 문무를 겸비했다는 말은 단순히 문관이 될 수 있는 능력과 무장이 될 수 있는 능력을 동시에 지녔다는 것만을 의미하지 않는다. 그것은 유가 최고의 덕목인 어짊은 '무'나 '용'이 대변하는 능력을 먼저 또는 동시에 갖춰야 함을 의미한다.

'문무겸비'는 이처럼 유가 최고의 경지를 실현할 수 있는 능력, 곧 어짊의 속성에 대한 지식과 그것을 실현할 수 있는 능력을 동시에 지닌 상태를 의미했다.

4. 말[馬]보다도 못했던 소국의 처지

【선공 10년】등(滕)나라가 북방의 강국 진(晉)나라를 믿고 송나라를 섬기지 않았다. 6월, 송나라의 군대가 등나라를 쳤다.

【선공 11년】봄, 초나라의 장왕(莊王)이 정나라를 침공해 역 땅에 이르렀다. 대부 자량이 아뢰었다. "진(晉)나라와 초나라가 덕을 쌓는 데에 힘쓰지 않고 무력 다툼만 하고 있으니 우리는 그중 쳐들어오는 자에게 잘하기만 하면 됩니다. 진나라와 초나라가 신의를 지키지 않으니 우리가 누군들 믿을 수 있겠습니까?" 그러고는 초나라를 좇았다. 여름, 초나라가 진릉에서 제후들과 맹약을 맺자 소국인 진(陳)나라와 정나라가 초나라를 받들었다.

《좌전》은 소국이 살아남기 위해 벌였던 처절한 몸부림의 흔적이라고 해도 과언이 아니다. 논자들의 비판처럼 《좌전》에는 힘의 논리를 추구했던 춘추 시대 패자들에 관한 내용이 많다. 그런데 이 말을 뒤집으면 소국에 대한 내용도 그만큼 많다는 것이 된다. 대국들은 중원의 패권을 쥐기 위해서 서로 경쟁하는 한편, 국제 정세를 자신에게 유리하게 만들기 위해 끊임없이 소국을 관리하고 또 정리하고자 했기 때문이다.

《좌전》에는 3개의 진나라가 등장한다. 그중 두 나라는 강대국이었고 하나는 소국이었다. 북방의 진(晉)나라와 서방의 진(秦)나라는 중원의 패자를 배출했던 강대국이고 앞의 기사에 나오는 진(陳)나라는 송나라나 정나라와 같은 급의 소국이었다.

춘추 시대는 소국이 끊임없이 사라졌던 시절이었다. 앞서 언급했듯이 길어야 260년 정도 지속된 춘추 시대에 모두 52개의 제후국이 사라졌다. 5년에 한 나라씩 망한 셈인데 망할 때까지 최소 수차례에 걸친 침략이 행해졌음을 감안한다면 약소국이 겪은 곤혹이 어느 정도인지는 짐작하고도 남는다.

【선공 원년】송나라의 대부들이 소공(昭公)을 시해하자 진(晉)나라의 순림보가 제후들의 연합군을 이끌고 송나라를 정벌했다. 이에 송나라는 진(晉)나라와 강화를 하고 송나라 문공(文公)이 진(晉)나라에 가서 맹약을 맺

었다. 진(晉)나라는 제후들을 호에 불러 모아 노나라를 구원하기 위해 제나라를 토벌하려고 했다. 그러나 제나라가 보낸 뇌물을 받고는 모두 군대를 그냥 돌려 돌아갔다. 이에 정나라의 목공(穆公)이 말했다. "진(晉)나라와 함께할 수는 없겠구나." 그러고는 초나라와 맹약을 맺었다. 소국 진(陳)나라의 공공(共公)이 서거했는데, 초나라가 문상의 예를 갖추지 않았다. 이에 소국 진나라의 영공(靈公)은 진(晉)나라와 맹약을 맺었다.

소국 진나라는 북방의 강국 진나라와 남방의 강국 초나라 사이에서 끊임없이 줄타기를 할 수밖에 없는 처지였다. 강국과 맹약하지 않으면 언제 사라질지 모르는 것이 소국의 처지였다. 문제는 강국이 하나가 아니라 여럿이었다는 점이다. 북방과 남방뿐 아니라 서방에도 진이라는 강국이 있었고 동방에는 제라고 하는 강국이 있었다.

이들 네 강대국이 동서남북에 있다 보니 결국 소국은 이 네 나라 사이에 낀 형국이 되었다. 따라서 소국은 여러 대국의 눈치를 보면서 그중 가장 유리한 길을 선택해야 했다. 자칫 잘못해서 두 강대국으로부터 동시에 미움을 받으면 망할 수밖에 없는 것이 소국의 현실이었다.

【양공 10년】 위나라의 헌공(獻公)이 송나라를 구원하고자 양우에 군대를

주둔시켰다. 그러자 정나라의 자전이 말했다. "반드시 위나라를 쳐야 합니다. 그렇게 행동하지 않으면 이는 초나라 편을 들지 않는 것이 됩니다. 북방의 진나라에도 죄를 지은 마당에 초나라 편마저 안 든다면 이 나라가 장차 어떻게 되겠습니까?"

이에 자사가 말했다. "그렇게 하면 나라가 곤경에 처할 것입니다." 자전이 말했다. "두 강대국에게 죄를 지으면 반드시 망합니다. 곤경에 처하는 것이 망하는 것보다 훨씬 나을 것입니다." 모든 대부도 자전의 말에 동의했다. 그래서 정나라의 대부 황이가 군대를 이끌고 위나라를 쳤으니 이는 초나라의 명령을 따른 것이었다.

결국 소국은 강대국의 그늘 아래에 있어야 연명할 수 있었다. 이는 어떻게 해도 항상 곤란한 처지에 놓일 수밖에 없었던 상황에서 생존을 위한 어쩔 수 없는 선택이었다. 그렇다 보니 대국은 항상 소국들 위에 군림하게 되었고 소국은 이를 해소할 현실적인 방안이 없었다.

노나라는 소국 가운데 비교적 큰 나라였음에도 이웃의 강대국인 제나라의 횡포에 속수무책이었다. 환공 18년 조에는 제나라 경공(景公)이 보낸 자객에 의해 노나라 환공이 시해됐지만 노나라는 대국인 제나라를 어찌지 못하고 단지 살해한 이를 죽여 달라고 간청하고 마는 소국의 초라한 현실이 언급되어 있다.

제나라 경공은 자신의 누이인 문강을 노나라 환공에게 시집보낸 뒤에도 빌미를 만들어 사통했고 노나라 환공이 이를 눈치채자 자객을 보내 죽인 것이다. 또한 대국은 마음만 먹으면 소국의 제후를 맘대로 바꿀 수 있었다. 그럼에도 소국은 대국에게 약조한 공물을 진상해야 했고 이를 이행치 않을 경우 대국은 거리낌 없이 소국을 정벌했다. 따라서 소국으로서는 자만이나 오판을 해서는 절대 안 됐다.

【희공 12년】황(黃)나라 대부들이 제후가 제나라와 화목하게 지내는 것을 빌미로 초나라에 공물을 바치지 않고는 "우리 황나라는 초나라 수도인 영으로부터 구백 리나 떨어져 있다. 초나라가 우리를 어찌 해할 수 있겠는가?"라고 했다. 이해 여름, 초나라가 황나라를 멸망시켰다.

국제 정세를 이용하려다 오히려 멸국의 화를 당한 소국의 이야기다. 때로는 소국의 제후들이 바치는 진상품을 탐욕스럽게 밝히는 대국의 대부들도 존재했다. 대국의 대부가 지닌 힘이 소국의 제후가 지닌 힘보다 컸던 것이다. 하여 소국의 제후는 대국의 대부들 눈치까지 봐야 하는 비참한 처지였다.

【정공 3년】채(蔡)나라의 소공(昭公)이 패옥 두 쌍과 갖옷 두 벌을 마련해 초나라로 가서 패옥 한 쌍과 갖옷 한 벌을 초나라 소왕(昭王)에게 바쳤다. 소

왕이 이를 착용하고서 채나라의 소공에게 연회를 베풀었다. 당시 채나라 소공도 나머지 한 쌍과 한 벌을 착용하고 있었다. 이를 본 초나라의 영윤 자상이 그것을 갖고 싶어 했으나 채나라 소공은 주지 않았다. 이로 인해 자상은 채나라 소공을 3년 동안 억류했다.

당(唐)나라의 성공(成公)이 초나라에 왔다. 그는 명마인 숙상마 두 필을 갖고 왔는데 자상이 또 욕심을 부렸고 당나라 성공이 주지 않자 그 또한 3년 동안 억류했다. 이에 당나라 사람들이 계책을 논의한 후 초나라에 당나라 성공의 종자를 교대하겠다고 청했다.

초나라가 허락하자 교대하러 간 종자들이 먼저 있던 종자들에게 술을 먹여 취하게 한 후 숙상마를 훔쳐 자상에게 바치게 했다. 그러자 자상은 당나라 성공을 돌려보냈다.

남방의 대국 초나라의 영윤(재상에 해당하는 벼슬) 자상은 욕심이 많아 소국에서 자신의 군주에게 바친 진상품과 같은 것을 자신에게 주지 않는다는 이유로 소국의 제후를 억류한다. 이에 소국의 대부들이 원하는 것을 주며 억류에서 풀어 줄 것을 청한다.

그런데 이렇게 풀려난 소국의 제후가 할 수 있는 일은 또 다른 강국인 북방의 진나라에 가서 초나라를 혼내 달라고 청하는 정도였다. 그야말로 '말[마(馬)]만도 못한' 소국의 처지가 생동감 있게 드러나 있다.

그럼에도 춘추 시대가 가고 전국 시대 중엽에 이르기까지 망하지 않고 살아남은 소국이 꽤 되었다. 이러한 사실은 앞서 말한 비참하고 애처로운 소국의 처지로 보건대 다소 의외라 할 수 있다. 이는 소국의 역량이 나름대로 강했다거나 대국의 힘이 부족했기 때문은 아니었다.

소국은 대국들의 이익이 첨예하게 부딪혀 결국 서로 망하게 되는 최악의 상황을 예방하기 위한 일종의 완충 지대 역할을 수행했다. 물론 이는 소국이 원해서 그렇게 된 것은 결코 아니었다.

【애공 7년】 노나라의 실권자 계강자가 소국 주(邾)나라를 치고자 해서 대부들과 연회를 하며 이에 대해 논의했다. 이에 자복경백이 말했다. "작은 나라가 큰 나라를 섬기는 까닭은 믿음 때문이요, 큰 나라가 작은 나라를 보호하는 것은 어짊 때문입니다. 큰 나라를 배신하는 것은 미덥지 않은 일이요, 작은 나라를 치는 것은 어질지 못한 일입니다. 백성은 성곽 덕분에 보호되고 성곽은 덕으로 인해 보호됩니다. 이 두 가지 덕을 잃으면 위태로워질 터인데 장차 무엇에 의지해 보호함을 받으시려고 합니까?"
그러자 맹손이 말했다. "다른 분들은 어떻게 생각하십니까? 옳다면야 어찌 받아들이지 않겠습니까?" 이에 한 대부가 대답했다. "우임금이 도산에서 제후를 모았을 때 귀속하고자 하는 뜻을 표하는 옥백(玉帛, 옥과 비단)을 들고 온 경우가 만여 나라에 이르렀습니다. 그중 지금 남아 있는 자는 수

십에 불과하니 큰 나라가 작은 나라를 자비롭게 대하지 않았고 작은 나라가 큰 나라를 섬기지 않았기 때문입니다. 위험하다는 것을 분명히 알면서도 어찌해 말씀을 안 하시는 겁니까? 우리 노나라의 덕이 주나라에 비해 나을 것이 없는데도 군사를 이끌고 가서 침입하는 것이 합당한 일이겠습니까?" 이에 모두 즐겁지 않은 심정으로 흩어졌다.

큰 나라와 작은 나라가 '믿음[신(信)]'이나 '어짊[인(仁)]'과 같은 덕목을 매개로 공존을 모색하는 예는 《좌전》의 곳곳에 나와 있다. 이는 믿음이나 어짊 같은 덕목을 국제적 차원에서 실현해야 한다는 신념의 구현이 결코 아니었다. 어디까지나 공멸을 방지하자는 취지에서 마련된 강대국들의 공감 결과로 생긴 현상이었다. 덕분에 소국의 숨통이 트였다. 경쟁하는 강대국들 사이의 완충 지대로서 존재한다는 점을 잘만 이용하면 대국으로의 발돋움은 불가능해도 '강소국' 정도는 달성할 수도 있었기 때문이다. 이 점에 관해서는 '제9장 양공'에서 자세히 살펴보기로 한다.

제8장

성공 成公

기원전 590년~기원전 573년

묵자(墨子) 제자백가의 한 사람으로 성은 묵(墨), 이름은 적(翟)이다. 묵가의 시조로, 유가에게 배웠으나 차별 없는 사랑인 '겸애(兼愛)'를 설파하고 평화론을 주장해 유가와 견줄 만한 학파를 이루었다. 그의 학설은 자신과 후학들의 글이 담긴 《묵자(墨子)》에 실려 있다.

순자(荀子) 맹자와 함께 전국 시대 유가를 대표하는 철인이자 정치가. 당시 중원 최고의 학자로, 공자의 덕치를 기반으로 법가가 주장한 법치의 장점을 일부 수용한 예치를 주장함으로써, 통일된 중원의 청사진을 제시했다. 남송 시기 주희가 성리학을 집대성할 무렵까지 천 수백 년간 유가의 정통의 지위를 점해 왔다.

진(晉)나라 도공(悼公) 진나라의 중흥을 일궈 내어 문공(文公) 이후 진나라 출신으로는 두 번째로 패업을 이뤘던 인물. 위민 사상을 실천하고 공평무사하게 제도를 운용했으며, 능력 있는 인사를 중용함으로써 전통의 강국인 초나라와 서쪽 진(秦)나라가 연합해도 감당치 못할 정도의 부국강병을 이뤄 냈다.

1. 의로움과 이로움

【성공 2년】 신축 사람 중숙우해가 위나라의 대부 손환자를 구해 줘서 손 환자는 위기에서 벗어날 수 있었다. 얼마 뒤 위나라의 목공(穆公)이 중숙 우해에게 상으로 봉토를 내렸는데 중숙우해는 이를 사양했다. 대신 제후 만 사용할 수 있는 악기인 곡현(曲縣)과 말 장식인 번영(繁纓)을 내려 달라 고 청했고 천자를 알현할 수 있게 해 달라고 청했다. 그러자 위나라 목공 이 이를 허락했다.

공자가 이 소식을 듣고는 다음과 같이 말했다. "애석한 일이다. 차라리 봉토를 그에게 많이 주는 것이 나을 뻔했다. 곡현·번영과 같은 예기(禮器)*와 제후·대부와 같은 칭호는 다른 사람이 대신할 수 있는 것이 아니라 오로지 천자만이 내릴 수 있는 것이다. 명분으로 신뢰를 구축하고 신뢰로 예기를 준수하며 예기로 예를 간직한다. 예로써 의로움[義]을 행하고 의로움으로 이로움을 창출하며 이로움으로 백성을 평안케 한다. 이것이 정치의 핵심적인 관건이다. 만약 예기와 칭호를 다른 이더러 대신하게 한다면 이는 그 사람에게 정사를 넘기는 것이다. 정사를 망치면 나라도 망치게 되는 것을 막을 수 없게 될 따름이다."

> * 예기(禮器) : 봉건제 아래서는 '천자-제후-경대부-사'로 이뤄진 신분 질서에 따라 복색과 같은 의례나 생활용품과 같은 기물이 각기 다르게 규정되었고, 각 계층은 자신의 신분에 맞는 의례와 기물을 사용해야 했다. 예기는 이렇게 신분을 나타내는 의례와 기물을 가리킨다.

이 기사의 핵심은 "명분으로 신뢰를 구축하고 신뢰로 예기를 준수하며 예기로 예를 간직한다. 예로써 의로움을 행하고 의로움으로 이로움을 창출하며 이로움으로 백성을 평안케 한다. 이것이 정치의 핵심적인 관건이다."라는 진술이다.

여기서 명분은 이름값을 말한다. 이름은 저마다 지니고 있는 성명만을 뜻하지 않는다. 우리가 사물 하나하나에 붙인 것도 이름이고 추상적인 현상을 가리키는 말도 이름이다. 어느 순간 내게 누군가가 몹시 그립고 보고 싶은 마음이 들면 우리는 이를 두고 사랑이라고 부른다. 역으로 사랑이란 이름은 그리워하며 보고 싶은 마음을 가리킨다. 이처럼 컴퓨터나 책상도 이름이고 우정이나 정의도 이름이다. 같은 이유에서 임금이나 신하도 이름이고 어버이나 자식과 같은 사회적 역할과 관련된 말들도 다 이름이다. 그 각각이 '전통 시기의 최고 통치자', '임금을 모시고 정치를 하는 이', '자식을 낳고 기르는 이', '마땅히 어버이를 봉양해야 하는 아들 또는 딸'과 같은 내용을 칭할 때 사용되기 때문이다.

이름값이라는 것은 그 이름이 가리키는 바의 내용을 말한다. 임금의 이름값은 최고 통치자와 관련된 내용을 말하고 어버이의 이름값은 자녀를 낳고 양육하는 일과 관련된 내용 전체를 말한다. 앞의 "명분으로 신뢰를 구축한다."는 말은 이름마다 그 이름값을 분명하게 규정함으로써 사회적 신뢰의 토대를 구축한다는 뜻이다. 임금의 이름값을 분명히 한다는 것은 임금이 할 일과 해서는 안 될 일을 명확하게 규정한다는 것이요, 신하의 이름값을 분명히 한다는 것은 신하가 해야 할 일과 그렇지 않은 일을 명확하게 규정한다는 것이다.

이렇게 사회적 역할에 따라 할 수 있는 일의 한계가 분명해지면 일종의 사회적 안정망이 구축된다. 신하는 자신과 임금 그리고 백성이 할 수 있는 일의 한도를 정확하게 알 수 있기 때문에 안심하고 정사에 임할 수 있게 되고 임금이나 백성도 마찬가지로 안심하고 자신에게 부여된 역할에 충실할 수 있게 된다.

특히 어버이가 이랬다저랬다 하면 자녀들이 불안해지는 것처럼, 임금에 대해 상대적 약자인 신하나, 이들에 대해 상대적 약자인 백성의 경우는 강자들의 권한이 명확하게 규정되어야 안심한다. 그래야지만 미래에 대한 예측이 가능해지며, 그것이 가능해야 현재의 삶에 충실할 수 있다. 이런 면에서 이름값을 분명히 하는 것[이를 공자는 '정명(正名)'이라 불렀다.]은 사회적 안정 실현의 초석이 된다.

예기는 사회적 신분을 나타내는 각종 기물과 의례를 말한다. 사회적 신분을 표시하는 깃발이나 장식품부터 신분에 따른 복식의 구분, 동일 대상에 대한 상이한 낱말 사용에 이르기까지 예기는 생활 세계 전반에 촘촘하게 깔린, 사회 질서를 구현하고 유지하는 실제적인 도구였다.

"신뢰로 예기를 준수한다."라는 말은 예기로 표현되는 사회적 질서를 준수한다는 뜻이고 이를 위해서는 사회적 신뢰의 구축이 선행돼야 한다는 의미다. 봉건제를 지탱했던 예법 질서는 성문화된 법조문과 체계화된 사법 제도에 의해서가 아니라 학식 있는 개개인의 고양된 의식과 교양에 의지해서 구현되기에 사회적 신뢰가 먼저 구축되어야 했다.

이렇게 사회적 신뢰를 바탕으로 예기가 표상하는 예법 질서를 준수하게 되면 자연스럽게 "예기로 예를 간직"할 수 있게 된다. 예컨대 '제1장 은공'에서 설명한 '팔일무─육일무─사일무─이일무'와 같은 예기를 접하면 '천자─제후─경대부─사'로 구성된 신분 질서를 떠올리게 된다. 곧 모든 예기에는 그와 대응되는 예가 담겨 있었다.

다음으로 "예로써 의로움을 행하고 의로움으로 이로움을 창출하며 이로움으로 백성을 평안케 한다."라는 말을 살펴보자. 예로써 의로움을 행한다는 말은 어렵지 않게 이해할 수 있다. 예가 사회 질서를 구현하고 유지하는 도구인 한 예는 '구분 짓고 분별'할 수밖에 없게 된다. 그런데 뭔가를 구분 짓고 분별하려면 기준이 필요하며 그 기준의 핵심은 공평무사함이어야 한다. 의로움이란 이러한 공평무사함을 말한다.

따라서 의로움을 행하게 되면 어느 한 개인이나 특정 계층이 특혜를 받거나 특권을 누리지 못하게 된다. "의로움으로 이로움을 창출한다."는 표현은 이를 말한다. 공평무사한 기준에 입각함으로써 구현되는 이로움이므로 이 또한 공평무사한 것이 된다. 곧 사적이지 않은 [무사(無私)] 이로움이 되니 결국 사회 전체가 공유하는 이익이 된다. 그러므로 의로움을 통해 창출된 이로움은 백성들을 평안케 하는 데에 바로 기여하게 된다.

물과 불은 기운은 있으나 생명이 없고, 풀과 나무는 생명은 있으나 지각이 없고, 새와 짐승은 지각은 있으나 의로움이 없다. 사람은 기운도 있고 생명도 있고 지각도 있고 의로움도 있다. 그래서 천하에서 가장 존귀한 것이다. 힘은 소만 못하고 달리기는 말만 못한데 소와 말은 어째서 사람에게 부림을 받는가? 그것은 사람들은 여럿이 힘을 합쳐 모여 살 수 있으나 소나 말은 여럿이 힘을 합쳐 모여 살 수 없기 때문이다. 사람은 어떻게 여럿이 힘을 합쳐 모여 살 수 있는가? 그것은 분별[분(分)]이 있기 때문이다. 그 분별은 어떻게 존재할 수 있는가? 그것은 의로움이 있기 때문이다. 그러므로 의로움으로써 사람들을 분별 지으면 화합하고, 화합하면 하나로 뭉치고, 하나로 뭉치면 힘이 많아지고, 힘이 많으면 강해지고, 강하면 만물을 이겨 낼 수가 있다. 그러므로 사계절의 질서를 따라 만물을 성장케 해서 온 천하를 함께 이롭게 하는 것은 다름 아니라 바로 분별과 의로움을 지니고 있기 때문이다.

—《순자(荀子)》〈왕제(王制)〉

'예와 의로움과 이로움의 삼위일체!' 순자는 자신이 유가 사상을 바탕으로 하여 실용을 추구했기 때문에 이와 같이 정리한 것이 결코 아니다. 유가는 기본적으로 이로움을 추구했다. 다만 이때의 이로움은 때맞춰 내리는 비가 만물을 이롭게 하는 것과 같은 이로움이다. 그래서 《좌전》의 저자는 "믿음으로써 예기를 준수하고", "시의에 맞게 예를 베풀며", "의로움으로 이로움을 창출"하는 것을 통치자가 갖춰야 하는 기본적인 덕목으로 꼽았으며, 이들 덕목을 충실히 구현해야 비로소 "상하가 화목하게 되고 물자의 흐름이 원활하게 되어 갖추어지지 않은 것이 없게 된다.(성공 16년 조)"고 믿었다.

"예의를 지키면 이윤이 발생한다."는 표현은 자본주의의 역사와 실제를 보건대 공허한 수사에 불과하다. 예나 의로움에 대해 우리가 지니고 있는 통념에 비추어 봐도 이 말은 그다지 호소력 있게 다가오지 않는다. 그러나 '이익'이라는 표현을 접했을 때 자본주의 체제에서 사는 우리와 옛날 유가들이 떠올린 것이 달랐던 듯하다. 똑같이 이로움을 추구했지만 한쪽은 주로 내 손에 쥐어지는 이윤을 따지고 다른 한쪽은 더불어 윤택케 되는 이로움을 따졌다. 어느 쪽이 인간다운 것일까? 그 영혼에 역사를 품은 존재로서의 인간다움 말이다.

2. '문학'으로서의 《춘추좌전》

【성공 2년】 계유일, 진(晉)나라와 제나라의 병사들이 안에서 진영을 세우고 대치했다. 대부 병하가 제나라 경공(景公)의 전차를 몰고 봉추보가 호위 무관이 되어 전차의 오른편에 탔다. 진나라의 대부 해장이 장군 극극의 전차를 몰고 정구완이 호위 무관이 되어 오른편에 탔다. 제나라 경공이 말했다. "내 잠시 저들을 쓸어버린 후에 아침을 먹겠다." 그러고는 말에 갑옷을 씌우지도 않고 달려 나갔다. 이때 장군 극극이 화살에 맞아 피가 신발까지 흘러내렸다. 그러나 쉬지 않고 북을 치다가 "부상을 당했다."고 말했다. 그러자 전차를 몰던 해장이 말했다. "싸움이 시작됐을 때 화살이 손과 팔꿈치 사이를 관통했지만 저는 화살대를 꺾어 버리고 계속 말을 몰았습니다. 상처에서 흐른 피가 왼쪽 수레바퀴를 붉게 물들였을 정도였지만 어찌 감히 부상을 당했다고 말하겠습니까? 장군께서

는 참으시기 바랍니다."

오른편에 있던 정구완도 말했다. "싸움이 시작된 이후로 험한 길이 있었다면 저는 틀림없이 내려서 전차를 밀었을 것입니다. 제가 그렇게 위험한 일을 자청해도 장군께서는 모르셨을 것입니다. 그럼에도 장군께서는 상처를 입었다고 하십니다." 해장이 다시 말했다. "우리 군사들의 이목은 이 전차에 꽂힌 깃발과 북소리에 집중되어 있기 때문에 그들의 진퇴는 깃발과 북소리에 의해 결정됩니다. 이 전차는 한 사람이라도 지키기만 하면 대사를 이룰 수 있습니다. 장군께서는 어찌해서 부상당했다는 이유로 군주의 대사를 그르치려 하십니까? 갑옷을 두르고 무기를 잡는다는 것은 본디 죽음에 임한다는 것입니다. 상처가 죽음에 이를 정도가 아니니 장군께서는 힘써 참아 보십시오."

말을 마치고 나서 해장은 왼손으론 고삐를 쥐고 오른손으론 북채를 짚고는 북을 울렸다. 그러자 타고 있던 말이 제지할 수 없을 정도로 짓쳐 나갔고 군사들이 이를 뒤쫓았다. 이에 제나라 군대가 크게 패했고 진나라가 이들을 쫓느라 화부주산을 세 차례나 돌았다.

당시 진나라 대부 한궐이 꿈을 꾸었는데 죽은 아버지 자여가 나타나 그에게 말하기를 "전차의 오른편과 왼편 자리 모두를 피하거라!"라고 했다. 그래서 전차의 중간에 앉아 전차를 몰면서 제나라 경공을 추격했다. 이때 제나라 경공의 전차를 몰던 대부 병하가 아뢰었다. "저 전차를 모는 이를 쏘십시오. 참다운 군자인 듯합니다." 그러자 제나라 경공이 말했다. "군자답다고 말하면서 그를 쏘라는 것은 예가 아니오." 그러고는 왼편에 있는 자를 쏘자 그는 전차 밑으로 굴러떨어졌다.

그리고 오른편에 있는 호위 무관을 쏘자 그는 전차에 쓰러져 죽었다. 이때 진나라 대부 기무장이 한궐에게 "태워 주십시오."라고 외쳤다. 기무장이 전차에 올라 오른편이나 왼편에 서려 하자 한궐이 팔을 뻗어 말린 후 자신의 뒤쪽에 서게 했다. 그런 다음 그는 허리를 숙여 호위 무관의 시체를 바르게 눕혀 주었다.

이때 봉추보와 제나라 경공은 서로 자리를 바꾸었다. 얼마 후 화천이란 곳에 이르렀을 때 전차 좌우의 바깥쪽 말들이 나무에 걸려 전차가 움직일 수 없게 되었다. 그런데 봉추보는 전날 덮개가 있는 전차에서 자다가 뱀이 전차 밑에서 기어오르는 것을 보고 팔로 치다가 뱀에게 물렸지만 이를 숨기고 있었다. 그래서 내려서 전차를 밀 수 없었다. 어느덧 한궐의 전차가 다 쫓아왔다.

한궐은 말을 넘어뜨리는 밧줄을 쥐고 말 앞에 서서 제나라 경공에게 재배하고 머리를 조아렸다. 이어 술잔과 구슬을 바치면서 아뢰었다. "저희 진(晉)나라의 군주이신 경공(景公)께서는 신료들을 시켜 노나라와 위나라를 위해 군주에게 철군을 요청해 보라고 했습니다. 그리고 분부하시기를 '군사들과 전차들이 제나라 땅으로 깊이 들어가지 말게 하라.'고 하셨습니다. 그러나 신은 불행하게도 군주의 전차와 만나게 되었고 제가 피해 숨을 곳도 없게 되었습니다. 제가 이 자리를 피해 도망가면 오히려 두 분

군주께 치욕이 될까 두렵습니다. 제가 외람되게도 무장의 직무를 맡았기에 저의 부족함을 삼가 고합니다. 과분한 직무를 맡았지만 맡은 바 직무를 다하도록 하겠습니다."

그러자 곁에 있던 봉추보는 한궐의 속뜻을 알아채고는 제나라 경공에게 내려서 화천으로 물을 마시러 가게끔 했다. 이때 제나라의 대부 정주보가 몰고 완패가 호위 무사로 있던 제나라 경공의 비상용 전차가 다가와 얼른 제나라 경공을 태우고 도망쳤다. 한궐이 봉추보를 잡아서 장군 극극에게 바치자 그는 봉추보를 죽이려 했다. 이에 한궐이 호소했다. "앞으로는 군주를 대신해서 환난을 떠맡을 자가 없을 것입니다. 여기에 그런 이가 있는데도 그를 죽이려 합니까?" 극극이 말했다. "어떤 어려움도 두려워하지 않고 죽음으로써 자신의 군주를 위험에서 구하고자 한 사람을 죽이는 것은 상서롭지 못하오. 그를 풀어 줌으로써 군주를 섬기는 이들에게 권하는 모범으로 삼고자 하오." 그러고는 그를 풀어 주었다.

제나라 경공은 위험에서 벗어난 후 봉추보를 구하고자 여러 번 진나라의 진영으로 공격해 들어갔다. 그리고 물러설 때에는 몸소 대오를 정비해서 회군하는 병력을 직접 이끌었다. 회군 과정에서 진나라와 연합한 오랑캐 적인의 진영을 통과하게 되자 적인의 병사들은 모두 창과 방패를 풀어 놓고 그를 비호했다. 또한 진나라와 연합한 위나라 진영을 통과하게 되자 위나라 군사들도 위험에서 벗어날 수 있게 그를 도왔다. 이에 제나라 경공은 서관을 거쳐 제나라의 도성으로 귀환할 수 있었다.

제나라 경공은 회군 중에 성곽을 수비하는 병사들에게 말했다. "힘을 다해 지켜라! 우리 제나라 군대가 패했다." 이때 한 여인이 길을 막고 서서 물었다. "군주께서는 위험에서 벗어나셨습니까?" "벗어났다." 재차 물었다. "무기를 관리하는 예사도(銳司徒) 직을 맡은 이도 벗어났습니까?" "벗어났다." 그러자 여인이 말했다. "군주와 제 부친이 위험에서 벗어났으니 다른 이들이야 어찌 돼도 괜찮습니다." 그러고는 도망쳐 버렸다. 제나라 경공은 이 여인이 군주의 안부부터 묻고 그다음에 부친의 안부를 묻는 것을 보고는 예의 바르다고 생각했다. 얼마 후 이 여인에 대해 탐문해서 그녀가 영루를 관리하는 벽사도 직을 맡은 군관의 부인임을 알았다. 제나라 경공은 그 여인에게 석류 땅을 상으로 주었다.

이 기사를 아무런 정보 없이, 다시 말해 《좌전》에서 뽑았다는 사실을 알려 주지 않고 읽고 어떤 유형의 글이냐고 묻는다면 역사보다는 문학이라는 답이 훨씬 많을 것이다. 그럴 정도로 이 기사는 문학적인 매력이 잔뜩 담겨 있는 역사 기록이다.

북방의 강국인 진나라와 동방의 강국인 제나라 사이에는 노나라나 위나라 같은 소국들이 있었다. 이들은 어느 한쪽의 공격을 받으면 다른 한쪽에게 구원을 요청하는 식으로 국가의 존립을 유지해 가곤 했다. 그렇다 보니 진나라와 제나라는 종종 대규모의 전투를 치를 수밖에 없었다. 앞의 기사는 그중 한 전투에 대한 내용이다.

주요 등장인물은 진나라의 장군 극극과 사마 벼슬을 하던 한궐 그리고 제나라의 제후 경공과 충신 봉추보다. 여기에 극극의 전차를 몰았던 해장과 호위 무사 정구완, 제나라 하위 관리의 아내인 무명의 여인 등이 조연으로 등장한다.

인물 설정이 제법 복잡하다고 할 만한데 이들은 몇 가지 연쇄적인 사건의 출연진으로 등장한다. 장군 극극과 제나라 경공은 노나라와 위나라에 대한 영향권 행사라는 국익을 놓고 벌어진 전쟁의 두 주인공이다. 《좌전》의 저자는 독자가 이 둘의 성품을 익히 알 수 있게끔 사건의 추이를 요령 있게 기록했다. 말하자면 하나는 용맹만 믿고 날뛰는 사람으로, 다른 하나는 그 용맹에 겁먹고 도망가려는 장수로 그리고 있다. 그러나 이 두 사람은 또 다른 등장인물인 한궐이나 해장 그리고 정구완과 봉추보를 통해 스스로를 반성하고 다시 거듭나는 역전극을 연출한다.

한궐은 꿈으로 죽을 위기를 모면했다는 일화로 등장한다. 그는 하늘의 계시대로 행함으로써 목숨을 건졌고 나아가 성급함 때문에 대사를 그르친 채 쫓기는 제나라 경공을 사로잡을 수 있는 기회를 잡았다. 그러나 국제 정세에 밝고 지모가 많았던 그는 강국인 제나라의 제후를 사로잡았을 때 감당해야 하는 부담이 만만치 않음을 너무나도 잘 알고 있었다. 하여 최선을 다하는 척하면서 제나라 경공의 도주를 조장했다. 이 대목에서 봉추보라는 제나라 경공의 신하가 주연급으로 격상된다. 그는 기민한 상황 판단과 과감한 추진력으로 제나라 경공을 사지에서 구출하고 대신 자신이 진나라의 포로가 된다.

일국의 군대를 통솔할 그릇이 못 됐던 진나라의 극극은 봉추보를 죽이려다 한궐의 간언을 듣고 그를 풀어 준다. 여기서 반전이 일어난다. 성급함으로 대사를 그르쳤던 제나라 경공이 갑자기 유능함을 발휘해서 봉추보를 구하고자 정성을 다한다. 그런 그의 모습에 제나라 군사는 물론이고 적군인 적인들과 위나라 군사들조차 감명을 받아 오히려 그를 도와주는 때 아닌 '휴머니즘'적인 사태가 발생한다.

그 결과 제나라 경공은 무사히 귀환할 수 있었다. 이렇게 기사가 갈무리되는 순간에 무명의 여인으로 인한 일화가 한 가지 더 삽입됨으로써, 회심(回心)한 제나라 경공을 한층 더 부각시키며 기사는 마무리된다.

《좌전》의 저자는 사건을 유기적으로 결합시키는 한편, 대화나 상황 묘사 등을 통해 극극, 제나라 경공, 한궐, 봉추보 등의 성품을 짐작할 수 있도록 기사 내용을 세심하게 구성했다. 여기에 피가 철철 흘러 전차를 붉게 물들일 정도였음에도 승리를 위해 헌신하는 전장의 비장감, 주군을 위해 살신성인하는 이의 숭고미, 정작 궁금한 것은 남편의 생사일 터인데 먼저 군주와 부친의 생사만을 묻고 도망쳐 버린 한 여인의 절절함 등이 정갈하게 섞여 있다.

하여 잘된 소설 한 편을 읽는 재미와 감회를 안겨 주니 이 정도면 꽤 잘된 전쟁 문학이라고 할 만하다. 《좌전》이 기원전 3, 4세기 무렵에 문자로 정착된 텍스트임을 감안한다면 말이다.

앞서 설명한 바와 같이 한자 문화권의 경우 역사 서술의 주요 전략이 과거의 사건을 생생하게 재현하는 데에 있었기 때문에 역사와 문학은 자연스럽게 결합되어 있었다. 그렇다고 《좌전》이 문학이라고 주장하는 것은 결코 아니다. 《좌전》이 2,000여 년간 전래되면서 때론 경서(經書)로 규정되고 때론 사서(史書)로도 규정되었으며, 전국 시대를 대표하는 문학적 글로도 꼽혀 온 데서 알 수 있듯이 《좌전》에는 문·사·철 모두가 융합되어 있다. 따라서 《좌전》에 앞의 기사와 비슷한 유형의 기사가 대거 실려 있는 것은 무척 자연스러운 현상이었다.

3. 판단의 근거

【성공 6년】 진(晉)나라의 난서가 정나라를 구원하고자 출병해 초나라의 군대와 요각에서 마주쳤다. 이에 초나라 군대가 철군했다. 그러나 진나라의 군대는 내친 김에 채나라를 침공했다. 그러자 초나라의 대부인 공자 신과 공자 성이 신현과 식현의 군대를 출병시켜 채나라를 구원하고자 상수에서 방어선을 쳤다.

진나라의 대부 조동과 조괄이 싸우고자 해서 난서에게 허락을 구하자 난서가 허락하려 했다. 이때 지장자와 범문자, 한헌자가 간했다. "안 됩니다. 우리는 정나라를 구원하러 왔다가 초나라 군대가 우리를 피해 돌아갔기 때문에 내친 김에 여기에까지 온 것입니다. 이는 살육 대상을 바꾼 것입니다. 그럼에도 살육을 멈추지 않으니 초나라 군사의 분노를 돋우게 되어 싸우면 결코 이길 수 없게 됩니다. 설사 이긴다고 해도 좋은 일은 아닙니다. 진나라 모든 군대가 나왔는데 초나라 신과 식 두 현의 군사를 깨뜨렸다고 해서 무슨 영광이 있겠습니까? 만약 깨뜨리지 못한다면 그 치욕이 무척 심할 터이니 철군함만 못합니다." 이에 난서는 철군하기로 했다.

이때 장수 가운데 싸우고자 하는 이들이 많았다. 그중 어떤 이가 난서에게 말했다. "성인은 대중이 원하는 바를 따름으로써 일을 성사시킨다고 하는데 왜 당신께서는 대중을 좇지 않으십니까? 그대는 정사를 책임진 대정(大政, 곧 집정)으로서 대중의 바람을 헤아리셔야 합니다. 그대의 보좌역 11명 중 싸우지 말자고 한 이는 세 사람뿐이니 싸우고자 하는 이가 더 많다고 할 수 있습니다. 《서경》에 '세 사람이 점을 친 후 두 사람에게 같은 점괘가 나오면 그를 따른다.'는 말이 있습니다. 이는 두 사람 쪽이 많기 때문입니다." 난서가 말했다. "좋은 선택은 대중을 따르는 것이다. 그런데 '좋다'는 것은 대중들이 주가 되는 것을 말한다. 지장자와 범문자, 한헌자는 삼경이고 삼경은 대중들의 주가 되므로 곧 대중이라고 할 수 있다. 그들을 따르는 것이 어찌 옳지 않겠는가?"

선택의 기로에 섰을 때 어떤 판단을 했는가는 역사 서술의 주 대상 가운데 하나다. 개인 차원이든 사회 차원이든 간에 인간의 삶 자체가 끊임없는 선택의 연속이기에 무엇을 근거로 하고 어떠한 판단을 내렸는가는 그 자체로 흥미진진한 역사일 수밖에 없다. 그래서 한 시대의 판단 근거를 보면 거꾸로 그 시대의 삶을 조명할 수 있게 된다. 특히 판단이란 행위는 삶의 구체적인 현장에서 이루어지기 마련이므로 판단의 근거를 규명하는 작업을 통해 당시 사람들의 현실 인식을 들여다볼 수 있게 된다.

《좌전》에서 추출 가능한 춘추 시대 사람들의 판단 근거는 크게 세 가지 정도다. "문헌에 기록되어 있는가?", "다수가 그렇다고 여기는가?", "신은 어떻게 생각하는가?"가 그것이다. 이들은 각각 경전·여론·점을 매개로 삼는다. 앞의 기사에서는 이 중 두 가지의 판단 근거가 활용되고 있다. 첫째는 여론, 곧 다수가 동의하는가 하는 판단 근거와, 둘째는《서경》이라는 경전이다.

북방의 강국 진나라의 집정 난서는 초나라의 침공으로부터 정나라를 구원하기 위해 출병한다. 이 소식을 접한 초나라는 바로 철군한다. 자신의 편을 들지 않고 진나라 편에 선 정나라에게 무력시위를 하는 것이 목적이었기 때문에 무리하지 않고 철군한 것이다. 그런데 난서는 내친 김에 초나라와 인접해 있는 소국인 채나라를 침공한다.

그야말로 '내친 김'이였다. 초나라가 정나라를 정말로 침공하려 하지 않았음은 진나라도 익히 알고 있었다. 말 안 듣는 소국에게 무력시위를 하는 것은 강대국들이 늘 써오던 수법이었다. 따라서 진나라가 채나라까지 쳐들어간 것은 일종의 돌출 행동이었다. 하여 진나라의 중신인 삼경들은 명분 없는 싸움을 반대했고 이에 난서는 철군을 결정한다.

그러자 이번에는 다른 무장들이 이의를 제기했다. 그들은 채나라를 쳐야 한다고 건의했다. 그렇게 판단한 근거는 집정인 난서를 돕는 참모 중 삼경 세 사람을 제외한 다수가 전쟁에 찬동하고 있다는 점이었다. 곧 진중의 여론이 그들의 판단 근거였다.

여기에 그들은 《서경》이라는 문헌에 기록되어 있는 판단의 근거까지 덧붙인다. 3명 중 2명의 의사가 같으면 그를 따른다는 《서경》의 구절을 인용하며 다수의 여론을 좇는 것이 현명한 판단임을 내세워 난서를 압박했다.

서양 속담에 "딜레마에 빠지면 딜레마의 두 뿔을 잡으라."는 말이 있다. 효과적인 논박은 상대의 근거를 내 논박의 근거로 재활용할 때 이루어진다. 유가를 논박할 때는 유가의 논리 위에서 논박할 때 그 효과가 나타날 수 있지, 유가를 도가의 논리 위에서 논박하면 논쟁 양 당사자가 서로 평행선을 달리며 자기주장을 할 뿐 논박의 효과는 기대할 수 없게 된다.

난서는 이 점을 잘 알고 있었던 듯하다. 그는 전쟁을 주장하는 무장들의 근거를 철군 결정이 옳았다는 자신의 판단 근거로 재활용한다. 곧 "무릇 좋은 선택은 대중이 주가 됩니다. 삼경은 대중의 주이니, 곧 대중이라고 할 수 있습니다."라고 말하면서, 자신의 판단도 여론이 그러한가와 경전에 기록되어 있는가라는 두 판단의 근거에 합당하다는 것이다. 이에 무장들은 더 이상 반박하지 못하고 철군을 하게 된다.

이 기사는 춘추 시대 사람들이 시비와 가치 판단을 할 때 무엇을 잣대로 삼았는지를 잘 말해 준다. 표면적으로 채나라를 칠 것인가 말 것인가를 결정하는 문제를 다루고 있지만 그 심층에는 무엇이 옳은 판단이고 무엇이 나은 판단인가와 같은 철학적인 문제가 깔려 있다.

춘추 시대와 전국 시대를 걸쳐 살았던 묵자라는 사상가는 시비 판단의 기준으로 '삼표법(三表法)'을 제시했다. 삼표법이란 세 가지의 표준이라는 뜻으로 '옛 성현들의 사적과 부합하는가?', '백성들 다수가 그렇다고 여기는가?', '실제적인 쓸모가 있는가?'의 세 가지를 말한다. 이 중 옛 성현들의 사적과 부합하는지의 여부를 따져 보려면 결국 옛일을 많이 싣고 있는 오경(五經)과 같은 문헌을 봐야 하므로 첫 번째의 표준은 결국 '문헌에 기록되어 있는가?'와 같은 뜻이 된다.

이로 보건대 《좌전》에서 추출한 판단의 근거는 단지 유가만의 판단 근거가 아니라 춘추 시대 일반적인 판단의 근거였음을 알게 된다. 여기에 춘추 시대는 '제사 공동체' 사회였음을 감안한다면 춘추 시대 사람들의 주요한 판단 근거는 문헌과 여론과 점복, 이렇게 세 가지였음을 알게 된다.

앞에서도 말했듯이 판단은 생생한 삶의 현장에서 이뤄지는 것이기에 춘추 시대 사람들의 판단 근거를 토대로 그들이 삶을 어떻게 인식했는지의 일면을 볼 수 있다. 그들이 인식한 현실은 문헌과 여론과 점의 세 축으로 구성된 시공간이었다. 문헌이 자연과 사회의 이념 세계를 대변한다면 여론은 실제적인 현실 세계를 대변하고 점은 이념과 현실을 넘어선 초월적인 세계를 대변한다.

곧 춘추 시대 사람들이 생각한 삶은 이렇게 이념과 현실과 초월계가 한데 어우러진 세계였다. 이러저러한 근거를 대며 이념과 현실은 양립 불가능하다고 주장하고 과학과 이성의 이름으로 초월계를 삶의 현장에서 추방한 우리 근대인들의 삶과는 전혀 다르게 말이다.

4. 좋은 정치란!

【성공 18년】 2월 초하루, 진(晉)나라의 도공(悼公)이 조정에서 즉위했다. 그는 백관을 새로이 임명했고 사면령을 내려 백성들의 부채를 탕감했으며 홀아비와 과부를 돌보고 방치되었던 인재를 기용했다. 널리 궁핍한 이들을 구제했고 재난에서 사람들을 구했으며 사악한 행위를 금했다. 세금을 가볍게 했고 범죄를 너그럽게 다스렸으며 물자를 절약했다. 백성은 농번기를 피해 동원함으로써 농사철을 범하는 일을 없애고자 했다.

위상과 사방·위힐·조무를 경으로 삼았다. 순가와 순회·난염·한무기를 공족 대부로 삼아 경의 자제들에게 공손[공(恭)]과 검약[검(儉)]·효도[효(孝)]·공경[제(悌)]의 덕목을 가르치게 했다. 사악탁을 태부로 삼아 범무자가 제정한 법도를 베풀게 했고 우항신을 사공(司空)으로 삼아 사위가 제정한 법도를 익히게 했다.

변규를 전차를 모는 어자의 우두머리로 삼고 다른 어자들을 그에게 배속시켜 모든 어자들이 의로움을 알도록 가르치게 했다. 순빈을 전차의 오른편에 타는 호위 무관의 우두머리로 삼고 다른 호위 무관들을 그에게 배속시켜 용사들을 때에 맞춰 활용할 수 있게끔 가르쳤다. (중략)

이렇게 기용된 각 부문의 장관은 모두 백성들이 칭송하는 이들이었다. 임용 때엔 직무에 맞게 했고 등용 시엔 기본 원칙을 준수했으며 작위는 덕행에 따라 수여했다. 부관이 장관을 업신여기지 않았고 말직에 있는 자가 부관을 핍박하지 않았으며 백성들 사이에 원망하는 소리가 없어졌다. 이것이 진나라 도공이 진나라 문공에 이어 다시 한번 패업을 이룰 수 있었던 까닭이었다.

춘추 시대 대다수 제후들이 취했던 정책 노선은 부국강병의 실현이었다. 대국의 제후들은 중원의 패권을 움켜쥐기 위해 부국강병을 추구했고 소국은 살아남기 위하여 나름대로의 부국강병을 추구할 수밖에 없었다. 어느 경우든 부국강병을 실현하기 위해서는 기존 제도의 변혁, 곧 '변법(變法)'이 필요했다. 그렇다 보니 《좌전》에는 각 나라의 제후 또는 집정(재상에 해당됨)이 추진했던 변법에 대한 내용이 많이 실리게 되었다.

진나라 도공은 중원의 2대 패자였던 진나라 문공 사후 위세를 펴지 못했던 북방 진나라의 중흥 군주였다. 그는 즉위하자마자 대대적인 변법에 착수했고 이것이 성공을 거둬 진나라 출신으로는 두 번째로 패업을 이루게 된다. 그가 시행한 변법의 핵심은 몇 가지로 요약된다.

첫째는 '위민(爲民, 백성을 위한다) 사상'의 실천이다. 홀로 된 이와 빈자를 돌봐 주고 재난을 해소해 주며 부채와 조세를 탕감해 주었다. 그리고 물자를 넉넉하게 공급하고 법 적용을 너그럽게 하며 범죄를 예방했다. 고통은 덜어 주고 평안을 더해 준 셈이다.

둘째는 제도의 공평무사한 운용이다. 예부터 내려오던 좋은 제도와 법을 다시 시행했고 능력과 덕성에 따라 인재를 고루 등용한 후 각각의 역량에 합당한 자리에 이들을 배치한 다음 그들이 직분을 발휘할 수 있도록 이를 제도적으로 보장해 주었다. 직권 남용을 금지했고 기본 원칙에 입각해서 제도를 운용했다. 공공 영역에 사적인 이해관계가 개입하지 못하도록 예방한 셈이다.

셋째는 유덕자에 의한 교육이다. 먼저 덕망 있는 인사를 국가 원로인 경으로 임명함으로써 국정의 중심을 잡았다. 그리고 주요 부서 여섯 군데의 장관을 또한 덕망 있는 인사로 채운 후 그들을 중심으로 해당 부서의 관리들에게 요구되는 덕목과 능력을 가르치고 갖출 수 있게 만들었다. 주목할 점은 군주가 이 모든 일을 직접 챙기는 방식이 아니라 각 부서마다 자율적으로 수행하는 방식이란 것이다. 이로써 관리들은 저절로 직분을 넘어서는 행위를 하지 않게 되었고 백성들도 이를 본받게 되어 나라가 안정되었다. 그 결과 진나라는 동 시대의 다른 나라로부터 이러한 평가를 받게 된다.

【양공 9년】진(秦)나라의 경공(景公)이 대부 사견을 초나라에 파견해 함께 진(晉)나라를 치자고 요청하자 초나라의 공왕(共王)이 동의하려고 했다. 그러자 대부 자낭이 아뢰었다. "불가합니다. 지금 우리는 진(晉)나라와 다툴 수 없습니다. 진나라의 도공은 능력에 따라 인재를 적절하게 부리고 있습니다. 임용 때엔 직무에 맞게 하고 등용 시엔 기본 원칙을 준수하고 있습니다. 경들은 능력 있는 이들에게 양보하고 대부들은 직분을 어기지 않으며 사 계층은 다투어 배우고 있고 서민들은 농사에 힘쓰고 있습니다. 상인과 장인, 하인, 노예들도 자신의 일을 천직으로 여기고 있습니다.

한헌자가 늙어 은퇴하자 지앵이 그 자리를 이어받아 국정을 책임지고 있습니다. 대부 범개는 중항언보다 나이가 적지만 중항언이 그를 윗자리에 앉혀 중군의 부장을 시켰습니다. 한기는 난염보다 어린데 난염과 사방은 그를 윗자리에 앉혀 상군의 부장을 시켰습니다. 위강은 공을 많이 세웠음에도 조무가 어질다고 여겨 자신이 그의 부장이 되었습니다. 군주는 현명하고 신하는 충직하며 윗사람은 양보하고 아랫사람은 다투어 순종하고 있습니다. 이러할 때에는 북방의 진나라를 칠 수 없는 것입니다. 차라리 북방 진나라를 섬기면서 후일을 도모하는 것이 나을 것입니다. 군주께서

이 점을 깊이 헤아려 보시기를 청합니다."

서쪽의 진나라와 남쪽의 초나라는 북쪽의 진나라와 동쪽의 제나라와 함께 춘추 시대 내내 자웅을 겨뤘던 4대 강국이었다. 그런데 북쪽 진나라의 도공이 변법을 성공적으로 수행해 서쪽의 진나라와 남쪽의 초나라가 연합해도 이길까 말까 할 정도로 부국강병을 일구어 냈다. 심지어 초나라의 대부 자낭은 차라리 북쪽의 진나라를 섬기는 것이 가장 좋은 선택이라고 서슴지 않고 간언할 정도였다.

《좌전》에 실린 성공적인 변법의 사례는 그 내용이 대체로 이와 유사하다. 패자로 등극했던 제나라 환공이나 진나라 문공이 제후가 되어 시행했던 변법도 그러했고 공자가 법가였음에도 칭찬해 마지 않았던 정나라 자산의 변법도 그러했다.

변법 성공의 비결이었던 '위민의 정치'와 '공평무사한 통치' 그리고 '자율성의 함양을 통한 인문 풍토의 구축'이란 지향들. 이들은 그대로 당시 사람들이 생각했던 바람직한 정치의 본모습이었다. 변법 또한 정치의 일환인 만큼 변법을 성공하게 한 요인은 그대로 바람직한 정치를 구현하는 것이기 때문이다.

제9장

양공 襄公

기원전 573년~기원전 542년

제나라 환공과 관중
제나라 환공은 포숙아와 관중 등의 도움으로 제나라의 제후가 된 후 관중을 등용해 중원을 호령하는 최초의 패자가 될 수 있었다.

맹자(孟子) 공자로부터 자사(子思)·증삼(曾參)으로 이어지는 학통을 계승 발전시킨 유가 사상가 중의 한 명이다. 성선설과 역성혁명론의 주창자로 유명하며, 훗날 성리학자에 의해 '아성(亞聖)'으로 추앙되었다. 성리학에서는 그의 학설을 정통으로 여겨, 공자와 함께 '공맹'이라 불렸다.

사광(師曠) 진(晉)나라 때의 악사로, 사(師)는 음악을 관장하던 직명이고, 광(曠)이 이름이다. 모든 유형의 음률에 통달하여 대대로 음악의 달인이자 최고의 귀 밝은 이로 추앙되었다. 또한 음악이 당시엔 국가 통치의 주요 수단이었기 때문에, 그는 제후의 자문에 자주 응하여 제후가 국정을 현명하게 이끄는 데에 크게 기여했다.

1. 원수를 천거하고 아들을 천거하다

【양공 3년】 [기해는 중군위(中軍尉)란 고위직에 있었다.] 그가 고령을 핑계로 사직을 청하자 진(晉)나라의 도공(悼公)이 후임자를 물었다. 기해는 원수 지간이었던 해호를 천거했다. 도공이 그를 임명코자 했는데 해호가 갑자기 세상을 떠났다. 도공이 다시 후임자를 물었다. 기해가 대답했다. "제 아들 기오가 합당합니다." 때마침 기해의 부장 양설직이 죽자 도공이 물었다. "누가 그를 이을 수 있겠소?" 기해가 대답했다. "그의 아들 양설 적이 괜찮습니다." 그러자 기오를 중군위로 삼고, 양설적으로 그를 보좌 하게 했다.

군자가 기해에 대해 평했다. "이를 보니 기해는 능력 있는 이를 천거할 줄 알았다. 원수를 천거했지만 이는 아첨이 아니었고 아들을 내세웠지만 이는 편든 게 아니었으며 부하의 아들을 추천했지만 이는 작당하려는 게

아니었다. 《서경》의 〈상서〉에는 '편들지도 작당하지도 않으니 성왕의 도
가 가득 펼쳐졌도다!'란 구절이 있는데, 기해와 같은 이를 두고 말함이다.
해호는 천거되고, 기오가 고관이 되었으며, 양설적은 관직을 얻었다. 중
군위에 사람을 추천하면서 이 세 가지 일을 한 번에 이루었으니 능력 있
는 이를 천거할 줄 알았던 것이다. 오직 유능한 이라야 자신과 같이 유
능한 이를 천거할 줄 안다. 《시경》〈소아〉편 '상상자화(裳裳者華)'란 시에
는 '이러한 능력을 지닌 이라야 자기와 같은 사람을 추천한다.'는 표현이
있다. 기해는 그런 능력을 지니고 있었다."

《좌전》에는 공직 추천을 다룬 기사가 제법 실려 있다. 누가 원수지
간인 아무개를 천거했다거나 실권자가 자신의 친인척을 요직에 앉
혔다는 기록이 대부분이다. 그런데 관직에 누구를 추천했다는 일이
역사에, 그것도 자주 기록될 정도로 중요한 일이었을까?
　답은 "그렇다!"이다. 느낌표를 찍을 정도로 단정하는 까닭은 다음
의 두 가지 이유 때문이다. 먼저 예나 지금이나 인사는 만사라는 명
제가 진리라는 점이다. 특히 정치의 경우 관직을 희망하는 이들이
꽤 된다는 점을 감안하면 더욱 그러할 수밖에 없다. 하여 관리를 어
떻게 선발할 것인가의 문제는 동서고금을 막론하고 정치의 중요한
고갱이었다.
　춘추 시대에는 추천에 의해 관리를 선발했다. 추천만 받으면 관리

가 될 수 있었다는 뜻이요, 지금처럼 복잡한 시험 절차를 밟는다거
나 선거를 거칠 필요가 없다는 말이다. 대신 추천받을 수 있는 이의
범위를 검증된 가문으로 한정하는 등의 보완 장치를 마련해서 혹 있
을 수 있는 잘못에 대비했다. 여기서 검증된 가문이라 함은 명망 높
고 신망 있는 가문을 말한다. 명망과 신망이란 것이 관리로서의 기본
적인 소양을 제대로 갖추고 정사에 임해 업적을 세웠을 때 비로소 얻
어지는 것이기에, 그러한 집안의 출신이라면 추천만으로도 믿을 수
있다는 논리였다.

　게다가 당시는 인력이 국력이던 시절이었다. 지금은 아무리 뛰어
난 인재가 있어도 첨단 무기가 없다면 재능을 발휘하기 힘들지만 당
시에는 군사력이든 경제력이든 그 주축은 사람의 힘이었다. 따라서
관리 추천의 문제는 결코 사소한 일이 아니었다. 이것이《좌전》에 관
료 추천 관련 기사가 많이 실리게 된 까닭이다. 지금 생각으로는 관
료 인선보다 기록해야 할 더 중요한 사안이 많은 듯하지만《좌전》의
시대에는 인재 추천만 한 국가 대사가 드물었던 것이다.

　두 번째로는 공직 추천 문제를 통해 판단을 어떻게 내려야 하는가
의 문제를 제대로 다룰 수 있다는 점이다. 곧 공직 추천 행위 그 자체
를 기록하는 것이 궁극적인 목표가 아니라, 이를 매개로 옳고 그름의
판단 기준을 제시하자는 것이 기록의 주된 목표였다.

　《좌전》에는 기해의 경우처럼 원수를 추천한다거나 자신의 가족 또

는 이해관계가 얽힌 이를 천거한 사례가 다수 실려 있다. 그러나 이는 원수지간이나 인척지간인 인사를 공직에 추천하는 행위가 역사에 기록될 만큼 특이한 현상이었기 때문이 아니었다. 이미 말한 바처럼, 친인척을 공직에 추천하는 것은 일반적이고 상식적인 행위였기에 기해가 자기와 부하의 아들을 천거했다는 것은 기록 대상에 끼지 못할 수도 있다. 또한 원수인 해호를 추천한 것도 반드시 기록해야만 할 정도의 사건이 아닐 수도 있다. 그전부터 원수를 공직에 천거한 경우가 사실 적지 않았기 때문이다.

'관포지교'로 유명한 포숙아는 자신이 모시는 주군의 목숨을 노렸던 관중을 천거했고 제나라 환공은 이를 수락함으로써 관중의 도움으로 중원의 초대 패자에 등극할 수 있었다. 그보다 더 옛날의 성군인 우임금은 아버지를 죽인 순임금에게 천거되어 결국 그로부터 천자의 자리를 선양받기에 이른다. 먼 옛날에만 그랬던 것이 아니다.

《좌전》 희공 33년 조에는 진(晉)나라 문공에게 그를 시해하려 했던 극예를 추천하는 구계의 간언이 나온다. 진나라 문공이 자신을 죽이려 한 자를 추천하는 의도를 따져 묻자 구계는 우임금과 제나라 환공의 예를 들어 자신의 천거에 아무런 문제가 없음을 주장했다. 이에 진나라 문공은 결국 극예를 하군대부(下軍大夫)로 임명한다.

따라서 기해의 천거 행위는 역사에 반드시 기록돼야 할 만큼 특수한 사례라고 볼 수 없다. 그럼에도 이를 기록했던 것은 원수나 친인척을 추천했다는 사실 자체보다는 그의 추천이 공명정대했고 공평무사했다는 사실을 후세에 교훈거리로 알리자는 데에 있었다. 아무리 친인척을 천거하고 또 원수를 천거하는 행위가 있을 수 있는 일로 여겨진다 하더라도 사심 없이 공직에 사람을 추천한다는 일은 고금을 막론하고 무척 어려운 일이다.

기해의 공직 천거 사건이 《좌전》을 비롯해서 후대에 나온 여러 문헌에서 자주 언급된 것을 보면 아마 당시의 실정은 자신이 도량이 크다는 것을 꾸며 보이기 위해 원수를 추천하고 자신의 이익 실현을 위해 친인척을 천거하는 일이 훨씬 일반적인 경우였음을 짐작할 수 있게 된다.

결국 《좌전》의 편찬자가 기해의 공직 천거 사건을 통해 독자에게 전달하고자 한 궁극적인 메시지는 그의 천거 행위를 왜 칭찬할 수 있는가의 문제, 곧 판단의 근거를 제시하기 위한 것이었다. 기해의 행위 또한 다른 경우와 마찬가지로 아첨이나 작당으로 여겨질 수 있음에도 왜 칭찬을 하게 됐는지, 그 근거를 밝히는 것이 이 사건을 기록하고자 한 궁극적인 의도였던 셈이다. 그렇다면 《좌전》의 편찬자는 무엇을 근거로 기해를 칭찬한 것일까?

기해의 일화는 《좌전》보다 늦게 나온 《여씨춘추》란 책에도 '기황양(祁黃羊)'이란 이름으로 실려 있다. 황양은 기해의 자(字)라고도 하는데, 여기에는 《좌전》에는 없는 대목이 나온다. 제후가 원수를 추천하는 기해에게 왜 원수를, 또 아들을 추천하느냐고 되묻는 장면이 그것이다. 이때 기해는 "주군께서는 그 인물이 그 자리에 합당한가를 물으셨지, 저와 원수지간인가, 부자지간인가를 묻지 않으셨습니다."라고 대답했다.

《좌전》편찬자가 기해를 호평한 근거를 이 대목에서 엿볼 수 있다. 곧 기해는 누가 그 자리에 합당한가만을 따진 것이지 자신이 그 인물과 어떤 관계에 있는가는 추호도 감안하지 않은 것이다. 이는 공무를 수행할 때엔 추호도 사적인 요소를 개입시키지 않는, 공명정대하고 공평무사함을 기해가 갖추고 있었음을 말해 준다. 바로 그러한 능력을 기해가 갖췄기 때문에 기해의 공직 추천 사건은 응당 역사에 기록되어야 했다.

기해가 이런 능력을 지녔음을 《좌전》의 저자는 이 고대의 경전을 인용하는 방식으로 입증하고 있다. 경전은 한 사회의 종교적, 정치적, 이념적, 지적 권위 등이 서려 있는 신성한 존재다. 춘추 시대에는 《시경》과 《서경》, 《역경》의 삼경을 그런 신성한 존재로 여겼다. 하여 사상이나 유파를 불문하고 삼경은 필독서 중에 필독서요, 받들어 행해야 하는 텍스트였다. 그렇기에 어떤 평가나 판단의 근거를 삼경과 같은 경전에서 찾아낼 수만 있다면 그를 둘러싼 더 이상의 논란은 무의미했다.

《좌전》의 저자는 《서경》과 《시경》을 연이어 등장시켜 아첨으로 오인되고 작당한다고 곡해될 수 있는 기해의 행위가 정당하고 선했음을 주장했다. 단지 그것뿐이었다. 지금의 감각으로 보자면 기해의 공평무사함을 입증하기 위해서는 한결 정교한 논증이 필요한 듯하지만, 당시의 감각으로는 바로 경전과 연계시켜 평가했기 때문에 《좌전》의 저자는 단정적으로 기해를 칭찬할 수 있었다. 그리고 이를 통해 동일한 행위를 평가하는 것의 기준을 제시했으니 이것이 사건을 역사의 이름으로 기록한 궁극적인 의도였던 것이다.

이렇듯 《좌전》에는 《시경》이나 《서경》, 《역경》과 같은 고대의 경전을 평가나 판단의 근거로 삼는 대목이 무척 많이 나온다. 과학과 이성이 고도로 발달된 지금도 미국 대통령은 《성경》에 손을 대고 취임 선서를 한다. 저 옛날 한자 문화권에선 《시경》, 《서경》, 《역경》과 같은 고대의 경전이 《성경》의 역할을 담당했던 셈이다.

2. 국제 공용어 교재로서의 《시경》

【양공 4년】 노나라의 대부 목숙이 진(晉)나라에 갔다. 이는 진나라의 지무자가 예방한 데에 대한 답방이었다. 진나라의 제후가 그에게 연회를 베풀고는 금속 악기의 반주로 〈사하(肆夏)〉·〈소하(韶夏)〉·〈납하(納夏)〉의 세 곡을 연주했다. 그러나 목숙은 이에 대해 답례하지 않았다. 다시 《시경》의 〈문왕(文王)〉 편 이하 세 편의 노래를 불렀지만 역시 목숙은 이에 대해 답례하지 않았다. 그러더니 《시경》의 〈녹명(鹿鳴)〉 편 이하 세 편을 노래하자 목숙은 한 편이 끝날 때마다 답례했다.

진나라의 집정인 한헌자가 행인(行人, 외교 사절을 접대하는 관원) 자원을 보내 그렇게 한 까닭을 물었다. "그대는 그대 나라 군주의 명을 받고 우리 나라에 오셨습니다. 우리는 선대 군주께서 마련하신 예법에 따라 음악을 연주해 그대의 흥을 돋우고자 했습니다. 그대는 큰 포부가 담긴 음악에는 답례하지 않으시고 작은 뜻이 담긴 음악에는 편마다 답례하셨습니다. 삼가 어떤 예법을 따르셨는지를 여쭙고자 합니다."

이에 목숙이 대답했다. "〈사하〉·〈소하〉·〈납하〉 이 세 곡은 천자가 제후들에게 연회를 베풀 때 연주하는 곡이니 저의 신분으로서는 감히 더불어 들을 수 없는 것입니다. 《시경》〈문왕〉 이하 세 편의 노래는 두 나라의 제후가 만났을 때 연주하는 곡이니 이 또한 제 신분에 맞지 않습니다. 《시경》의 〈녹명〉 편을 연주하신 의도는 귀국의 제후께서 우리 나라의 제후를 칭송하시는 것이니 어찌 감히 답례를 올리지 않을 수 있겠습니까? 《시경》의 〈사모(四牡)〉 편을 연주하신 의도는 귀국의 제후께서 사신으로 온 저를 위로하신 것이니 어찌 감히 거듭 답례를 올리지 않을 수 있겠습니까? 《시경》의 〈황황자화(皇皇者華)〉 편을 연주하신 의도는 귀국의 제후께서 신에게 '반드시 두루 자문을 구하라.'는 가르침을 주시기 위함이었습니다. 신이 듣건대 '훌륭한 사람을 찾아가 묻는 것을 '자(咨)'라 하고 친척에게 자문을 구하는 것을 '순(詢)'이라 하며 예법을 묻는 것을 '도(度)', 정사를 묻는 것을 '추(諏)', 재난에 대해 묻는 것을 '모(謀)'라 한다.'라고 합니다. 신이 이 다섯 가지의 선한 가르침을 얻게 되었으니 어찌 감히 거듭 답례를 올리지 않을 수 있었겠습니까?"

지리산은 골짜기마다 말이 달랐다는 옛말이 있다. 워낙 크고 깊은 산이었던지라 교통이 발달하지 못했던 예전에는 서로 교류하기가 쉽지 않았고 그 결과 실제로는 가까이 살았음에도 말이 서로 달라졌던 것이다. 한반도의 41배, 유럽의 1.8배에 가까운 크기의 중국. 지리산 정도도 상황이 그러했을진대 이 넓은 지역의 사람들이 한 가지 말을 썼을 가능성은 과연 얼마나 될까?

지금은 라디오나 텔레비전과 같은 근대적 매체 덕분에 '보통화(普通話)'라 불리는 표준어가 중국 전역에 보급되었다. 그럼에도 각 지역에는 이른바 '사투리'라고 하는 또 다른 일상 언어가 여전히 광범위하게 사용되고 있다. 어쩌면 사투리를 표준어보다 더 편하게 느낄지도 모른다. 어머니로부터 배운 '모어'가 나라가 가르쳐 준 '모국어'보다 훨씬 친근하고 살가울 수 있기 때문이다. 하여 중국 정부는 많은 비용을 들여서라도 표준어를 유지하기 위해 무진 애를 쓰고 있다. 여기서 질문을 하나 던져 보자. "왜 표준어의 보급과 유지에 국가적인 차원의 노력을 기울이는 것일까?"

지금 남아 있는 자료를 보건대 이 질문에 가장 먼저 답한 이는 공자였던 듯하다. 그는 소극적으로는 중원 밖 사방에 퍼진 '오랑캐'로부터 한족의 중원을 지키는 것을, 적극적으로는 중원이 찬연한 문명을 누릴 수 있게 하는 것을 자신의 소명으로 삼았다. 그는 이 목표를 실현하기 위해서는 무엇보다도 천자를 정점으로 중원이 통합되어 있어야 한다고 여겼다. 표준어의 필요성은 이 과정에서 도드라졌다. 어느 지역 출신이든 서로 말이 통해야 비로소 통합을 실현할 수 있었기 때문이다. 하여 공자는 각지에서 모여든 제자들에게 《시경》과 《서경》을 '아언(雅言)', 곧 중원의 표준음으로 읽고 가르쳤다. 표준음을 익힌 제자들이 고향으로 돌아가 《시경》과 《서경》을 표준음으로 가르치면 결과적으로 표준음이 중원 각지로 퍼지게 되는 효과를 거둘 수 있었기 때문이다.

《좌전》의 곳곳에는 외교의 현장에서 《시경》의 시를 연주함으로써 서로의 속뜻을 파악하고 의사를 교환하는 장면이 나온다. 《시경》에는 중원 각지에서 채집한 민요를 비롯해 조정과 종묘에서 연주되던 노래 305편이 수록되어 있고 그 제재는 민간에서 조정, 일상에서 궁중 의례에 이르기까지 폭넓게 걸쳐 있다. 또한 당시는 '시는 뜻을 말하는 것'이라는 입장이 보편적이어서 사람들은 모든 시에는 시인의 뜻이 담겨 있다고 여겼다. 그렇다 보니 《시경》의 시는 분명하고 구체적인 의사소통이 필수적인, 외교의 현장에서조차 널리 애용될 수 있었다.

소국 노나라의 대부와 대국 진나라의 제후가 《시경》의 시를 사이에 두고 팽팽한 신경전을 벌인 것 또한 새삼스럽지 않은 현상이었다. 《시경》의 시에 대해 잘 알수록 첨예하게 부딪치는 현장에서 국익에 유리한 고지를 점할 수 있었다. 앞의 기사에 나오는 노나라의 대부 목숙도 그러한 예였다. 그는 연주되는 시 하나하나의 의미를 섬세하게 가려낼 줄 알았기에 소국의 외교 사절이었지만 대국인 진나라를 상대로 사절로서의 임무를 성공적으로 수행할 수 있었다.

그는 제후의 신분임에도 천자만 연주할 수 있는 시를 연주했다는 점을 밝힘으로써 진나라의 참람한 욕심을 비판했고 제후끼리 만나는 자리에서만 연주해야 하는 노래임을 지적함으로써 진나라가 예법에 어두운 나라임을 시사했다. 춘추 시대는 아무리 대국이라 할지라도 명분 없이는 소국을 함부로 대하지 못했던 시절이었다. 그래서 목숙은 명분을 선점함으로써 소국 노나라의 안전을 도모할 수 있었다. 이러한 사례들은 공자의 전략이 타당했고 현실적인 방안이었음을 보여 준다. 《좌전》에 기록된 많은 사례를 통해 공자 이전부터 《시경》은 이미 서로 다른 방언을 쓰는 나라 사이의 의사소통에 폭넓게 활용되고 있었기 때문이다.

제후국들로 구성된 국제 질서에 참여하기 위해서는 《시경》을 모두가 알아들을 수 있는 독음으로 읽을 줄 알고 또 들을 줄 알아야 했다. 그런데 공자는 제후들의 역량이 커질수록 중원 공동체가 분열 또는 해체로 쏠리는 시대에 살았다. 비유컨대 중앙 집권보다는 지방 분권으로 나아가는 현실을 그는 크게 우려했다. 이를 바로잡기 위해 그는 《시경》과 같은 공통 텍스트를 중원의 표준음으로 읽을 것을 더욱 강조했던 것이다. 여러 나라에서 공히 통용될 수 있는 말이 있는 한 통합된 중원 공동체를 유지할 수 있다고 판단했기 때문이다. 곧 그에게는 《시경》이 단순히 시가집이었던 것이 아니라 춘추 시대 제후국의 국제 공용어 교재였던 셈이다.

3. 오로지 강한 나라만을 좇으리라

【양공 8년】 겨울, 초나라의 자낭이 정나라를 쳐서 정나라가 채나라를 친일을 응징했다. 이에 정나라의 자사와 자국, 자이는 초나라에 복종하려 했고 자공과 자교, 자전은 진(晉)나라에 의지하고자 했다.

자사가 말했다. "주나라 때의 시에 이런 구절이 있습니다. '사람의 수명이 얼마나 된다고 황하의 물이 맑아지기를 기다리는가? 조짐을 보니 논하는 자 많으나 잘났다고 다투기만 할 뿐이라. 꾀 내는 이 많고 저마다 의견이 다르니 일은 더욱 이루기 어려워지네.' 지금 백성들이 위험에 처했으니 잠시 초나라에 복종해 우리 백성들의 위험을 해소해 줍시다. 그러다 진나라 군대가 쳐들어오면 우린 또 그들을 좇으면 됩니다. 예물을 정성스럽게 갖추어 쳐들어오는 자들을 기다리는 것이 소국이 취할 길입니다. 강화를 맺을 때 쓸 희생과 예물을 준비해 초나라와 진나라 국경에서 기다리다가 더 강한 이에게 의지해서 백성을 보호하면 됩니다. 적들이 우리에게 해를 입히지 않고 백성들도 피폐하지 않게 되면 또한 좋은 일이 아니겠습니까?"

그러자 자전이 대꾸했다. "소국이 대국을 섬기는 바탕은 미더움입니다. 소국이 신뢰를 지키지 않으면 병란이 끊임없이 발생해서 결국 얼마 못 버티고 망하게 됩니다. 지금까지 진나라와 다섯 번씩이나 만나서 쌓은 신뢰를 이제 와서 저버린다면 초나라가 우리를 구해 준다고 해도 장차 무슨 소용이 있겠습니까? 초나라는 우리와 잘 지내는 것이 아무런 이익도 안 된다고 판단되면 우리를 멸망시키려 들 것이니 초나라를 좇을 수는 없습니다. 그러니 진나라를 의지하는 것만 못합니다. 진나라의 제후는 현명하고 군비가 완비되어 있고 그 지도자들인 8명의 경이 서로 화목하니 결코 우리 정나라를 버리지 않을 것입니다. 게다가 초나라 군대는 멀리서부터 왔고 군량 또한 거의 떨어져 가고 있으니 틀림없이 얼마 안 있어 회군할 것입니다. 그러니 어찌해서 걱정하십니까? 제가 듣기로 '의지할 때에는 신뢰보다 더 나은 것은 없다.'고 했습니다. 수비를 잘해서 초나라 군사를 피로하게 하고 믿음에 의거해서 진나라의 군대를 기다리는 것이 옳지 않겠습니까?"

이에 자사가 다시 말했다. "《시경》에 이런 구절이 있습니다. '꾀를 내는 이 참으로 많으나 일이 되지 않는다네. 발언하는 이 뜰에 가득하나 잘못된 결과는 누가 책임질 것인가? 길은 가지도 않고 꾀 내는 데만 골몰하다

길을 나서지도 못하게 되네.' 말은 그만하고 초나라를 좇읍시다. 결과가 잘못되면 내가 책임지겠습니다." 이에 초나라와 화친을 맺게 되었다.

예나 지금이나 힘이 없으면 서럽다. 개인도 그렇고 나라도 그렇다. 춘추 시대, '말보다 못한' 존재였던 소국의 처지는 비참했다고 해도 과언이 아니었다. 대국의 이해관계가 소국에게는 운명을 결정짓는 관건이 되곤 했다. 하여 소국은 "소국이 대국을 우러름은 백 가지 곡식이 때맞추어 내리는 은혜로운 비를 우러르는 것과 같습니다.(양공 19년)"라는 고백을 할 수밖에 없는 처지였다. 비가 오지 않으면 백곡이 말라 죽듯이 소국이 아무리 열심히 노력해도 대국의 마음먹기에 따라 언제라도 멸망당할 수 있는 것이 현실이었다.

소국 가운데 나라의 규모가 그래도 큰 편이었던 정나라는 자신보다 더 작은 나라인 채나라를 쳤다. 그러자 채나라는 인근의 대국 초나라에게 구원을 요청했고 요모조모 따져 본 초나라는 출병을 결정, 정나라 원정길에 올랐다.

춘추 시대에는 '국인참정제(國人參政制)'라고 불리는 제도가 있었다. 정사에 참여하는 대부들이 모여 토론을 거쳐 정책을 결정하는 제도였다. 초나라의 출병 소식이 정나라에 전해지자 정사를 담당하던 대부들이 모였다.

의견은 둘로 갈렸다. 남방의 강국 초나라에 복종함으로써 직면한 위기를 해소하자는 자사의 입장과 그동안 신뢰를 쌓아온 북방의 강국 진나라를 따라야 한다는 자전의 입장이 팽팽히 맞섰다. 자사는 초나라든 진나라든 자국의 이익을 위해서라면 언제라도 소국을 칠 것이기 때문에 그때그때 현실에 맞게 행동해서 위협으로부터 백성을 보호하자는 입장이었고, 자전은 소국은 신뢰를 바탕으로 대국을 섬겨야 비로소 나라의 안정을 지속할 수 있다는 입장이었다.

당시 대국 사이에서 생존을 모색해야 했던 소국이 취할 수 있는 길은 세 가지 정도였다. 국제 정세를 정확히 파악해서 끊임없이 이리붙었다가 저리 붙는 방식과 문덕(文德)을 닦는 방식, 무조건 강한 나라를 따르는 방식이 그것이다. 논리적으로는 소국이 독자 노선을 걷는 길을 생각해 볼 수 있지만 그렇게 하다가는 금방 망하기 때문에 그것은 실효성이 없는 방식이었다.

자사가 제시한 대책은 첫 번째에 해당한다. 언뜻 보면 이는 비열하고 자주적이지 못한 행태인 듯하지만, 대국의 처분을 일방적으로 받아들일 수밖에 없었던 현실에서 백성과 사직을 보전하기 위한 적극적이고도 능동적인 행위로 볼 수도 있다.

예컨대 애공 원년 조에는 소국 진(陳)나라가 국제 정세를 능동적으로 활용해 당면한 난국을 풀어 가고자 애쓴 모습이 생생하게 기록되었다. 오나라와 초나라 사이에 끼어 있던 진나라는 오나라가 국력을 키워 대국인 초나라를 꺾자 어느 쪽을 섬길 것인가를 심각하게 고민

할 수밖에 없었다. 그러다 북방의 대국인 진나라를 끌어들임으로써 진퇴양난의 상황을 돌파하자는 능동적인 계략을 채택한다. 대국의 도움이 없으면 망할 수밖에 없는 것이 소국의 현실이었지만 역으로 대국이 복수로 존재하는 한 소국의 살 길이 결코 좁지 않았음을 시사해 주는 사례다.

이런 사례도 있었다. 《좌전》의 곳곳에 나와 있듯이 소국은 강대국 중심으로 행해졌던 크고 작은 동맹에 끊임없이 가입했다. 동맹 관계를 활용해서 생존을 모색하자는 전략이었다. 그런가 하면 대국의 사전 양해를 얻어 그 상대국을 섬기는 다소 '뻔뻔한' 전략을 취하기도 했다.

소공 3년 조에는 북방의 강국 진나라와 남방의 강국 초나라 사이에서 늘 시달리던 정나라가 아예 진나라로 가서 초나라를 섬기는 것에 대해 사전 양해를 구하는 장면이 나온다. 이를 힘없는 소국의 딱한 처지로 애석해할 수도 있겠지만 소국이 역으로 강대국을 중심으로 돌아가는 현실을 능동적으로 활용하는 모습으로 볼 수도 있다.

《좌전》이 제시한 대책은 두 번째에 해당한다. 춘추 시대는 예법 질서가 아직은 현실 구속력을 발휘하고 있었던 시절이었기 때문에 신뢰와 같은 덕목을 쌓고 이를 기반으로 대국을 섬긴다면 대국 역시 함부로 굴 수는 없다는 입장이다. "소국이 문덕을 쌓지 않고 무공을 쌓고 있으니 그 재앙이 엄청날 것이다.(양공 8년)", "소국이 대국을 섬기

고 대국은 소국을 자비롭게 대하는 것이 바로 예입니다.(소공 30년)"라
든지 소국이 망한 까닭은 대국 가까이에 있으면서도 예를 지키기 않
고 법도가 없었기 때문이라는 《좌전》 저자의 언급 등은 이런 입장에
서 나온 선언이었다. 대국을 섬기는 것이 오히려 망하지 않는 길이
되는 현실에서 문덕을 쌓고 예를 행하는 것이 생존을 위한 안전한 길
이라고 본 것이다.

세 번째 방식은 무조건 강한 나라만을 좇는 방식이다.

【양공 9년】 초나라의 제후가 정나라를 치자 정나라의 대부 자사가 초나라
와 화평을 맺고자 했다. 그러자 대부 자공과 자교가 말했다. "대국 진(晉)
나라와 동맹을 맺은 다음 입가에 바른 피가 아직 마르지도 않았는데 배신
하는 것이 될 법한 일입니까?" 이에 자사와 자전이 말했다. "우리가 맹서
한 바는 실로 '오로지 강자만을 좇으리라.'라는 것이었습니다. 지금 초나
라의 군대가 다다랐는데도 진나라가 우리를 구원해 주지 않는 것은 초나
라가 더 강하기 때문입니다. 그래서 초나라와 화친하는 것이니 진나라에
게 맹서한 말을 어찌 배반하지 않을 수 있겠습니까?"

북방의 강자 진나라와 결맹한 지 얼마 안 되어 남방의 강자 초나라
가 침략하자 정나라는 바로 초나라와 결맹하고자 했다. 그러자 자공
등이 나서서 신의를 저버리는 행동이 정당화될 수 있는가를 따져 물

었다. 이때 자사와 자전이 말한 내용이 절묘하다. 진나라와 맺은 동맹 내용은 '강자를 따른다.'는 것으로 동맹을 맺을 당시의 강자가 진나라였기 때문에 그들과 결맹했을 뿐이라는 것이다. 이제 상황이 바뀌어서 초나라가 강자로 등극했으니 그들과 동맹을 맺어야 비로소 진나라와 맺은 동맹 내용을 이행하는 것이라는 논리다. 궤변이라 비난해도 할 말이 없을 정도로 영악한 잔꾀다. 그러나 이는 대국의 입장에서 볼 때나 할 수 있는 말이다. 소국으로서는 눈앞에 닥친 실질적인 위협을 해소하지 않으면 결국 망하기 때문에 설령 궤변이라 할지라도 그러할 수밖에 없었다.

국제 현실은 예나 지금이나 차갑고 비인간적이다. 춘추 시대의 소국은 말보다 못했던 존재였고 강대국의 우산 아래 들어 있지 않으면 불안했던, 늘 강대국의 처분만을 바라보던 존재였다. 그러나 이런 소국의 현실을 접하며 그들에게 연민의 정을 느낀다면 다시 한번 생각해 볼 필요가 있다. 생존을 위한 몸부림 앞에서 체면이나 자존심 따위는 사치에 불과하다. 그런 것들을 따지고 중시하려면 그만큼 삶에 여유가 있어야 한다. 대국 정도나 돼야 가능하다. 따라서 소국이 살아남기 위해 벌인 잔꾀가 딱하게 보인다면 당신은 대국의 입장에서 소국을 바라본 것이다. 그런데 당신은 지금 소국에서 살고 있는가, 아니면 대국에서 살고 있는가?

4. 역성혁명을 당연시하다

【양공 14년】악사인 광이 진(晉)나라의 도공(悼公)을 공손히 모시고 곁에 있었다. 도공이 말했다. "위나라 사람들이 자신의 군주를 축출했는데 심하지 않은가?"

악사 광이 대답했다. "어쩌면 쫓겨난 군주가 정말 심했을 수도 있습니다. 좋은 군주는 선한 이를 상주고 악한 이를 처벌합니다. 백성을 자식처럼 양육하고 하늘이 만물을 품듯이 품어 주며 대지가 만물을 껴안듯이 안아줍니다. 백성은 군주를 받들되 부모처럼 사랑하고 해와 달을 바라보듯이 우러르며 천지신명을 섬기듯 정성을 다하고 천둥 번개가 칠 때처럼 두려워합니다. 그러니 어찌 감히 내쫓을 수 있겠습니까? 무릇 군주는 신을 모시는 일을 주관하며 백성이 우러르는 존재입니다. 만약 백성의 생활을 곤궁케 하고 신을 소홀히 모시고 제사를 거르면 백성이 절망하고 사직에는 주인이 없게 되니 그런 군주를 장차 어디에 쓸 수 있겠습니까? 그러니 제거하지 않고서 어찌하겠습니까? 하늘이 백성을 낳은 후에 그들을 위해 군주를 세움은 백성을 맡아 길러서 본성을 잃지 않게 하기 위함입니다. (중략) 하늘은 백성을 몹시 사랑합니다. 그러니 어찌 한 사람이 백성의 위에서 방자하게 굴며 악행을 일삼아서 백성이 하늘과 땅으로부터 받은 천성을 잃게끔 하겠습니까? 결코 그렇게 놔두지 않을 것입니다."

기록에 의하면 춘추 시대의 제후 중 36명이 권좌에서 축출되었다고 한다. 춘추 시대 제후의 총수를 감안한다면 많은 수라고 할 수는 없다. 그러나 이는 우리와 같이 군주가 정치를 잘못하면 자리에서 물러나야 한다는 관념에 익숙한 이들의 생각이요, 감각일 수 있다. '천자-제후-경대부-사-서민'의 순서는 하늘이 정해 준 것이므로 이를 거스르는 것을 생각조차 못했던 시절의 사람들에게는 무척 충격적인 숫자일 수도 있다.

"자신의 군주를 내쫓다니 심한 거 아닌가?"라고 반문한 진나라 도공의 반응은 당시로서 일반적인 반응이었다고 보인다. 그가 폭군이라거나 함량이 부족한 군주여서 이런 반응을 보인 것은 아니라는 뜻이다. 오히려 그는 앞에서도 살펴보았듯이 정치를 잘했던 군주였다. 다만 그는 자신이 처한 시대가 기존의 관념이 공격받고 새로운 관념이 활발하게 모색되는 격동의 시절이었음을 몰랐던 듯하다.

당시는 군주가 하늘이 맡긴 직분을 충실히 수행하지 못할 경우 그를 어디에 쓰겠느냐는 말이 신하의 입에서 나올 정도로 군주의 신성불가침한 권위가 무너지던 시절이었다. 전국 시대에 들어 본격화됐던 '군권(君權, 군주의 권리)'과 '신권(臣權, 신하의 권리)' 사이의 갈등과 긴장은 춘추 시대에도 이미 상당히 형성되어 있었다.

일반적으로 정치를 망친 군주를 내쫓는 역성혁명하면 맹자를 먼저 떠올리곤 한다. 나아가 역성혁명을 민주주의적인 관념의 소산으로 설명하곤 한다. 둘 다 일리가 있다. 맹자는 역성혁명의 당위성을 유달리 강조했던 사상가였고 폭정을 일삼는 군주를 내쫓는 것은 백성들의 바람이므로 결국 백성들의 뜻이 정치에 반영된 것으로 볼 수 있다. 그러나 앞의 기사에서 볼 수 있듯이 역성혁명의 저작권자는 맹자가 아니었다. 그것은 맹자가 태어나기 전인 춘추 시대에 이미 보편화되고 있었기 때문이다.

역성혁명을 민주주의 사상과 연결시키는 것도 조심할 필요가 있다. 앞 기사의 중략 부분에는 "천자에게는 제후가 있고 제후에게는 경대부가 있어" 군주를 도와 하늘이 군주에게 명한 소임을 온전히 수행할 수 있게 한다는 내용이 들어 있다. 곧 군주는 신하의 도움을 받아야 비로소 백성을 어버이처럼 기르는 소임을 다할 수 있게 된다는 것이다.

여기서 역성혁명이 군권을 제한하고 신권을 강화하는 논리로 활용될 여지가 있음을 확인할 수 있다. 곧 역성혁명은 백성을 위한다는 명목 아래 신권의 강화 수단으로 이용될 수도 있다. 그렇다면 역성혁명은 민주주의 사상보다는 관료 정치의 이념과 더욱 잘 어울릴 수도 있다. 익히 알려진 바와는 다른 셈이다.

경우에 따라서는 어떠한 사상이나 주장, 이념, 이론 등을 가능하면 그것이 생성된 시점의 역사적 맥락에 놓고 이해할 필요가 있다. 그러면 그것을 더욱 풍요롭게 해석하고 조명할 수 있는 지적 즐거움을 즐길 수 있다.

5. 일인지하, 만인지상의 자리

【양공 26년】 정나라의 간공(簡公)이 소국 진(陳)나라를 정벌한 공로를 포상했다. 3월 초하루에 대부 자전에게 연회를 베풀고 선로(先路)라는 수레와 경이 입는 최고의 예복인 삼명(三命)을 내렸으며 8개의 읍을 하사했다. 대부 자산에게는 선로보다 한 등급 아래의 수레인 차로(次路)와 예복인 재명(再命)을 내렸고 6개의 읍을 하사했다. 이에 자산은 읍의 하사를 사양하면서 아뢰었다. "포상할 때에는 위로부터 아래로 두 등급씩 낮추는 것이 예입니다. 신의 지위는 네 번째고 이번 정벌은 자전이 세운 공이므로 신은 감히 이와 같은 포상을 받을 수 없습니다. 청컨대 읍의 하사를 거두어 주십시오." 그러나 간공이 계속 내려 주고자 해서 자산은 세 읍만 받았다. 공손휘가 말했다. "자산은 지정(知政, 집정)이 될 것이다. 겸양하면서도 예를 잃지 않았다."

【양공 31년】 노나라의 대부 목숙이 결맹회의에서 돌아와 맹효백을 만나 말했다. "패자인 진(晉)나라의 집정 조무는 곧 죽을 것 같습니다. 그는 말투와 식견이 멀리 내다보지 못하고 안일해서 민주(民主, 집정)답지 못합니다. 또한 나이가 쉰도 안 됐음에도 굼뜨고 장황스럽게 말하는 것이 마치 여든, 아흔 살 먹은 노인과 같았습니다. 아마 오래 살지 못할 것입니다. 만약 조무가 죽는다면 위정(爲政, 집정)은 한기가 되지 않겠습니까? 그대는 어찌해서 이 일을 계손씨와 논의하지 않습니까? 한기와는 좋은 관계를 유지해 둘 만하니 그는 군자이기 때문입니다. 북방 진나라의 제후는 권력을 잃게 될 것입니다. 한기와 친해 놓지 않으면서 우리 노나라를 지킬 준비를 한다는 것은 위험합니다. 진나라의 정권이 대부들 손아귀로 떨어진 다음에는 방도가 없을 것입니다. 군자이긴 하지만 한기는 나약하고 대부들은 탐욕스러워서 우리에게 무한정 요구를 해 댈 것입니다. 게다가 제나라와 초나라는 진(晉)나라와 겨룰 수 있지만 우리가 의지할 형편이 못 되니 크게 두려워할 만한 상황이 아닙니까?"

이에 맹효백이 말했다. "사람이 산다면 얼마나 살겠습니까? 누군들 안주하려 들지 않겠습니까? 아침에 살아 있다고 해도 저녁에 어떻게 될지 모르는데 미래를 위해 우호 관계를 맺는 것이 무슨 소용이 있겠습니까?" 목숙이 물러난 후 다른 이에게 말했다. "맹효백은 곧 죽을 것이다. 내가 조무의 안일함에 대해 말했는데 그의 안일함이 더욱 심했다." 목숙은 계손씨에게도 북방 진나라의 형편을 고했는데 계손씨도 목숙의 말을 좇지 않았다. 조무가 죽자 북방 진나라 제후의 힘이 약해졌고 정사는 세도를 부리던 여섯 대부의 집안이 도맡아서 처리했다. 한기가 위정이 되었지만 진나라 제후가 실권을 되찾게 할 수는 없었다. 노나라는 북방 진나라의 요구를 감당하지 못하는 처지가 되었고 간악한 무리들이 크게 활개를 치고 다녔다.

《좌전》의 곳곳에서 나오는 '지정(知政)·민주(民主, '民之主'의 준말)·위정(爲政)·국정(國政)·대정(大政)·당국(當國)' 등의 표현은 모두 집정(執政)을 뜻한다. 집정은 재상 정도에 해당하는 직급이지만 재상이 군주와 서로 보완하며 정사를 함께 처리하는 자리인 데 비해 춘추 시대의 집정은 군주를 제쳐 두고 나라의 정사를 도맡아 처리할 수도 있는 자리였다. 봉건제의 위력이 약화되어 제후가 힘없는 천자를 무시하고 경대부가 힘없는 제후를 무시하던 시절이었기 때문이다.

춘추 시대는 제후가 아무리 큰 힘을 지녔다고 할지라도 아직 자신의 힘만으로 중원의 천자가 될 수 없었던 시절이고 대부가 한 나라의 실권을 쥐고 흔들 정도의 힘이 있을지라도 또한 자신의 힘만으로는 제후가 될 수 없었던 시절이었다. 그래서 힘이 없어도 천자나 제후는 폐위되지 않고 자리를 보전할 수 있었다. 대신 천자나 제후를 대신해서 그들에 버금가는 권력을 행사하는 이들이 나왔다. 제나라 환공이나 진나라 문공같이 제후 급에서는 패자가 되어 천자의 권위를 대신 행사했고 경대부 급에서는 집정이 되어 제후의 권위를 대신 행사했다.

역사가들은 이렇게 제후를 대신해 한 나라의 정사를 전담하는 직위를 두는 제도를 보이제(輔貳制)라 부른다. '보이(輔貳)'는 '돕다'는 뜻으로 문면으로는 "제후를 도와 정사에 참여한다."라는 뜻이지만 제후가 힘이 없을 때에는 실질적으로 제후 역할을 대신했다. 실제로 제후의 힘이 없을수록 집정 자리는 제후의 의사와 무관하게 결정되었던 것으로 보인다.

《좌전》을 읽다 보면 집정이 제후에 의해 지목되는 것이 아니라 대부 사이에서 결정되었다는 확신을 갖게 된다. 제후가 지목했다면 "제후 아무개가 누구를 집정으로 지목했다."는 식으로 기록됐을 터인데, 《좌전》에는 "집정인 자피가 자산에게 집정을 물려주었다.(양공 30년)"라든지, 북방 진나라의 집정 범무자가 집정을 극헌자에게 물려준 예(선공 17년)처럼 "현 집정이 아무개를 지목해서 집정을 물려주었다."라는 식으로 기록되어 있기 때문이다. 곧 보이제는 군권(君權)보다 신권(臣權)이 우위를 점했지만 그렇다고 신하가 군주가 될 수는 없던 시절의 산물이었던 셈이다.

그러나 보이제는 양면의 날을 지닌 제도였다. 누가 집정이 되는가에 따라 보이제는 공실과 국력을 동시에 강화할 수도 있었고 반대로 제후의 권위와 국력은 약화시킨 채 자신의 이익만을 챙길 수도 있었다. 집정, 곧 재상은 예로부터 "한 사람의 밑에 그리고 만인의 위에 있는[일인지하, 만인지상(一人之下, 萬人之上)]" 자리라고 부른다. 여기서 '한 사람'이란 군주를 가리키고 '만인'이란 신료와 백성 전체를 뜻한다. 그러므로 자신이 '일인지하'의 자리에 있음을 망각하지 않으면 전자의 유형이 되었고 '만인지상'의 자리만을 강조하면 후자의 유형이 되었다.

절대 권력을 지닌 군주와 상대적 약자인 뭇 백관과 백성의 사이에서 이 둘을 조정해서 공동의 선을 이뤄 나가는 자리가 바로 재상이다. 따라서 덕을 지닌 이가 군주가 되어야 하는가의 문제만큼 재상으로서 요구되는 덕목 또한 중요했다.

《좌전》은 '일인지하, 만인지상'의 자리에 대한 지침서이기도 하다. 거기에는 바람직한 집정의 모습과 그렇지 않은 집정의 모습이 다채롭게 기록되어 있고 집정의 의무와 직분 등도 충실하게 기록되어 있다. 《좌전》이 왜 전통 시기 내내 필독서이자 경전으로 평가받을 수 있었는지는 기술해 놓은 역사의 행간에 이와 같은 삶의 지침을 잔뜩 묻어 두었기 때문일 것이다.

제10장

소공 昭公

기원전 542년~기원전 510년

안자(晏子) 본명은 안영(晏嬰) 제나라의 영공·장공·경공 3대를 섬겼고 근면한 정치가로 국민의 신망이 두터웠다. 충성을 다해 직언으로써 간하여 제후들 사이에서 명성이 자자했던 관중과 비견되는 훌륭한 재상이었다. 후세 사람이 그의 언행을 모아 편찬한 《안자춘추(晏子春秋)》가 전한다.

주공(周公) 주공은 무왕의 친동생이자 주나라 2대 천자인 성왕(成王)의 숙부로, 어린 성왕을 잘 보필해 치국의 기틀을 마련한 재상이다. 8명의 성인 중 하나로 꼽히며 공자가 가장 닮고 싶어 했던 인물이다.

정(鄭)나라 자산(子産) 정나라 공실의 후예로, 성은 국(國)이고 이름은 교(僑)이다. 관중과 더불어 춘추 시대를 대표하는 명재상의 한 명으로, 작은 나라인 정나라의 재상으로, 강대국의 세력 다툼 속에서도 나라를 잘 보전하며 백성을 편안케 했다. 약소국의 재상으로 외교와 내치의 양면에서 탁월한 역량을 발휘했다는 평가를 받았다.

1. 법치와 덕치 그리고 예치

【소공 3년】 본디 제나라의 경공(景公)은 안영의 집을 바꿔 주려고 했다. 경공이 안영에게 말했다. "그대의 집이 시장에 가깝다 보니 지대가 낮고 좁으며 시끄럽고 번잡할 터이니 살기에 적당하지 않을 것이오. 지대가 높고 상쾌한 데로 옮기도록 하시오." 그러자 안영이 사양하며 아뢰었다. "주군의 옛 신하였던 저의 아버지가 그곳에서 사셨는데 제가 이어받아 살기에 부족하다고 하면 이는 제가 사치를 부리는 것이 됩니다. 게다가 시장에 가까이 사는 덕분에 아침저녁으로 필요한 것을 쉬이 얻으니 이것만으로도 저는 이득을 보고 있습니다. 그러하니 어찌 이사를 해서 담당 관리를 귀찮게 하겠습니까?" 경공이 웃으면서 말했다. "그대는 시장에 가까이 살고 있으니 물가가 어떤지 알고 있겠구려." 안영이 대답했다. "이득을 볼 정도인데 어찌 모르겠습니까?" 공이 말했다. "무엇이 비싸고

무엇이 싸던가요?" 당시 경공은 형벌을 남용해서 의족을 파는 자들이 생겨났다. 그래서 이렇게 대답했다. "의족은 비싸고 신발은 쌉니다." 안영은 전에도 경공에게 이렇게 고한 적이 있어서 이번에는 진(晉)나라의 숙향과 말했을 때의 표현으로 아뢰었다. 이에 경공은 형벌을 줄였다. 이 일을 두고 군자가 말했다. "어진 사람의 말은 그 이로움이 참으로 넓구나. 안영의 이 한마디로 인해 제나라 경공이 형벌을 줄였다. 《시경》에 '군자는 제사를 모시듯이 백성을 대하니 나라의 혼란이 금방 사라지네.'라는 말이 있다. 이를 두고 말함이 아니던가?"

《좌전》의 저자는 유능한 재상에 관심이 많았다. 제나라 환공을 중원의 초대 패자로 만든 관중은 말할 것도 없고, 소국 정나라를 '강소국'으로 만들었던 자산 그리고 북방 진나라의 조선자와 숙향, 서쪽 진나라의 백리해, 초나라의 영윤 자초 등 《좌전》에는 춘추 시대를 호령했던 쟁쟁한 인물들의 이야기가 풍요롭게 실려 있다. 안자(晏子)라고 존칭되는 제나라의 안영 또한 이들과 어깨를 나란히 했던 유능한 재상이었다.

형벌은 덕과 함께 전통 시기의 주요한 통치 수단이었다. 이 둘은 때로는 병용되고 때로는 어느 한쪽이 강조되었다. 춘추 시대의 경우 대부분의 제후국에서는 형벌을 더욱 애용했다. 제나라의 경공도 마찬가지였다. 당시의 주요 형벌에는 '오형(五刑)'이라 불리는 다섯 가지 형벌이 있었다. 머리를 자르는 대벽(大辟)과 남성의 고환을 제거하는 궁형(宮刑), 코를 베어 내는 의형(劓刑), 발을 자르는 비형(剕刑), 얼굴에 먹으로 뜸을 떠서 죄명을 적어 넣는 묵형(墨刑)이 그것이다. 이 형벌들은 남용했다가는 폭군 소리를 들어도 할 말이 없을 정도의 극형이었다. 경공은 이 중 발을 자르는 형벌인 비형을 남용했던 듯하다. 비형에는 월형(刖刑)이라 해서 아킬레스건을 파괴해 걷지 못하게 하는 형벌이나 빈형(臏刑)이라 하여 무릎 관절을 파괴해 걷지 못하게 하는 형벌도 포함되어 있었다. 따라서 비형이 남용되면 걷지 못하는 이들이 양산될 수밖에 없었다. 보행용 각종 의료 기구를 비싸게 파는 행위가 성행했다는 안영의 증언은 이를 뒷받침해 준다.

경공이 폭군이어서 그랬던 것은 아니다. 그는 안영의 풍자에 바로 자신의 행위를 교정할 줄 알았던 현명한 군주였다. 안영 또한 경공의 가능성과 자질을 익히 알고 있었기에 풍자를 곁들인 간언을 올렸던 것이다.

안영은 경공의 선대 제후였던 장공이 살해당했을 때도 곧은 행동을 해서 이름이 높이 났던 이였다. 장공이 최저라는 대부의 아내와 사통하다 들켜 최저가 자기 집에서 장공을 살해하는 하극상을 저질렀다. 당시 그는 장공의 시신을 자신의 집에 둔 채 자신이 일으킨 하극상을 수습하기 위해 공포 분위기를 조성했다. 사람들은 그의 위세에 눌려 문상은커녕 아무런 이야기도 꺼내지 못했다. 그러나 안영은 최저의 집에 가서 장공의 시신을 껴안고 대성통곡한 후 신하의 예를 갖춰 조문하고 나왔다. 정사를 살피지 않았고 신하의 부인과 간통을 할 정도로 잘못된 군주였지만, 군주는 군주인 만큼 신하로서 갖춰야 할 도리를 다해야 한다고 생각했던 것이다. 이때 최저의 부하들이 안영을 죽이고자 했지만 최저는 백성들이 존경하고 있는 이마저 죽이면 아무것도 안 된다며 결국 살려 보냈다.

안영은 이처럼 위아래로 존경받고 있던 인물이었다. 형벌의 남용을 경고하고 못난 군주였던 장공의 시신을 껴안고 울며 예를 다하는 그의 모습은 다분히 유가적이다. 명분의 준수를 목숨보다 앞세우고 예를 중시하며 형벌에 의존하는 정치를 반대하는 행위는 유가의 전매 특허였기 때문이다.

【소공 6년】 3월, 정나라 사람들이 형벌 조항을 세 발 달린 솥에 새겨 넣었다. 그러자 진(晉)나라 숙향이 정나라 재상 자산에게 편지를 보냈다. 편지의 내용은 다음과 같았다. "처음에 나는 당신에게 희망을 품었으나 이제는 그만두었습니다. 옛날 선왕들은 일의 성격을 따져 제재를 가했을 뿐 형법을 만들지는 않았으니 이로 인해 백성들이 이익을 다투는 마음이 생길까 봐 걱정했기 때문입니다.

더구나 형법을 마련했음에도 범죄를 완전히 사라지게 만들지 못했습니다. 그래서 의로움으로 그들을 제어했고 올바름으로 그들을 바로잡았으며 예로써 행하게 했고 믿음으로 본분을 지키게 했으며 어짊으로써 섬기게 했습니다. 작위와 직급을 만들어서 방종함을 경계했고 형벌로 엄단해서 사악함을 제압했습니다.

그럼에도 제대로 되지 않을까 걱정되어 충실함을 일깨웠고 실천을 중시했으며 근면을 가르쳤습니다. 온화함으로 백성들을 부렸고 진정으로 그들에게 임했으며 엄숙함으로 그들에게 다가갔고 강직함으로 그들을 단속했습니다. 또한 이로써도 모자랄까 걱정해서 어질고 총명한 군주와 밝고 잘 살피는 관리, 충실하고 미더운 수령, 너그럽고 은혜로운 스승을 구했습니다.

백성은 이렇게 해야 비로소 부릴 수 있고 재앙과 혼란을 일으키지 않게 됩니다. 백성들은 형법이 있다는 것을 알면 윗사람을 두려워하지 않게 됩니다. 대신 법을 이용해 이익을 다투는 마음이 생겨나 형법 조문을 끌어대며 요행으로 자기 뜻을 이루고자 하니 결국 다스릴 수 없게 됩니다."

정나라의 자산은 사람들로부터 "소국의 군주를 보좌하는 데 능했다.(소공 4년 조)"는 평가를 들었던 춘추 시대를 대표하는 재상 중에 하나다. 그가 죽자 공자가 눈물을 흘리며 애도했을 정도였다. 하지만 그는 중국 최초로 성문법을 만든 법가의 선구자였다. 하여 역대로 주류를 점하고 있던 유가들은 공자의 호평에도 불구하고 그를 못마땅하게 여겼다. 사실 공자가 그를 높이 평가한 까닭은 소국 정나라의 집정이 된 후 일상화된 외국의 침략을 수십 년간 막아내 백성을 평안케 했다는 까닭에서였지 법가적인 통치에 동의해서가 아니었다.

법가는 형벌을 통치의 근간으로 삼았다. 이에 비해 유가는 덕을 바탕으로 하는 교화를 통치의 근간으로 삼았다. 이들을 각각 법치와 덕치라고 불렀다. 법가는 덕치를 비효율적이라고 보았고 유가는 법치를 비인간적이라고 보았다. 어느 하나만으로는 세상을 제대로 통치할 수 없음에도 이들은 서로를 비판하며 자신의 주장을 고집스레 밀고 나갔다. 하여 진(秦)나라와 같이 법가를 통치 이념의 근간으로 삼은 왕조는 통일을 이룩하자 유가의 뿌리를 뽑아 버리는 분서갱유(焚書坑儒, 유가의 서적을 태우고 유생들을 생매장한 사건)를 자행했다. 반면 유가가 통치 이념의 근간으로 채택된 경우 법가는 금단의 사상으로 지목되어 접근 자체가 불허되곤 했다.

이것이 대대로 있어 왔던, 한자 문화권의 해묵은 사상적 갈등의 하나였다. 그런데 유가와 법가의 이러한 갈등은 현대 사회에서도 여전히 진행형이다. 사법 현장에서는 엄격한 법 적용을 강조하는 입장과 법의 제정 정신을 강조해서 범죄의 동기 등을 중시하는 입장이 갈등을 빚곤 한다.

나아가 국가적인 차원에서도 엄격한 준법정신을 강조하는 입장과 민주주의를 고안하고 실현해 낸 정의나 도덕과 같은 시민 사회의 덕목을 강조하는 입장이 부딪힌다. 과거에도 이 둘이 첨예하게 부딪혔고 지금도 충돌하고 있는데, 이런 사실은 어떠한 형태의 통치든 간에 법치와 덕치 양자 모두를 필요로 하고 있다는 점을 시사한다. 곧 어느 쪽이 맞고 틀린가 또는 어느 쪽만을 써야 한다는 양자택일식의 관점에서 벗어날 필요가 있다.

실제로 세상을 통치하려면 법치와 덕치 모두가 필요하다는 것이 역사의 교훈이다. 유가를 그리도 강조했던 조선만 해도 《경국대전(經國大典)》이나 《대명률(大明律)》 같은 법률에 의거해서 국가의 질서를 강력하게 유지해 갔다. 중국의 역대 왕조 또한 마찬가지였다. 하여 학자들은 "겉으로는 유교를 표방했지만 실제로는 법가식으로 통치했다."는 뜻의 "외유내법(外儒內法)"이 유가를 국가의 공식 통치 이념으로 채택한 역대 왕조의 기본적인 통치 방식이었다고 정리한다. 밖으로는 덕치를 표방했지만 안으로는 법치를 시행했다는 뜻인데, 공자의 후예 중에서도 세상은 이렇게 통치할 수밖에 없다고 본 사람이 이미 2,200여 년 전에 존재했다. 유가와 법가를 융합했다는 평가를 듣는 순자(荀子)가 바로 그다.

순자는 법치와 덕치의 중간 형태인 예치(禮治)를 주장했다. 그는 공자가 말한 예를 어짊이나 의로움 같은 덕목이 사회화된 형태로 파악한 후 이를 토대로 예는 덕과 법의 중간에 위치한다고 보았다. 덕치의 핵심인 어짊이나 의로움 같은 덕목이 내면적인 데에 비해 법치의 핵심인 법과 형벌은 어디까지나 사회적이기 때문이다.

중원을 최초로 통일한 진나라의 진시황은 법가만을 근간으로 하는 제국의 통치 질서를 구상했지만 결국 20년도 못 가서 망했다. 그러나 순자의 입장을 채택했던 한(漢)나라는 약 400여 년간 지속된다. 극단보다는 중용의 힘이 훨씬 우월했던 것이다.

2. 남의 불행은 나의 행복

【소공 5년】노나라의 소공(昭公)은 진(晉)나라로 가면서 교외에서 접대받는 일부터 예물을 바치는 일까지 조금도 예를 어기지 않았다. 진(晉)나라의 평공(平公)이 여숙제에게 물었다. "노나라 소공이 예에 밝지요?" 여숙제가 대답했다. "노나라 소공이 어찌 예를 안다고 하겠습니까?" 평공이 말했다. "왜 그렇습니까? 접대에서 예물에 이르기까지 한 가지도 예를 어기지 않았는데 어찌하여 예를 모른다고 합니까?" 대답해서 아뢰었다. "노나라 소공이 행한 것은 의식[의(儀)]이지 예라고 할 수 없습니다. 예란, 나라를 지키고 정책과 법령을 행하며 백성을 잃지 않는 근본입니다. 지금 노나라는 정사와 법령이 대부에게 귀속되었는데도 제후가 이를 되찾지 못하고 있습니다. 대부 자가기와 같이 빼어난 인물을 등용하지도 못하고 있습니다. 또한 대국과의 맹약을 어기고 자신보다 작은 나라들

을 업신여기고 있습니다. 다른 나라의 환난을 이롭게 여기고 자신의 사사로운 행동을 모르고 있습니다. 공실의 군사를 넷으로 나누어 대부 중 실권자인 계손씨·숙손씨·맹손씨와 나눠 가졌고 백성들은 그들 밑에서 살아가고 있습니다. 민심이 군주에게서 떠났으니 그 종말을 가늠할 수 없는 상황입니다. 일국의 군주가 되어 재난이 곧 밀어닥치려 하는데도 이를 걱정하지 않고 있습니다. 예의 근본과 쓰임새는 이러한 것인데도 자질구레하게 의식이나 익히는 데에 급급하고 있습니다. 그러니 예에 밝다는 것과는 거리가 먼 것이 아니겠습니까?" 군자들은 이에 여숙제가 예에 밝다고 평가했다.

노나라는 공자가 태어난 곳으로 여러 제후국 가운데 주나라와 인연이 가장 깊은 지역이었다. 상나라의 한 제후국에 불과했던 주나라는 무왕에 이르러 천자의 나라로 거듭났다. 그리고 그 친동생인 주공이 무왕의 아들 성왕을 도와 천자국의 기틀을 굳건히 다졌다. 노나라는 그런 주공이 받은 봉토였다.

춘추 시대 들어 주나라를 떠받치던 예법 질서가 많이 무너졌지만 노나라는 여전히 주나라의 예법을 고수하며 이를 준수하고자 노력하는 기풍이 남아 있었다. 과연 주나라의 본류로서의 자존심이 강했던 곳다웠다. 어려서부터 제사 용기를 가지고 놀았다는 기록에서 엿볼 수 있듯이 공자 또한 이런 분위기에서 나고 자란 덕분에 예를 중시하고 주공을 이상형으로 삼게 되었다. 또 《좌전》에는 예법에 매우 밝은 노나라 인물이 꽤 등장하며 노나라가 예법을 잘 지키고 있으니 힘으로 제압할 수 있는 나라가 아니라는 진술까지 등장한다. 그러나 시대의 변화를 막기에는 노나라도 버거웠던 듯하다.

"정사와 법령이 대부에게 귀속되었는데도 제후는 이를 되찾지 못한다!" 이 말은 춘추 시대 말엽에 들어 제후의 권력이 퇴조하고 권세를 잡은 대부들이 각 나라의 정사를 좌우하게 된 당시의 상황을 극명하게 드러내 주는 표현이다.

춘추 시대의 개막과 더불어 정사와 법령이 천자가 아닌 사방의 제후에게 귀속되더니 중엽을 거쳐 후엽에 이르러서는 제후의 권력도 쇠퇴하고 각국의 실권은 힘 있는 몇몇 대부들에게 옮겨졌다. 제후 자체가 큰 힘을 지닐 수 없었던 소국은 물론이고 한때 중원의 패자로서 천하를 호령했던 대국들도 비슷한 양상을 띠고 있었다.

소공 3년 조에는 동방의 강국이었던 제나라의 집정 격인 안영과 북방의 강국 진나라의 집정인 숙향이 만나 나눈 대화가 실려 있는데 거기에는 공실이 쇠락함으로써 발생한 여러 문제와 자신들이 집권자임에도 실권을 쥔 대부들 때문에 현실적으로 아무 일도 할 수 없음에 대한 무력감이 진하게 표출되어 있었다. 실제로 진(晉)나라는 조(趙)·한(韓)·위(魏) 등 여섯 가문에 의해 국정이 농단되었고 제나라는 대부 전(田)씨의 위세가 하늘을 찌르고 있었다.

예법 질서가 나름대로 지켜져 왔다고 평가받던 노나라의 경우 사정이 더욱 심했던 듯하다. 제후의 실권은 '삼환(三桓)'이라 불리던 계손씨·숙손씨·맹손씨의 세 집안이 나누어 가졌다. 대부들은 작당해서 노나라 공실이 보유하고 있던 군대를 해체시켜 자신들이 나눠 가졌고(소공 5년 조), 이에 격분한 노나라의 소공이 당시의 집정인 계평자를 치려고 했으나 다른 대부들은 권력이 공실에 있지 않은 지 오래이므로 불가능하다면서 반대했다.

그럼에도 노나라 소공은 계평자를 제거하려 했다가 숙손씨 등 다른 대부 집안의 개입으로 결국 제나라로 망명을 떠나게 된다(소공 25년). 이를 두고 사람들은 "노나라의 군주는 나라를 잃었고 그 권력이 계손씨로 귀속된 지가 벌써 4대째에 이르고 있다. 그래서 백성들은 군주가 누구인지 모를 정도가 되었다.(소공 32년)"고 평가했다. 정사가 공실을 떠나 대부인 계씨에게 넘어간 지 이미 4대째가 되었으니 백성들이 제후의 망명이나 죽음 등에 관심을 갖지 않는 것은 당연하다는 판단이다.

춘추 시대 후엽으로 올수록 예법 질서는 이렇게 급격하게 무너지고 있었다. 그렇다 보니 예법 질서의 보루였던 노나라마저도 철저하게 세속의 이해관계를 따르고자 했다. 대국이라고 할 수는 없지만 소국 중에는 그래도 큰 편에 속했던 노나라. 노나라는 명분 없이 대국과의 약속을 어기고 자기보다 더 작은 나라는 깔보았다. 제후의 권력을 농단하는 대부들을 혼내 줄 능력을 갖추려 하기는커녕 유능하고 어진 이의 존재를 알면서도 등용하지 않고 방치했다.

더욱 심각한 것은 다른 나라의 불행을 자신에게 이롭게 여겼다는 것이다. '타인의 불행은 나의 행복'이라는 심리는 공동체 사회에서 자멸의 지름길이다. 타인의 불행과 나의 행복 사이에는 아무런 논리적 필연 관계가 형성되지 않음에도 그렇게 생각한다는 것은 곧 세상과 사리를 읽는 눈이 전혀 없고 마음속에는 사리사욕과 같은 사악한 욕망만이 가득하다는 이야기가 되기 때문이다. 하여 앞의 기사에서도 사사로움을 앞세운 자신의 행동은 모른 체했다는 증언이 나온 것이다.

더 위험한 것은 '남의 불행이 나의 행복'이라는 심리는 '나의 행복은 곧 남의 불행'이라는 심보로 이어진다는 점이다. 그리고 이는 어떻게 하든 나만 행복하면 된다는 마음으로 이어져 결국 이기주의의 극을 걷게 된다. 마치 암세포와 같이 자신의 성장과 이익만을 추구해 결국에는 주변의 모든 생명과 질서를 파괴하는 데에 이르게 된다. 예법 질서의 수호자였던 노나라가 어느덧 이 지경에 이르렀던 것이다. 춘추 시대가 새로운 가능성을 모색하는 역동적인 움직임 속에 중원의 인문적인 역량이 쑥쑥 크던 시대였지만 그 이면에는 이런 어두운 현상들도 같이 크고 있었던 것이다.

3. 중원의 화제가 된 유령 소동

【소공 7년】 정나라 사람들은 백유의 유령을 이용해 서로 놀라게 하고 자 "백유가 나타났다."고 말했다. 그러면 모두 허겁지겁 도망가기에 바빴다. 정나라의 자산이 형법을 세 발 달린 솥에 새겨 넣었던 해 2월, 어느 사람이 꿈을 꾸었다. 꿈에서 백유가 무장을 하고 가면서 "임자일에 나는 사대를 죽일 것이고 다음 해 임인일에 나는 공손단을 죽일 것이다."라고 말했다. 그런데 임자일이 되자 사대가 정말로 죽어서 사람들이 더욱 두려워했다. 또한 제나라와 연나라가 화평을 맺은 달의 임인일이 되자 공손단이 정말로 죽어서 사람들이 한층 더 두려워했다. 그다음 달 자산이 공손설을 공자 공의 후계자로, 양지를 백유의 후계자로 각각 세워 백유의 영혼을 달래자 이 소동이 가라앉았다. 이에 자태숙이 그 까닭을 물었다. 자산이 답했다. "귀신이 돌아갈 곳이 있으면 모진 짓

을 안 합니다. 저는 귀신에게 돌아갈 곳을 만들어 주었습니다." 자태숙이 말했다. "공손설을 어찌해 후계자로 세우셨습니까?" 자산이 답했다. "구실이었습니다. 백유는 생전에 전혀 의롭지 않았기 때문에 그의 후계자를 세우려면 구실이 필요했습니다. 하여 공손설을 먼저 공자 공의 후계자로 세워 구실을 댄 후에 양지를 백유의 후계자로 세웠던 것입니다. 정치를 하다 보면 도리에 맞지 않는 일을 해서라도 사람들의 구미를 맞춰야 하기도 합니다. 구미를 맞춰 주지 않으면 안 믿게 되고 그러면 백성들은 복종하지 않게 됩니다."

자산이 진(晉)나라에 가자 조경자가 물었다. "백유는 여전히 유령이 될 수 있습니까?" 자산이 답했다. "그렇습니다. 사람이 태어날 때 맨 먼저 작용하는 것이 넋[백(魄)]입니다. 넋이 생겨남과 동시에 양기도 생기는데 이를 혼(魂)이라고 합니다. 사람이 여러 가지 것을 섭취하면 정기가 증대되고 혼백이 강화됩니다. 그래서 정기가 아주 맑으면 신명의 경지에 이르기도 하는 것입니다. 보통 사람들이 횡사하면 그 혼백은 다른 사람에 붙어 아주 나쁜 짓을 할 수 있습니다. 백유는 우리 선대 군주이신 목공의 후손이고 공자 양의 손자며 공자 이의 아들이고 우리 정나라의 경으로 삼대에 걸쳐 정치를 했습니다. 정나라가 비록 국력이 세지는 못하지만 우리 나라엔 '작지만 너도 엄연히 나라다.'라는 속담이 있습니다. 그는 삼대에 걸쳐 정권을 장악했으니 참으로 많은 물건을 가질 수 있었고 이 많은 물건을 정기를 돋우는 데 취했습니다. 또한 그는 일족의 위세가 컸기에 의지할 데가 많았습니다. 그런데도 비명횡사를 했으니 유령이 되고도 남음이 있음은 당연하지 않겠습니까?"

정나라는 노나라와 마찬가지로 소국이기는 하지만 다른 소국에 비해서는 국력이 상대적으로 컸던 나라였다. 마음먹기에 따라서 사리사욕을 한껏 채울 수 있을 정도의 국력은 됐던 나라였다. 백유는 그런 정나라의 실세 중 하나였다. 당시 대부분의 권세가들이 그랬듯이 그도 공익의 실현보다는 사익의 충족에 더 큰 관심이 있었다. 그러다 뜻하지 않게 정적들에 의해 횡사하게 된다. 중원의 큰 화제가 되었던 백유의 유령 소동은 이렇게 시작되었다.

자산은 백유가 유령이 됐을 때의 정나라 집정이었다. 그는 어떻게든 유령 소동을 잠재워야 했다. 그가 보기에 백유를 죽일 때 주도적 역할을 했던 사대나 공손단이 죽은 것은 나름의 이유가 있었기 때문이지 결코 백유의 유령이 한 짓이 아니었다. 그러나 나라가 혼란하고 생활이 갈수록 안정되지 못하면 백성들은 자신들의 불안감을 이렇게 해서라도 해소하려고 한다. 역설적이지만 개인의 심리적 불안감을 사회적 불안감으로 확대시켜 '함께' 걱정함으로써 다소나마 위안을 얻는 방식이다. 자산은 이러한 심리를 잘 알고 있었다. 하여 그는 백유의 후계자를 세워서 그의 혼령을 달랬다. 죽은 사람의 혼백이 유령이 되는 까닭은 그에게 제사를 바치며 달래 주는 이가 없기 때문이라는 것이 당시의 통념이었기 때문이다.

본래 백유는 악행을 일삼다 죽었기 때문에 후계자를 세워서는 안되었다. 그럼에도 자산은 사회의 안정을 위해 융통성을 발휘, 기존의 규범을 어기면서 후계자를 세웠다. 원리 원칙보다는 임기응변을 중시했던 그의 통치 성향이 잘 드러나는 대목이다.

얼마 후 그는 강국인 진나라에 일이 있어 갔다. 가서 보니 그곳에서도 백유의 유령 소동이 화제가 되어 있었다. 심지어 진나라의 집정 격인 조경자도 유령 이야기를 꺼냈다. 말의 요지는 왜 사람의 혼령이 유령이 되느냐는 것이었다. 이에 자산은 생시에 육체를 위해 이것저것 맛나고 좋은 것을 잔뜩 먹다 보면 정기가 세지고 결과적으로 혼백이 강화된다고 말했다. 그러고는 이런 상황에서 갑자기 죽게 되면 강력해진 혼백이 소멸되지 않고 살아 있는 사람의 몸에 빙의하게 된다고 말했다.

자국에서 일어났던 불미스러운 일을 활용해서 역시 사익을 밝히고 있던 조경자를 은연중에 비꼬았던 것이다. 작은 나라의 집정으로 큰 나라의 실권자를 교묘하게 풍자한 솜씨가 빛나는 대목이다.

그런데 자산의 활약은 백유의 유령 소동을 다룬 기사에서 오히려 부차적이라고 볼 수도 있다. 그보다는 유령과 같은 기이한 현상을 당시 사람들도 나름대로 조리 있게 이해했다는 사실에 더욱 주목할 필요가 있다. 《좌전》에는 기이한 현상에 대한 기록이 많이 실려 있다.

일식이나 유성, 혜성의 출현에 대한 기록은 말할 것도 없고 귀신이 일으킨 질병이나 무당에 대한 기록도 횟수는 적지만 기록되어 있다. 이들에 대해 《좌전》의 저자는 나름대로 합리적인 설명과 이해를 시도한다. 예컨대 초자연적 현상인 일식을 군주의 선정(善政) 여부와 연계한 후 선정을 펼치지 못한 경우 하늘이 벌을 내린다는 식으로 논의를 전개했다는 것이다. 소공 8년 조에 실려 있는 '말하는 돌멩이'에 대한 기사도 대표적인 경우다.

【소공 8년】 봄에 진(晉)나라의 위유라는 곳에서 돌이 말하는 사건이 있었다. 진나라의 평공(平公)이 악사인 광에게 물었다. "돌이 어떻게 말을 했을까?" 대답하여 아뢰었다. "돌은 말을 할 수 없으니 뭔가가 돌에 붙어 있었을 것입니다. 그렇지 않다면 백성들이 잘못 들었을 것입니다. 신은 이런 말을 들은 적이 있습니다. '농번기임에도 때를 거스르면서 공사를 시행해서 백성들의 원망이 높아지면, 말을 못하는 것조차 말을 하게 된다.' 지금 궁전을 우람하고도 사치스럽게 짓고 있어서 백성들의 힘이 고갈되었고 원망이 여기저기서 일어나고 있습니다. 백성들이 자신의 성정을 다 잃고 말았으니 돌이 말하는 것 또한 당연하지 않겠습니까?" 당시 진나라의 평공은 사기궁이라는 궁전을 짓고 있었다.

논리적인 전개가 돋보이는 기사다. 악사 광은 말하는 돌멩이 현상

에 대해 논리적으로 추론 가능한 두 가지 경우를 제시한다. 하나는 예컨대 귀신 같은 것이 돌멩이에 빙의해 말을 한 경우고 다른 하나는 백성들이 잘못 들었을 경우다. 백성들이 과도한 노역 등으로 기력이 소진되다 보면 평정을 잃게 되고 정신이 혼미해져 환청에 빠지게 된다는 것이다. 이를 통해 진나라 평공이 농사철에 사치스런 궁전을 짓느라 백성을 학대하는 실정을 날카롭게 비판하고 있다.

'지금—여기'의 눈으로 보면 여전히 미신적이고 과학적이지 못한 설명이고 이해일 수 있다. 그러나 그들의 설명과 이해는 위의 기사에서 보듯 '깨어 있는 지성'의 실천과 직결되어 있었다. 당시에 비해 과학적이고 이성적인 설명과 이해가 가능해진 지금, 우리는 그때보다 얼마나 더 합리적인 삶을 영위하고 있는 것일까? 혹 저 옛날보다 훨씬 정교해지고 논리적인 설명과 이해가 '깨어 있는 지성'과 따로 놀고 있는 것은 아닐까?

4. 문화적 중심지가 되기 위한 조건

【소공 26년】겨울, 10월 병신일에 천자인 경왕(敬王)이 활에서 기병했다. 신축일에 하늘에 제사지내는 곳인 교에 머물렀다가 드디어 시에 주둔했다. 11월 신유일에 진(晉)나라의 군대가 공(鞏)나라를 깨뜨렸다. 소(召)나라의 제후 영이 왕자 조를 축출하자 왕자 조와 소씨의 일족과 모(毛)나라의 제후인 득과 윤씨 일족인 고와 남궁은 등이 주나라의 전적을 가지고 초나라로 도망갔다. 음기는 거(莒)나라로 도망가서 그곳에서 반기를 들었다. 소나라의 제후가 천자를 시에서 맞이한 후 유(劉)나라와 선(單)나라의 제후와 맹약을 맺었다. 그러고는 어택에 군대를 모으고 제상에서 주둔했다. 계유일에 천자가 낙읍으로 들어갔고 갑술일에 양왕(襄王)의 사당에서 동맹을 맺었다. 진(晉)나라 군대는 대부 성공반을 시켜 천자를 보위케 하고는 회군했다.

1993년 8월, 중국의 호북(湖北)성 곽점(郭店)이란 곳의 경찰서에 변사체가 발견됐다는 신고가 들어왔다. 현장에 출동한 경찰은 변사체를 살펴보고는 고개를 갸우뚱거렸다. 아무리 여름이라지만 사체의 상태가 매우 특이했기 때문이다. 그리고 얼마 후 일군의 고고학자들이 현장에 도착했다. 조사를 진행하던 경찰이 이 사체가 전날 밤에 도굴된 무덤의 주인이었음을 밝혀 냈기 때문이었다. 중국뿐 아니라 전 세계의 이목을 끌었던 '곽점 초묘(郭店 楚墓)'는 이렇게 우연하게 세상에 알려졌다.

이 고분이 세계의 이목을 끈 데에는 몇 가지 이유가 있었다. 첫째는 이 무덤의 생성 시기다. 학자들은 대체로 매장 연대를 기원전 4세기 중반에서 기원전 3세기 초로 추정한다. 이는 춘추 시대가 막 끝나고 전국 시대가 본격적으로 전개되는 시점으로, 공자 사상의 심화와 전파에 중요한 역할을 했던 자사(子思, 기원전 483년~402년)와 맹자(기원전 372년~289년), 도가의 대표적 인물인 장자(기원전 369?년~286년) 등이 활동하던 시절이었다. 그리고 이들이 읽었던 죽간이 출토되었다.

둘째는 발견된 묘의 주인이 '동궁지사(東宮之師)' 곧 초나라 태자의 스승으로 추정된다는 점이다. 게다가 당시 초나라는 이미 이 시대를 대표하는 문화 중심지의 하나로 성장해 있었다. 따라서 출토된 죽간은 중원의 표준적인 판본이었을 개연성이 높다. 문화 중심지에서 태자를 가르쳤던 스승의 묘에서 나온 부장품이기 때문이다.

셋째는 그동안 알려지지 않은 전적이 다수 출토되었다는 점이다. 당시 발견된 죽간 가운데는 가장 오래된 《노자》와 그동안 알려지지 않았던 고대 중국인의 우주관이 담긴 《태일생수(太一生水)》, 역시 알려지지 않았던 《존덕의(尊德義)》와 같은 유가 계열의 죽간이 다수 포함되어 있었다. 중국 지성사나 철학사, 문학사 등에 존재하던 커다란 구멍을 막아 줄 중요한 원천이 발견됐던 셈이다.

여기서 이러한 궁금증이 생긴다. "춘추 시대 내내 아니 그 이전부터 중원의 제후국에 의해 오랑캐로 규정되었던 초나라가 언제부터 중원을 대표하는 문화 중심지의 하나로 발돋움했을까?" 앞의 기사는 이 질문에 대한 답변을 품고 있다. 천자인 경왕(敬王)은 선대 왕이었던 경왕(景王)의 서자였다. 적자가 없어서 서자에게 왕위를 넘길 때에는 나이순으로 하고 나이가 같다면 덕 있는 이를 택하는 것이 당시의 규범이었다. 그런데 경왕(景王)은 나이가 많은 왕자 조보다는 경왕(敬王)을 총애해서 그에게 천자의 자리를 물려주었다. 그렇다 보니 왕자 조는 경왕(敬王)을 천자로 인정할 수 없었고 기회를 보아 반란을 일으켰다.

반란의 결과는 실패였다. 천자인 경왕의 뒤에는 북방의 강국인 진나라가 버티고 있었기 때문이다. 왕자 조를 비롯한 반란 세력은 북방 진나라와 호각지세를 이루고 있었던 초나라로 급히 피신했다. 그

급한 와중에도 이들은 주나라 왕실 서고에서 상당량의 전적을 챙겨서 도망쳤다. 그리고 초나라로 망명하는 데에 성공했다. 그러나 초나라 입장에서는 천자에 반기를 든 집단을 받아준다는 것은 명분 없는 일이기 때문에 중원의 제후들에게 집중적으로 견제를 당할 가능성이 컸다. 그럼에도 이들을 받아준 것은 왕자 조 일당이 들고 온 서적 때문이었다. 늘 중원의 제후국에게 '오랑캐' 소리를 듣던 초나라로서는 이들이 들고 온 서적을 바탕으로 문화적 역량을 키울 수 있었다. 그 결과 초나라는 짧은 시일에 기존의 문화 중심지였던 주나라의 낙읍과 노나라의 수도인 곡부(曲阜), 송나라의 수도인 상구(商丘)와 어깨를 나란히 하는 신흥 문화 중심지로 발돋움하게 된다.

책은 이처럼 중요한 물건이었다. 아직 종이도 발명되지 않았던 시절이었지만 책은 국가 통치와 관련된 최고의 지식과 정보가 담긴 '특급 비밀 서류'였다. 하여 서주(西周) 때만 해도 왕족과 제후의 일족 같은 권부의 핵심 세력만이 책을 볼 수 있었다. 그러다 춘추 시대에 들어와 관부에 봉인되어 있던 책이 민간으로 퍼져 나가기 시작했다. 하지만 책이란 게 만들거나 보관하려면 돈이 많이 들기 때문에 여전히 희귀했다. 특히 주나라의 왕실에서 보관했던 서적에는 훨씬 전부터 기록된 각종 고급 지식과 정보가 풍부하게 실려 있었다. 그 자료는 거의 독점적이라고 해도 과언이 아니었다. 따라서 이런 책들을 대량으로 확보한다는 것은 국력 신장의 터전을 마련한다는 것과 같았다.

그래서 왕자 조의 일당은 왕실의 서적을 대량으로 가져갔으며 또 초나라가 명분 없는 이들을 받아들였던 것이다.

지식을 인간의 내부가 아니라 바깥에 저장할 수 있게 해 주었던 책. 그렇기 때문에 책은 문명의 진보를 꿈꾸는 사회에선 늘 중요시됐고 소중하게 다뤄졌다. 그것이 많이 있으면 일순간에 오랑캐에서 중원의 문화 중심지로 탈바꿈할 수 있었고 부강한 국력을 창출해 낼 수도 있었다. 저 옛날에만 그러했던 것일까? 지적 재산권이 강조되고 문화적 자산 가치 등이 운운되는 오늘날은 어떠한가? IT 강국인 미국이 세계적인 독서 강국인 데서 분명하게 알 수 있듯이 책은 여전히 문화의 핵심이리라.

제11장

정공 定公

기원전 510년~기원전 495년

구천(句踐) 월나라의 왕으로 와신상담의 주인공. 오나라의 부차(夫差)에게 패하고 굴욕적인 강화를 맺은 후 명신(名臣) 범려(范蠡)와 함께 군비를 증강하고 힘을 키워 부차를 격파함으로써 복수에 성공했다. 월의 국력은 더욱 막강해져 구천은 패왕(霸王)이라는 칭호를 얻었다.

범려(范蠡) 자는 소백(少伯)으로 월나라의 정치가이자 군사 전략가다. 뛰어난 지략으로 월나라 왕 구천을 보필해 오나라를 멸망시키는 데 큰 공을 세우고 구천이 춘추 오패의 하나로 설 수 있도록 크게 도왔다. 그 뒤 전성기 때 과감하게 자리에서 물러난 후 이름을 바꾸고 제나라에 가서 장사를 해 거부가 되었다고 한다.

주(周)나라 무왕(武王) 상(商)의 제후국이었던 주나라를 천자의 나라로 거듭나게 한 인물이다. 주나라 제후 서백 창의 아들로, 천하제후 2/3 이상의 지지 아래 상의 폭군 주왕을 멸하고 스스로 천자에 오르고는 아버지 서백 창을 문왕으로 추존했다. 요·순·우·탕 및 문왕과 더불어 대표적인 성군으로 칭송되어 왔다.

1. 우주의 섭리를 체현하는 숫자들

【정공 4년】동맹회의가 열렸던 소릉에서 돌아오던 길에 정나라의 자태숙이 정나라 땅에 도착하기 전에 그만 세상을 뜨고 말았다. 이에 북방 진(晉)나라의 조간자가 문상하러 와서는 몹시 애통해하며 말했다. "황보에서 열렸던 동맹회의 때 자태숙께서는 나에게 아홉 가지의 말씀을 해 주셨습니다. '환란을 일으키지 말고 재물을 자랑하지 말며 백성들의 지지에 의지하지 마십시오. 여러 사람이 동의한 것에 거스르지 말고 예를 행하는 이에게 오만하게 굴지 말며 재능을 뽐내지 마십시오. 같은 일로 거듭 화를 내지 말고 덕이 아닌 것을 도모하지 말며 의롭지 않은 일을 실행하지 마십시오.'"

《좌전》을 읽다 보면 '4'나 '5', '6', '8', '9'와 같은 숫자가 붙은 낱

말을 곧잘 접하게 된다. 앞의 기사에는 한 나라의 정사를 담당한 집정으로서 지녀야 할 태도에 대한 '아홉 가지 말[구언(九言)]'이 나온다. 소국 정나라의 집정이었던 자태숙이 지금으로 말하면 공무 수행 중에 순직을 하자 대국 진나라의 집정 격인 조간자가 조문한 후 자태숙을 회고하며 한 말이었다. 그런데 왜 하필 '아홉' 가지였을까?

집정으로서 지녀야 하는 태도를 나열하자면 한도 끝도 없을 수 있다. 어디 앞에 열거된 아홉 가지뿐이겠는가? 물론 그 많은 태도 가운데 중요한 것만을 추리다 보니 아홉 가지로 압축됐다고 볼 수도 있다. 그래도 의문이 가시지는 않는다. 글자 수나 문장 구조를 딱딱 맞추는 등 정형화된 표현을 중시했던 고대 중국인의 글쓰기 습관을 감안하면 위의 아홉 가지 중 뒤의 두 가지가 앞의 일곱 가지와 달리 넉 자로 구성되었기 때문이다. 내용적으로도 '덕이 아닌 것'과 '의롭지 않은 것'을 하지 않는 태도는 앞의 일곱 가지 태도를 포괄한다. 형식면에서도 내용면에서도 앞의 일곱 가지와 뒤의 두 가지는 평형을 이루지 않고 있다. 이것이 혹시 '9'라는 숫자에 맞추기 위해서 일부러 그랬던 것은 아닐까 하는 의문이 가시지 않는 까닭이다.

'9'라는 숫자는 완성을 뜻한다. 전통적으로 음(陰)보다는 양(陽)을 선호했던 유가들은 짝수를 음의 수로, 홀수는 양의 수로 구분했다. 그리고 양의 수 중 가장 큰 수인 '9'에 '완성', '완벽' 등의 의미를 부여했다. 정치는 대표적인 양의 행위였고 집정은 그런 정치의 정점에 위치했다. 따라서 집정은 어느 한쪽으로 치우쳐서도 안 되고 정사에 관한 모든 것을 잘 알고 있어야 했다. 한마디로 공평무사하고 완전무결해야 했다. 이러한 요구를 받았던 집정의 태도를 나열한 것이라면 아무래도 '7'보다는 '9'가 한결 더 잘 어울린다고 보지 않았을까? 물론 《좌전》의 저자가 정말 이러한 의도로 아홉 가지를 나열했는지는 확인할 수 없다. 그러나 그조차도 의식하지 못하는 사이에 '9'라는 숫자를 떠올리고 이를 채우려 했을 개연성은 높다고 할 수 있다. 그만큼 '9'는 고대 중국인의 의식 밑바탕에 각별한 의미를 지닌 숫자로 자리 잡고 있었다.

양의 수 가운데서 '9'가 그러했다면 음의 수 가운데는 '6'이 그러한 자리에 있었다. 그런가 하면 숫자 '8'은 우주의 비밀을 보여 준다고 여긴 '팔괘(八卦)'와의 연관 아래, 숫자 '5'는 삼라만상의 근본 요소인 '오행(五行)'과의 연관 아래, 숫자 '4'는 사계절과의 연관 아래 각각 완성이나 온전함 같은 뜻과 연계되었다. 《좌전》에도 이 숫자들이 종종 쓰였는데 몇 가지만 예시해 보기로 한다.

【은공 3년】 지위가 낮은 자가 높은 자를 방해하는 것, 젊은이가 연장자를 능멸하는 것, 혈연관계가 먼 자가 가까운 이를 이간질하는 것, 새로 들어온 자가 이미 있던 이를 압박하는 것, 사악한 자가 의로운 자를 거꾸러뜨

리는 것, 이것이 이른바 '여섯 가지의 역행'이다. 군주가 의롭고 신하가 열심히 행하며, 어버이가 너그럽고 자녀가 효성스러우며, 형이 자애롭고 동생이 공손한 것, 이것이 이른바 '여섯 가지의 순리'다.

【문공 6년】 8월 을해일에 북방 진(晉)나라의 양공(襄公)이 서거했다. 그런데 영공(靈公)이 어리다 보니 진나라의 대부들은 변란이 있을까 걱정되어 장성한 군주를 세우고자 했다. 그러자 조돈이 말했다. "공자 옹을 옹립합시다. 그는 선행을 좋아하고 나이가 많으며 선군께서도 아끼셨습니다. 또한 우리와 오랜 맹방인 서쪽 진(秦)나라와도 가깝습니다. 선한이를 세우면 나라의 보위가 견고해지고 나이가 많은 이를 모시는 것은 순리입니다. 선군께서 아낀 이를 옹립하는 것은 효도고 오랜 맹방과 우호를 다지면 나라가 안정됩니다. 나라에 변란이 있을까 해서 장성한 군주를 세우고자 한 것이라면 이 '네 가지 덕'을 지닌 분을 세워야 변란도 해소될 것입니다."

【문공 18년】 옛날 고양씨에게는 8명의 빼어난 아들이 있었다. 창서·퇴개·도인·대임·방강·정견·중용·숙달이 그들이다. 이들은 중용의 도를 걷고 사리에 밝았으며 도량이 넓고 사려 깊었다. 또한 슬기롭고 진실하며 돈독하고 성실했다. 천하의 백성들이 이들을 '8명의 온화한 자[팔개(八愷)]'라고 불렀다. 고신씨에게도 8명의 빼어난 아들이 있었다. 백분·중감·숙

헌·계중·백호·중웅·숙표·계리가 그들이다. 이들은 충실하고 진지하며 공손하고 기품이 있었다. 또한 주도면밀했고 너그러웠으며 은혜로웠고 화목했다. 천하의 백성들이 이들을 '8명의 선량한 자[팔원(八元)]'라고 불렀다. (중략) 순이 요임금을 섬길 때에 팔개를 등용해 농림과 수산을 주관하게 했고 이와 관련된 제반 업무를 처리하게 하니, 모든 것이 때에 맞게 이루어져 온 천하가 태평해졌다. 또 팔원을 등용해 '다섯 가지의 가르침'을 사방에 펼치게 하니 아버지는 의로워졌고 어머니는 자애로워졌으며 형은 우애로워졌고 동생은 공손해졌으며 자녀들은 효성스러워져 온 천하가 평안하게 되었다.

'여섯 가지의 역행', '여섯 가지의 순리', '네 가지 덕', '8명의 온화한 인물', '8명의 선량한 인물', '다섯 가지 가르침' 등, 왜 하필 '6'이고 '4'며 '8'이고 '5'일까라는 질문을 던지면 대부분 나열된 내용만으로는 충분하게 설명되지 않는다. 하여 학자들은 이들 숫자가 지니는 상징적인 의미에 주목하라고 권유한다. 전통 시기 한자 문화권에서는 인간과 사회가 자연을 닮을 때 비로소 태평성대를 이룰 수 있다는 사유가 지배적이었다.

사람들은 우주의 섭리를 발견하고 이해하려고 애썼다. 이 과정에서 '4', '5', '6', '8', '9' 등의 숫자는 섭리를 이해하는 데에 관건으로 떠올랐고, 나아가 그 자체가 자연의 섭리를 체현하고 있는 것으로 이해되었다.

그 결과 사람들은 이들 숫자에 맞춰 사회를 구성하면 인간 사회는 자연스럽게 우주의 섭리를 실현하게 된다고 여겼다. 그래서 천하를 '아홉 주[구주(九州)]'로 나눠 다스렸고 중앙 정부도 여섯 부서[육부(六府)]와 세 정무[삼사(三事)] 이렇게 '아홉 부처[구공(九功)]'로 나누었다.

실제로 기른 가축이 여섯 종류만 있었던 것이 아님에도 가축을 '육축(六畜)'이라 명명했고 사람이 타고난 기운이 여섯 가지에 불과하지 않을 터임에도 사람은 '육기(六氣)'를 타고났다고 못박았다. 소리와 맛, 빛깔 등은 오행에 맞춰 각각 '오성(五聲)', '오미(五味)', '오색(五色)'으로 분류되고 명명되었다.

물론 인간사의 모든 부문을 우주의 섭리를 체현하는 숫자에 맞춰 조직했던 것은 아니다. 그러나 될 수 있으면 그렇게 하려고 애썼음은 분명하다. 왜 이렇게까지 애를 썼을까?

지금 사람들이 현재를 열심히 사는 까닭의 하나는 기반을 튼실하게 닦아 미래를 대비하기 위함이다. 그런데 튼실하다고 판정할 수 있는 기준은 무엇을 기반으로 하고 있는 것일까? 춘추 시대 사람들은 그 기준을 우주의 섭리에서 찾았다. 사람은 죽고 사라지면 다시 안 오지만 우주는 소멸과 생성을 주기적으로 반복한다. 그것은 불변성을, 나아가 영원성을 환기해 주고 있었다. 변하지 않고 지속되는 것이라면 충분히 기댈 만하다고 판단했음직하다. '지금−여기'에서 보면 지나치게 우직하고 미신적으로 보일 수 있지만, 고대인들이 우주의 비밀을 체현하는 숫자대로 인간 사회를 조직하려고 했던 것은 현대인들과 마찬가지로 안정적인 미래를 희구하는 동일한 욕망의 발현이었던 것이다.

2. 오자서와 신포서

【정공 4년】오자서와 신포서는 절친한 벗이었다. 오자서가 초나라를 떠나 오나라로 망명하러 갈 때 신포서에게 말했다. "나는 반드시 초나라에 복수할 것이네." 그러자 신포서가 말했다. "열심히 해 보시게! 그대는 충분히 복수할 수 있을 게야. 그러면 나는 반드시 초나라를 부흥시킬 것일세." 오나라의 침공으로 수도까지 빼앗긴 초나라의 소왕(昭王)은 변란을 피해 수(隨)나라에 머물렀다. 이때 신포서가 서쪽의 진(秦)나라에 가서 원병을 청하며 말했다. "오나라가 큰 멧돼지나 긴 뱀처럼 중원의 여러 나라를 집어삼키려 해서 우리 초나라가 제일 먼저 극심한 피해를 입었습니다. 우리 제후는 사직을 지키지 못한 채 민간의 궁벽한 곳으로 피신한 후 저를 시켜 이렇게 위급함을 고하게 하셨습니다. 말씀하시기를 '오랑캐인 오나라는 탐욕이 끝이 없습니다. 만약 우리 초나라를 병합하게 되면 군주와 이

웃하게 되니 진나라도 변경에 우환이 계속될 것입니다. 오나라가 우리 초나라를 완전히 정복하지 못했을 때를 틈타서 군주께서는 초나라 땅의 일부를 취하십시오. 만약 초나라가 멸망한다면 그 땅은 군주의 소유가 될 것입니다. 만약 군주의 영명함 덕분에 초나라를 되찾게 된다면 우리는 대대로 군주를 섬길 것입니다."

그러나 진나라의 애공(哀公)은 사람을 보내 사양했다. "과인은 그대가 원군을 청하는 사정을 잘 알고 있소. 그대는 잠시 객관으로 가서 쉬시오. 더 헤아려 본 후에 알려 주도록 하겠소." 그러자 신포서가 대답했다. "우리 초나라의 군주께서 궁벽한 곳에 계신 까닭에 편히 누울 만한 자리조차 마련하지 못했습니다. 그런데 신이 감히 편안한 데로 나아가겠습니까?" 그러고는 선 채로 궁정 담에 기대어 통곡을 했는데 통곡 소리가 밤낮 가리지 않고 계속 들려왔다. 이렇게 물 한 모금조차 마시지 않고 이레 동안 통곡을 했다. 이에 진나라의 애공이 그에게 용사를 칭송하는 내용인 《시경》의 '무의'란 시를 읊어 주었다. 그러자 신포서는 아홉 번 머리를 땅에 찧은 후 비로소 자리에 앉았다. 이로써 진나라의 군대가 출전하게 되었다.

춘추 시대 최고의 풍운아를 꼽아 보라고 하면 지체 없이 오자서를 뽑는 이가 분명히 많을 것이다. 그는 대국 초나라의 내로라하는 명문 집안에서 촉망받는 기린아로 지냈지만 간계에 빠져 여러 나라를 전전하다가 오나라에 정착했다. 정치적 부침을 겪은 끝에 오나라 왕 합려와 부차 부자에게 연이어 중용되어 군권을 잡았다. 그리고 부차가 월나라 왕 구천을 쳐 부친의 복수를 갚는 데에 혁혁한 공을 세웠다. 익히 알려진 와신상담(臥薪嘗膽)이라는 고사의 주역인 셈이다.

오자서가 오나라로 망명하게 된 계기는 이러했다. 오자서의 부친인 오사는 초나라 태자 건의 스승이었다. 당시 태자의 교육은 책임자인 태부(太傅)와 부책임자인 소부(小傅)가 함께 담당하고 있었다. 오사는 태부였고 소부는 비무극이라는 이였다. 하루는 비무극이 초나라 평왕(平王)에게 서쪽 진나라의 공주 가운데 적당한 여성이 있다면서 그녀와 태자 건과의 결혼을 제안했다. 평왕은 강국과 정략결혼을 할 필요가 있어서 이를 허락한 후 비무극을 보내 그 공주를 데려오게 했다.

그런데 진나라에 간 비무극은 국제결혼을 성사시켜 공주를 데리고 오면서 한편으로 사자를 먼저 보내 평왕에게 이 여인을 후궁으로 취하라고 건의했다. 그녀가 너무도 아름다웠기 때문이었다. 평왕도 이를 수락해 결국 며느릿감으로 데려온 여인을 자신이 취하는 패륜을 저질렀다. 문제는 비무극이었다. 이렇게 해서 평왕의 총애를 얻는 데에는 성공했지만 다음 군주가 될 사람은 태자 건이 아니던가? 그가 즉위하면 자신의 목숨은 파리의 그것과 별반 다르지 않게 된다. 그는 재빠르게 움직였다. 일단 태자 건이 이 일로 인해 불만을 품고 있다며 제거해야 한다고 아뢰었다. 평소에 제거하려 마음먹었던 태자의 스승 오사도 모함해서 투옥시켰다.

그런데 오사의 두 아들이 마음에 걸렸다. 준재(俊才, 재주가 뛰어난 사람)라는 소문이 파다했기 때문이다. 비무극은 꾀를 내어 두 아들에게 전령을 보냈다. 둘 다 아버지를 구하러 온다면 다 살려 줄 것이요, 아니면 다 죽인다는 것이었다. 이를 들은 큰아들 오상은 지체 않고 가고자 했으나 동생 오자서는 이를 거부했다. 비무극의 계략임이 뻔한 데다가 갔다가는 다 죽을 것이니 누가 이 원한을 갚느냐는 것이었다. 오상이 고개를 끄덕이며 자신은 가서 부친에 대한 효를 다하겠다고 했다. 그리고 오자서더러는 너는 능력이 되니 살아남아 이 원수를 갚아 달라고 부탁했다.

오자서는 그 길로 뛰쳐나와 태자 건을 모시고 이웃인 송나라로 갔다. 그러나 일이 잘못되어 태자 건이 죽임을 당했다. 이에 태자 건의 아들을 모시고 오자서는 다시 오나라로 도망갔다. 그곳에서 기회를 엿보다가 합려라는 인물과 만나 그의 신뢰를 얻었다. 훗날 합려가 오나라 왕이 되자 오자서 또한 중용되기에 이른다(이상의 내용은 소공 15년, 19년, 20년, 27년 조에 자세히 나와 있다).

중원의 패자를 꿈꿨던 합려는 오자서 외에도 《손자병법》의 저자로 유명한 손무 등을 등용한 후 명분을 세워 남방의 강국 초나라를 쳤다. 오나라 군대는 물밀듯이 초나라 수도를 점령했고, 이에 초나라 소왕은 이웃의 소국인 수나라로 피신했다. 오자서는 내친 김에 소왕을 추격하여 원한을 풀고 싶었지만, 일의 형세가 그럴 수 없게 돌아갔다. 그는 추격을 포기하고 무고한 부친과 형을 죽인 평왕의 능을 파헤친 후 시신을 꺼내 300여 차례에 걸쳐 채찍을 휘둘렀다. 장장 20여 년이 넘게 뼈에 사무쳐 있던 원한인지라 끔찍하기 그지없는 일을 자행했던 것이다.

그렇다고 오자서가 사적인 복수에 눈이 멀었던 '복수의 화신'만은 아니었다. 그는 이것으로 사적인 차원의 복수를 완수하더니, 그 후로는 합려를 보필하여 그가 중원의 패자로 발돋움하는 데에 힘을 쏟았다. 그가 보기에 중원의 패자가 되기 위해서는 오나라의 오랜 앙숙이자 화근인 월나라를 쳐야만 했다.

드디어 합려는 월나라 정벌에 나섰다. 워낙 잘 단련된 오나라 군대인지라 월나라는 수세에서 벗어날 수 없었다. 그러나 월나라 왕 구천이 구사한 전략에 그만 패퇴했고, 합려 자신도 발에 화살을 맞고 퇴각하다가 죽었다. 눈을 감기 전 합려는 태자인 부차에게 복수를 유언했다.

부차는 이를 갈았다. 그는 오자서 등을 계속 등용하여 복수를 준비했다. 그렇게 절치부심하며 3년 여를 보낸 다음 그는 마침내 월나라를 쳐서 구천의 무릎을 꿇렸다. 이는 오자서의 경우처럼, 사적인 원한을 갚음과 동시에 국가의 이익도 증대시킨 쾌거였다. 그런데 여기서 문제가 발생했다. 구천의 처리를 두고 부차와 오자서 사이에 틈이 벌어지기 시작했던 것이다.

결국 부차는 오자서의 말을 듣지 않고 구천을 살려 둔 채로 귀국했다. 이후 부차는 선대에 이루지 못한 패업을 이루기 위해 중원의 강국인 제나라를 치고자 했다. 오자서는 시기상조라면서 반대했다. 그래도 제나라를 치고자 한다면 먼저 월나라를 완전히 쓸어버려 월 땅 자체를 늪지대로 만들어야 한다고 간했다. 간신과 월나라 측의 공작으로 인해 오자서에 대한 의심이 갈수록 커지던 부차가 그의 간언을 듣지 않은 것은 당연한 일, 오자서는 자신의 아들을 동쪽의 강국인 제나라에 숨겨 안전을 도모하는 등 어쩔 수 없이 자신의 미래를 대비하기 시작했다.

그러나 이것이 화근이 되었다. 적국에 가족을 숨긴 것 자체가 배신의 근거가 될 수 있기 때문이었다. 급기야 부차는 오자서에게 죽음을 명한다. 오자서는 피할 수 없음을 알고 주변 사람들에게 자신의 눈을 오나라 수도의 동쪽 성곽에 걸어 놓아 달라고 부탁했다. 또 자신의 무덤에 나무를 심어 달라고도 했다. 그러면 훗날 월나라 왕 구천이 오나라에 쳐들어오는 것을 직접 보게 될 것이고 그때쯤이면 무덤에 심은 나무를 잘라 부차의 관을 만들 수 있을 것이라는 이유에서였다. 이 말을 들은 부차가 가만히 있을 리는 만무할 터, 그는 오자서의 시신을 가마니에 넣어 강물에 던지라고 명했다. 부친이 그랬듯이 오자서도 결국 원한 속에 생을 마감했고 시신마저도 안장되지 못하는 비극을 맞이했다.

신포서는 이러한 풍운아의 절친한 벗이었다. 그는 평소부터 오자서의 빼어난 재능을 잘 알고 있었다. 역사는 비무극 같은 간특한 이가 활개치는 세상에서는 주로 잘난 이는 시기의 대상이지 인정받기 쉽지 않았음을 말해 준다. 곧 신포서도 오자서만큼이나 바르고 유능한 인물이었던 셈이다. 그는 오자서가 도망하는 데에 십분 동의했다. 그러나 자신이 조국인 초나라를 배반할 이유는 하나도 없었다. 하여 오자서에게 선의의 경쟁을 제안한다. 과연 둘 다 큰 인물이었다. 국정을 담당한 이들도 아니었건만 이들은 나라의 운명을 걸고 한판 멋지게 겨뤄 보자는 데에 의기투합한다. 결과는 서로 함께 성공하는 '원win-원win'이었다.

오자서는 갖은 고생 끝에 힘을 얻어 초나라를 쳤고 너무 가혹했지만 죽은 평왕에게 복수하는 데에도 성공했다. 신포서도 풍전등화였던 초나라를 멸망 직전에서 구해 내는 데에 성공했다. 이쯤이면 역사책에 기록할 만한 우정이요, 인물일 것이다. 어떠한가? 남녀를 불문하고 벗이 이 정도가 된다면 인생, 참으로 살 만하지 않을까?

3. '논술 교재'로서의 《춘추좌전》

【정공 8년】위나라의 영공(靈公)이 북쪽의 진(晉)나라를 배반하고자 했다. 다만 다른 대부들이 반대할까 봐 걱정이 되었다. 이에 대부 왕손가가 영공에게 교외에 머물라고 전했다. 그러자 대부들이 교외에 머물려는 까닭을 여쭈었다. 영공은 자신이 진나라에 가서 당했던 치욕을 말해 주었다. 그리고 이렇게 말했다. "과인은 사직을 욕되게 했소. 따라서 과인의 뒤를 이을 후계자를 하늘에게 물어 보고자 하오. 과인은 하늘이 후계자를 점지해 주시면 그 결과를 따라 물러날 것이오." 대부들이 아뢰었다. "진나라에게 치욕을 당한 것은 우리 위나라가 작아서 당한 재앙입니다. 어찌 군주의 허물이겠습니까?" 영공이 말했다. "재앙이 더 있소. 진나라는 과인에게 '반드시 공자들과 대부의 아들들을 인질로 보내야 한다.'고 했소." 대부들이 아뢰었다. "나라에 도움이 된다면야 공자들

도 가야 하는 것이며 신료들의 아들들이라고 해서 감히 말의 멍에를 지고 그 뒤를 뒤쫓지 않을 수 있겠습니까?" (중략) 인질들을 떠나보내는 날이 되자 영공은 대부들의 알현을 받았다. 이때 영공은 왕손가를 시켜 대부들에게 물어보았다. "만약 위나라가 진나라에 반기를 든다면 진나라가 다섯 번 쳐들어올 터, 그 피해는 얼마나 되겠소이까?" 대부들이 한목소리로 말했다. "우리에게 다섯 번 쳐들어온다 해도 그때마다 맞서 싸울 수 있습니다." 이에 왕손가 말했다. "그렇다면 반기를 들도록 합시다. 그런 뒤 고통이 심해지면 그때 가서 인질을 보내도 늦지 않을 듯합니다." 이에 위나라는 진나라에 반기를 들었고 진나라가 조약 내용을 바꾸자고 했으나 이에 응하지 않았다.

지금까지 몇 번이나 언급했듯이 춘추 시대는 힘 있는 자가 득세하고 자기 맘대로 하고자 했던 때였다. 제후가 힘이 있으면 천자를 무시했고 대부가 힘이 있으면 제후를 무시했다. 제후는 천하가 어찌 되든 자신이 패권을 쥐는 데에만 관심을 쏟았고 대부 또한 자신의 나라가 어찌 되든 간에 자신의 가문이 행세하는 데에만 신경썼다. 하여 포부도 크고 능력도 있는 천자나 제후가 나타나면 천자와 제후 사이 또 제후와 대부 사이에는 긴장이 팽팽하게 흐르곤 했다.

위나라의 영공은 북쪽의 강자인 진나라가 조약을 맺자고 해서 어쩔 수 없이 진나라로 갔다. 가서 보니 조약을 맺는 장소에 진나라의 제후나 집정이 나오지 않고 실무자급이 나와 있었다. 설상가상으로 실무자 중 하나가 진의 반 고의 반으로 영공에게 결례를 범했다. 우리나라의 장관이 미국이나 중국에 갔을 때 상대국에서는 몇 직급 아래의 관리가 나와 영접하듯이, 소국의 군주는 예나 지금이나 결국 군주가 아니라 대국의 실무자와 같은 급에 불과했던 셈이다.

영공의 귀국길은 분노와 부끄러움에 가득 찬 여정이었을 것이다. 그는 귀국한 후 진나라를 배신하기로 마음먹었다. 문제는 대부들이었다. 국정 전반에 걸쳐 자신들의 이해관계를 먼저 고려했던 그들이었기에 대국 진나라에 반기를 드는 것이 그들의 이익을 침해한다면 군주가 치욕을 당한 것 따위는 안중에 둘 인사들이 아니었기 때문이다.

하여 그는 고도의 전략을 구사하기로 했다. 조국이 무시당했다는 명분을 걸고 이는 자신의 잘못이므로 군주의 자리에서 물러나겠다고 나왔다. 조선 시대 천민 출신인 장영실에게 관직을 주려 했던 세종이 용퇴를 선언함으로써 사대부들의 빗발치는 비판을 잠재웠던 것과 같은 방식이었다. 이에 위나라의 대부들은 일치단결해 영공의 뜻대로 진나라에 반기를 들기로 한다. 그러고는 진나라의 부당한 압력을 거부하기에 이른다.

《좌전》에는 이렇게 제후가 군주 자리를 내놓아 나라의 위기 상황을 헤쳐 나간 일이 모두 두 차례 기록되어 있다. 한 번은 위나라의 문공(文公)이 오랑캐인 적(狄)과 형(邢)이 침략했을 때 군주 자리를 내놓음으로써 대부들을 단합시켜 외적을 물리친 기사며(희공 18년) 나머지 하나가 앞에서 소개한 위나라 영공의 경우다. 이 둘은 모두 성공한 사례다.

그런데 만약 문공이나 영공이 군주 자리를 내놓고 자신의 뜻을 관철하고자 했던 전략이 실패했다면 역사는 이 둘을 어떻게 평가했을까? 물론 역사적 사건을 반대로 가정해 본다는 것은 무의미한 일이다. 그러나 여기에 역사를 읽는 묘미와 가치가 있다. 읽는 이가 '현재' 처한 현실의 여러 문제를 푸는 데에 도움을 얻기 위해 역사를 보게 된다면 이러한 가정은 무의미한 행위가 아니라 반드시 해봐야 하는 행위가 된다. '이런 전략도 썼구나.' 정도로 기억 또는 이해하고 넘어갈 사건을 반대로 가정해 봄으로써 그런 전략이 성공했던 까닭을 다면적이고도 면밀하게 짚어 볼 수 있기 때문이다. 또 실패했다는 가정 아래 그 원인을 짚어 보는 작업으로 자연스럽게 이어질 수 있기 때문이다.

하여 《좌전》을 비롯해 역사책은 가정을 통해 개인의 일상적 삶과 국가의 정치적 일상에 작용하는 다양하고도 복잡한 여러 요인들을 들춰 보고 따져 보는 데에 유용한 거리들을 제공해 왔다. 지금으로 말하자면 각종 논술 시험의 주제를 길어 낼 수 있는 좋은 텍스트였던 셈이다. 특히 《좌전》은 천자와 제후, 제후와 대부, 천자와 대부가 권력을 사이에 두고 얼키설키 살았던 시기의 역사를 담고 있어서 그러한 용도로 쓰기에 더욱 적절했다.

송나라 시대에 여조겸이란 학자가 있었다. 그는 한때 과거를 관장하는 자리에 있었다. 이때 성리학을 집대성한 이로 유명한 주희가 그와 함께 《근사록(近思錄)》이란 책을 묶어 냈다. 유가의 중요 학설을 요령 있게 모아 둔 책으로 이 책은 나오자마자 베스트셀러가 된다. 당시는 거의 모든 사대부가 과거를 준비하던 시절이었던 만큼 과거를 주관하는 이가 공동 편찬한 책을 안 읽을 이유가 없었던 것이다.

여조겸의 행위는 지금으로 치자면 현직 수능 출제 위원장이 수능 교재를 낸 셈이다. 그러나 당시에는 이런 것이 문제되지 않았다. 그는 한 걸음 더 나아가 이번에는 《춘추좌씨동래박의(春秋左氏東萊博議)》라는 책을 단독으로 출판한다. '동래'는 여조겸의 호이고 '박의'는 '폭넓게 의론한다.'는 뜻으로 여조겸은 서문에서 이 책은 "여러 학생의 과거 시험을 위해 만든 것"이라고 출판 의도를 당당하게 밝혔다.

그리고 《좌전》에서 모두 86개의 논술 주제를 뽑은 후 이에 대한 '모범 답안'을 작성해서 한 권의 책으로 엮어 냈다. 예컨대 앞의 위나라 영공의 전략은 "위나라 제후가 군주 자리를 내놓아 대부들을 격발시켰다(衛侯遜位激民)."라는 논술 주제를 내건 후 이에 대한 자신의 답안을 과거 답안용 논술 형식에 맞춰서 작성했다. 내건 명분이야 《좌전》에 담겨 있는 세상 경영의 요체를 분명하게 드러내기 위함이라고 했지만 결과적인 양태는 《좌전》을 과거 시험용 논술 교재로 활용한 것이었다.

여조겸이 이중적이었다거나 지나치게 실리적이었다고 주장하는 것이 아니다. 그는 공자 이후 가장 큰 산이었다고 할 만한 주희가 인정했던 학자였다. 그러한 그가 고전을 활용한 방식에 주목할 필요가 있다. 《좌전》은 물론이고 무릇 고전이란, 이렇게 자신이 처한 현실 속으로 끌고 들어와 도구나 수단으로 써먹을 때 그것의 현재적인 가치가 오롯이 발현될 수 있기 때문이다.

4. 복수의 시대

【정공 14년】오나라가 월나라로 진공해 오자 월나라 왕 구천이 이를 막으면서 취리에 진영을 펼쳤다. 구천은 오나라 군대가 잘 정비되어 있음을 보고는 걱정했다. 그는 결사대를 두 번이나 출동시켰지만 모두 포로가 되었고 오나라 군대는 동요하지 않았다. 이에 죄수를 석 줄로 세우고 자신의 목에 칼을 겨누게 한 후 나아가며 외치게 했다. "두 나라의 군주가 싸우는 와중에 우리는 군령을 어겼다. 다시 군사가 되어 우리 군주의 앞에서 민첩하게 싸울 수도 없게 되었고 그렇다고 감히 형벌을 피해 달아날 수도 없게 되었으니 죽음으로써 속죄하고자 한다." 그러고는 모두 차례대로 스스로 목을 찔러 죽었다. 오나라 군사들이 이 광경에 눈길을 빼앗기는 사이에 월나라 구천이 오나라 군대를 급습해서 크게 격파했다.

이때 월나라의 대부 영고부가 창으로 오나라 왕 합려를 공격했다. 합려는

싸우다 엄지발가락을 다쳤고 영고부는 그의 신발 한 짝을 노획했다. 합려
는 귀국하다가 취리에서 7리밖에 안 떨어진 형 땅에서 숨을 거뒀다. 그의
아들 부차는 사람을 뜰에 세워 두고는 자신이 출입할 때마다 반드시 자기
에게 "부차야! 월나라 왕 구천이 네 아버지를 죽였음을 잊었느냐?"라고
말하게 했다. 그러면 바로 "아닙니다. 어찌 감히 잊겠습니까?"라고 대답
했다. 3년이 지난 후 부차는 월나라에 보복했다.

널리 알려진 '와신상담(臥薪嘗膽)' 이야기의 서곡이다. 오나라와 월
나라는 그 시조가 주나라 무왕의 이복형제들이었지만 중원과 많이
떨어져 있었고 기후도 달랐던 까닭에 중원의 제후들에게 오랑캐로
지목당하던 나라들이었다. 하여 이들도 자신들의 군주를 초나라처럼
공이나 백, 후 등의 제후급 호칭으로 부르지 않고 왕이란 호칭을 사
용했다. 자신들도 중원과 다르다는 것을 인정하고 있던 차라 굳이 스
스로를 낮추어 부를 까닭이 없었다.

이들은 국세도 그다지 큰 편은 아니었다. 그러나 합려가 오나라
의 왕이 된 후부터는 사정이 달라졌다. 그는 《손자병법》으로 유명한
손무를 초빙해 군사를 조련시켰고 오자서를 등용해서 국력을 강화
했다. 인력이 국력의 핵심이었던 시절, 유능한 인재가 둘이나 투입되
자 오나라는 빠른 시일에 강국으로 발돋움했다.

합려는 이를 토대로 중원의 패자가 되기 위한 행보에 나섰다. 중원

의 제후국을 연이어 제압한 후 오랜 세월 동안 앙숙이었던 월나라 정벌에 나섰다. 어느덧 전투 경험까지 풍부해진 오나라 군대는 웬만해서는 적수가 없어 보일 정도였다. 그런데 월나라의 왕 구천도 만만치 않은 이였다. 정상적인 방법으로는 대적할 수 없음을 간파한 구천은 상당수의 죄수들이 순서대로 자기 목을 베는 엽기적이고 끔찍한 광경을 연출하며 오나라 군사들의 혼을 빼놓았다. 그리고 그 틈을 타고 진격해 대승을 거뒀다.

불행과 재난은 홀로 오지 않는다고 했듯이 합려는 이 전투에서 지기만 했던 것이 아니라 부상을 입은 후 제때에 치료를 받지 못해 결국 객사했다. 소식이 오나라 수도에 전해졌고 아들인 부차가 왕위에 올랐다. 그는 부친의 원한을 갚기 위해 독하게 준비했고 결국 3년 후에 월나라의 왕 구천을 자기 앞에 무릎 꿇리는 데에 성공했다. 오나라 왕 부차에게는 여기가 정점이었다.

상대였던 월나라 왕 구천에게는 범려라는 탁월한 신하가 있었고 그는 이런 일이 올 것을 예측하고 미리 오나라 조정에 손을 쓴 상태였다. 당시 오나라의 관료들 중에는 오자서의 독주를 곱게 보지 않는 소인배들이 있었고 이를 간파한 범려가 이들에게 뇌물을 먹여 구천의 구명 운동에 나서게 했다. 부차는 구천이 무릎을 꿇고 목숨을 구걸하는 것으로 부친 합려에 대한 복수가 끝났다는 간신들의 감언 쪽으로 쏠렸다. 그에게도 오자서라는 빼어난 인재가 있었지만 무용

지물이었다.

구천은 목숨을 건진 후 곰의 쓸개를 빨고 거친 나무더미 위에서 자며 복수의 칼을 갈았다. 반면에 부차는 초나라까지 격파한 후에 아버지 합려처럼 자만에 빠지기 시작했다. 하루 빨리 중원의 패자가 되려는 욕망이 갈수록 커졌다. 하여 부차는 동방의 강자인 제나라를 정벌하기로 한다. 그러자 오자서가 강력하게 반대했다. 아직 월나라에 구천이 살아 있으므로 이 상태에서 제나라를 치면 구천이 비어 있는 오나라의 안방을 차지하게 될 것이라고 간언했다.

이때 예의 간신들이 부차의 판단을 또 흐리게 했다. 그들은 오자서가 아들을 제나라에 숨겨 둔 것을 알아내고는 오자서를 제나라의 간첩으로 몰아갔다. 결국 부차는 오자서에게 죽음을 명했고 오자서가 유언을 남기고 죽은 이야기는 이미 앞에서도 했다.

오자서가 죽자 부차는 제나라 정벌에 나선다. 이 소식을 들은 구천이 오나라 정벌에 나섰고 손쉽게 오나라의 수도를 점령했다. 그러고는 황급히 되돌아온 부차의 군대를 깨뜨린 후 부차를 생포해서 자신의 앞에 무릎 꿇렸다. 그제사 부차는 정신을 차렸고 오자서의 말을 듣지 않은 게 만고의 한이 되었다.

그러나 이미 때 늦었음도 잘 알고 있었다. 그는 목숨은 살려 두되 용동이란 외딴 섬에 가서 살라는 월나라 왕 구천의 제안을 거부하고 스스로 자진한다. 일설에 의하면 자진하기 전에 시신을 관에 넣을 때

흰 천으로 자신의 얼굴을 가리라는 말을 남겼다고 한다. 저승에 가서 오자서를 볼 면목이 없다면서 말이다.

비교적 긴 장편 역사 소설 같은 오자서와 부차 그리고 구천의 이야기에는 세 건의 복수가 개입되어 있다. 하나는 부친을 죽인 초나라에 복수하고자 하는 오자서 이야기고 두 번째는 부친을 죽인 구천에 대한 부차의 복수 이야기며 나머지 하나는 자신에게 치욕을 안긴 부차에 대한 구천의 복수 이야기다.

이 세 건의 복수를 축으로 당시 남방의 복잡한 국제 정세가 얽힘으로써 흥미진진하고 역동적인 역사 서사가 펼쳐졌다. 그렇다 보니 초나라, 오나라, 월나라 사이에 전개됐던 치열한 각축이 마치 개인들의 은원 관계 때문에 발생한 것처럼 보인다. 이들의 각축은 기존의 강자인 초나라와 신흥 강자인 오나라와 월나라가 남방의 패권을 다퉜기 때문에 발생할 수밖에 없었다는 구조적인 요인보다는 개인적이고 사적인 요인 때문에 그러한 각축이 발생했다는 인상을 준다는 것이다.

그래서 역사적인 사건을 어느 하나의 측면에서만 조명하는 것은 위험하다. 사건의 발생에는 구조적인 요소도 개입되어 있고 개인적이거나 우연적인 요소도 개입될 수 있기 때문이다. 그럼에도 《좌전》의 저자가 개인 간의 은원 관계를 전면에 띄운 것은 이 시대는 개인 간의 복수를 제어하는 공적인 장치나 힘이 없었던 시절이기 때문이었다.

【문공 18년】 제나라의 의공(懿公)은 공자였던 시절에 병촉의 부친과 땅 문제로 소송을 했지만 이기지 못했다. 그래서 제후가 되자 병촉의 부친 시신을 파내서 다리를 끊어 내고 병촉을 자신의 수레를 몰게 해서 노복처럼 대했다. 또한 의공은 신하인 염직의 아내를 빼앗고는 염직을 자기 전차의 호위 무관으로 삼았다.

이해 여름 5월, 의공이 신지에서 노닐고 있었다. 이때 병촉과 염직 두 사람이 못에서 함께 목욕을 하게 되었는데 병촉이 채찍으로 염직을 때렸다. 그러자 염직이 크게 노했다. 이에 병촉이 말했다. "다른 사람에게 부인을 빼앗길 때는 노하지도 못했으니 널 한 번 때린 것이 무슨 문제인가?" 염직이 대꾸했다. "자기 아버지의 다리를 끊어 내도 탓하지 못했던 자는 또 어떻고?"

이에 두 사람은 의공을 죽이자고 모의하고 의공을 죽인 후 대나무 숲 속에다 버렸다. 그러고는 돌아와서 술을 다 비우고는 도망쳤다. 이에 제나라 대부들이 공자 원을 제후로 옹립했다.

고위 관직에 있는 대부도 아닌 병촉과 염직이 제후를 상대로 아무 거리낌도 없이 복수를 도모하고 이를 실행에 옮겨 제후를 죽이고 달아나 버린 사건이 발생했다. 이는 그 이전 시대에는 상상조차 못했을 엄청난 하극상이었다. 아니 의공이 살해당한 그 시대도 그랬다.

"군주가 신하를 죽였다고 해서 누가 감히 군주를 원수로 삼을 것인가? 군주의 명은 곧 하늘이다. 만약 하늘의 명으로 죽었다면 그 누구를 원수로 삼겠다는 것인가?(정공 4년)" 그런데도 제나라의 지배층은 그저 공자 중에 한 사람을 옹립하는 조치를 취했을 뿐이었다. 더구나 제나라는 동방의 대국이요, 강자였다. 그런 나라조차 제후를 상대로 벌인 사적인 복수를 제어할 수 없었던 것이 당시의 상황이었다.

더욱 흥미로운 것은 하극상을 벌인 병촉과 염직에 대해《좌전》의 저자 또한 아무런 평가도 남기지 않고 그냥 넘어갔다는 점이다. 그러할 만도 했다는 동정이나 암묵적인 동의였을까? 의공의 행위가 도무지 군주답지 못했음은 분명했기 때문이다.

그러나 역사는 후세의 혼란을 방지하기 위해 기술하는 것이다. 따라서 이들 행위에 대해 아무런 평가도 안 했다는 것은 군주를 상대로 한 사적인 복수를 용인하는 하나의 관례로 활용될 수도 있게 된다. 결과적으로 역사 서술 목적에 위배되는 기사를 기록한 셈이 된다.

그럼에도 평가를 안 한 까닭은 무엇일까? 춘추 시대는 복수의 시대요, 복수는 역사 전개를 추동하는 주요 동인의 하나였다는 사실을 암시하는 것이었을까? 역사를 읽다 보면 종종 그 이유를 미처 밝히지 못하는 경우도 있다. 독자들에게 미안하게 말이다.

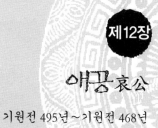

제12장

애공 哀公

기원전 495년~기원전 468년

공자(孔子) 노나라 사람으로 유가 사상의 창시자며 사상가·교육가다. 여러 나라를 두루 돌아다니면서 인(仁)을 정치와 윤리의 이상으로 하는 도덕주의를 설파하며 덕치 사상을 전파했다. 《시경》과 《서경》 등의 중국 고전을 정리하고 노나라 역사인 《춘추》를 편찬했다. 제자들이 엮은 《논어》에 그의 언행과 사상이 잘 나타나 있다.

진시황(秦始皇) 전국 시대 진(秦)나라의 제후이자 중국사상 최초의 황제. 법가 사상을 기반으로 강력하고도 효율적인 국가 체제를 구축하여 중원의 여섯 강대국을 병합하여 중국사상 최초로 제국을 건설했다. 그는 문자와 도량형, 수레바퀴의 폭 등을 통일하고 효율적인 문서 행정 체계를 구축함으로써 제국의 기틀을 공고히 하고자 했으나, 만리장성과 아방궁 수축 등의 무리한 토목 공사와 조고와 같은 환관의 발호를 막지 못해 그의 사후 진 제국은 급격히 몰락했다.

한 무제(武帝) 진 제국을 이어 중국사상 두 번째의 제국이었던 한(漢)의 전성기를 이끌었던 제왕. 넉넉한 경제력을 바탕으로 남월(南越)과 고조선을 정벌했으며, 숙적 흉노를 서쪽으로 내몲으로써 한 제국 최대의 판도를 구축했다. 또한 동중서의 건의를 받아들여 유교를 제국 최고의 통치 이념으로 삼았다.

1. 서릿발 같은 붓끝

【애공 4년】봄, 채나라의 소공이 오나라에 가려고 했다. 그러자 모든 대부들이 또 천도할까 봐 걱정했다. 이에 소공의 곁에서 시중을 들던 대부 공손편이 소공을 쫓아가 활을 쏘았다. 소공은 화살에 맞은 채 민가로 숨어들었다가 죽었다.

공손편은 두 발의 화살을 들고서는 그 민가 앞에 서 있었다. 그러자 사람들이 감히 들어가지를 못했다. 이때 뒤늦게 도착한 대부 문지개가 말했다. "우린 사람이 많습니다. 당신들이 담장처럼 겹쳐 서서 나아가면 죽어 봤자 두 사람일 따름입니다." 그러고는 문지개가 활을 쥐고 맨 앞에 서서 나아갔다. 공손편이 그를 쏘았지만 팔꿈치를 맞혔던 탓에 문지개가 그를 죽일 수 있었다.

이 기사는 소국이었던 채나라에서 일어난 하극상을 전하고 있다. 소공이 자주 천도를 하자 기득권을 쥐고 있었던 대부들이 이를 걱정했고 제후가 될 수 있는 자격을 지니고 있던 공족(公族, 제후의 인척들) 중 공손편이 이러한 분위기를 이용해서 소공을 죽였다. 엄연한 하극상이었다.

춘추 시대에는 이러한 하극상이 드문 일이 아니었기 때문에 이 기사는 밋밋하게 읽힌다. 그런데 이것이 《춘추》라는 경전의 해설이라는 점을 떠올려 보면 이야기는 사뭇 달라진다. 이 기사는 《춘추》의 다음 구절에 대한 해설이다.

【애공 4년】봄, 주나라 역법으로 2월 경술일, 도적이 채나라의 제후 신을 살해했다.

만약 《좌전》부터 먼저 읽지 않고 위의 《춘추》 구절을 보았으면 채나라의 제후가 예컨대 산적이나 비적과 같은 도적들에게 살해당했다고 이해했을 것이다. 분명히 '도적'에 의해 죽었다고 기록되어 있기 때문이다. 그런데 이 구절에 대한 《좌전》의 해설을 보면 도적이 아니라 채나라 제후와 인척 관계인 공족에 의해 죽임을 당했다는 사실을 알게 된다. 그렇다면 둘 중에 어느 하나는 잘못 기록됐다는 것일까?

이 질문에 대답하려면 '춘추필법(春秋筆法)'이라는 《춘추》의 서술 전략을 이해할 필요가 있다. 공자가 《춘추》를 편찬하자 사람들은 기존에 있던 역사책과 별반 다를 것이 없다고 생각했다. 그런데 자세히 보니 약간씩 차이가 났다. 예컨대 신분이 낮은 사람이 신분이 높은 사람을 죽일 때면 사람들은 '시해하다[시(弑)]'라는 동사를 썼다. 채나라 제후의 경우도 자연사한 것도 아니고 그보다 신분이 높은 천자나 동급인 다른 제후에 의해 죽임을 당한 것도 아니므로 당연히 '시해하다'라는 동사를 썼어야 했다. 그럼에도 공자는 동급일 경우 또는 아랫사람을 죽였을 때 쓰는 '살해하다[살(殺)]'라는 동사를 썼다. 그가 누구이던가? 누구보다도 예를 중시하는 이가 아니었던가?

사람들은 공자가 이러한 실수를 범했을 리는 없다고 생각했다. 그렇다면 남은 가능성은 의도적으로 썼다는 것이 된다. 뭔가를 더 말하기 위해 일부러 그렇게 썼다는 것이다. 하여 이리저리 궁리한 결과 공자는 살해당한 채나라의 소공을 제후다운 제후로 인정하지 않았기 때문에, 곧 무늬만 제후였지 실질은 제후답지 아니했기에 '시해하다'라고 하지 않고 '살해하다'라고 썼다는 학설을 제시했다. 그리고 이를 근거로 공자는 단순히 역사적 사실을 중립적으로 기록한 것이 아니라 개개의 사실에 대해 단호한 평가를 내렸다고 보았다. '시해하다'라고 써야 하는 것을 '살해하다'라고 씀으로써 결과적으로 채나라 소공에 대한 평가를 분명하게 내렸다는 것이다.

학자들은 공자의 이렇게 엄정한 필법을 일러 '춘추필법'이라고
했다. 그리고 이러한 춘추필법을 숙지하고 있어야 '미언대의(微言大
義)', 곧 공자가 행간에 숨겨 둔 큰 뜻을 온전히 파악할 수 있다고 보
았다. 이렇게 보면 채나라 소공을 죽인 공족 출신인 공손편을 도적
이라고 표현함으로써 공자는 아무리 제후답지 않은 제후라 할지라도
아랫사람이 윗사람을 죽이는 것은 어떤 경우에도 용납될 수 없는 행
위임을 분명하게 밝혔다는 식으로 읽을 수 있게 된다. 설령 공족이나
대부라 할지라도 하극상을 자행한 이의 실질은 결국 도적과 다를 바
없음을 분명히 했다는 것이다.

전통 시기 한자 문화권의 대다수 학자들은 《춘추》는 철저하게 이
런 필법에 의해 쓰였다고 믿었다. 따라서 《춘추》를 읽을 때에는 마
땅히 평범하게 보이는 표현들(이것이 '미언'이다.)에 숨어 있는 큰 뜻(이
것의 '대의'다.)을 온전히 찾아 읽어야 한다고 보았다. 그래야만 역사적
사실에 대해 서릿발 같은 평가를 내린 공자의 의도를 이해할 수 있게
된다는 것이다.

《좌전》은 《춘추》가 나온 후 사람들이 그것에 구사되어 있는 춘추필
법과 미언대의를 잘 모르게 되는 상황에서 이를 다시 분명하게 하기
위해 고안된, 춘추필법과 미언대의에 대한 해설서였다. 그래서 《좌
전》 또한 종종 그 자체만으로는 잘 이해되지 않는 경우가 있다. 다음
의 경우도 그러하다.

【은공 원년】 즉위 사실을 기록하지 않음은 은공이 섭정이었기 때문이다. 3월, 은공이 주(邾)나라의 의보와 멸에서 맹약을 맺었다. 주나라의 제후 의보는 이름이 극이다. 아직 천자의 재가를 받지 못했기 때문에 제후의 작위를 쓰지 않았다. 의보라 한 것은 그를 존중했기 때문이다. 은공은 섭정으로 제후의 자리에 올라 주나라와 잘 지내고자 했다. 그래서 멸에서 맹약을 맺었다. 여름 4월, 비백이 군사를 통솔해서 낭에 성을 쌓았다. 이를 기록하지 않음은 은공의 명령이 아니었기 때문이다.

내용이 다소 중복되는 감이 있더라도 중요한 내용이므로 다시 상세하게 따져 보도록 한다. 여기서 '춘추좌전'이란 말뜻이 '《춘추》에 대한 좌구명의 주석'이란 사실, 곧 《좌전》이 《춘추》를 해설하기 위해 쓰였다는 점을 다시 떠올려 보자. 이 점은 우리에게 《좌전》의 원문을 이해하기 위해서는 《춘추》의 원문과 대조해서 볼 필요가 있다는 점을 환기해 준다. 앞의 《좌전》 기사에 해당하는 《춘추》의 구절은 다음과 같다.

【은공 원년】 원년 봄, 주나라 천자의 정월. 3월, 은공이 주나라의 의보와 멸에서 맹약을 맺었다. 여름 5월, 정나라의 제후가 단을 언에서 이겼다. 가을 7월, 천왕[천자(天子)]이 재상 훤을 보내 혜공(惠公)과 중자의 선물을 돌려주었다. 9월, 송나라 사람과 숙에서 맹약을 맺었다. 겨울 12월, 제나

라의 제후가 왔다. 공자 익사가 죽었다.

이 구절은 《춘추》의 첫 대목으로 노나라 은공 원년에 일어났던 일들이 기록되어 있다. 그런데 한눈에 봐도 알 수 있듯이 이 기록만으로는 사건의 내용을 자세히 알 수 없다. 단지 사건만이 나열되어 있는, 역사를 본격적으로 서술하기 위한 메모 수준의 기록에 더 가깝다. 《좌전》은 이러한 《춘추》의 간략함을 보충하기 위해 서술된 해설서이기 때문에 《좌전》을 정확하게 이해하려면 반드시 《춘추》와 함께 봐야 한다.

"즉위 사실을 기록하지 않음은 은공이 섭정이었기 때문"이라는 《좌전》의 첫 대목은 《춘추》에 은공의 즉위 사실이 기록되지 않았음을 말하고 "제후의 작위를 쓰지 않았다."는 기록은 《춘추》에 "주나라의 제후[주자(邾子)]"라 쓰지 않고 "주나라의 의보(儀父)"라고 썼음을 가리킨다. 비백이 군사를 통솔해 낭에 성을 쌓는 큰 사건이 벌어졌음에도 이것이 '기록되지 않았다.'는 것 또한 《춘추》가 그렇게 되어 있다는 뜻이다. 이를 통해 독자는, 은공이 노나라의 제후로 즉위했음이 주지의 사실임에도 그 사실이 《춘추》에 기록되지 않은 까닭을, 일반적으로 제후는 '국명+작위'의 형식으로 기록하는데 '국명+제후의 자(字)'의 형식으로 기록한 이유를, 그리고 성을 쌓는 일은 응당 역사에 기록할 중요한 일임에도 기록하지 않은 연유를 알게 된다.

《좌전》은 이처럼 《춘추》를 읽는 독자라면 누구나 품을 법한 의문을 풀어 주는 역할을 수행했다. 그리고 이로부터 《좌전》의 깊이는 한층 깊어졌다. 《좌전》은 독자의 궁금증을 해소해 주고 마는 차원에 머물지 않고, 《춘추》의 행간에 녹아 든 '숨은 뜻'을 밝히는 데에까지 나아갔다. 천자의 재가 없이 제후가 됐다는 것은 정통성이 없음을 시사해 주기에 일견 《춘추》는 주나라의 제후를 폄하하는 듯이 보인다. 그러나 《춘추》에 주나라 제후의 이름인 '극'이 아니라 자(字)인 '의보'가 쓰인 것을 토대로 《좌전》의 저자는 《춘추》가 주나라 제후를 존중했다고 단언한다. 이름을 거론하지 않는 것 자체로도 상대에 대한 존중을 표시할 수 있는 것이 한자 문화권의 관습이었기 때문이다.

또한 《춘추》의 의도가 제후를 무시한 노나라의 대부 비백을 꾸짖는 데에 있다고 보아, 비백이 낭에 성을 쌓은 사실을 《춘추》에 기록하지 않았음과 그 까닭을 함께 제시했다. 언뜻 메모 수준의 기록으로 보이는 것이 《춘추》지만 그 행간에는 기록된 사건에 대한 시비 평가가 분명하게 스며들어 있다는 것이다.

【성공 14년】《춘추》의 기록은 잘 드러나지 않는 듯하면서도 그 뜻이 명쾌하고 분명하게 썼음에도 그 뜻이 잘 나타나지 않는다. 에둘러 썼으나 조리가 정연하고 세세하게 썼으나 비루하지 않으며 악을 징계하고 선을 권장했으니 성인이 아니면 누가 이렇게 기록할 수 있겠는가?

간략한 메모 정도로 보여 그 속에 별다른 뜻이 있을까 싶지만 그 행간에 역사적 사실에 대한 준엄한 평가가 분명하게 스며 있는《춘추》의 기록, 이것이 바로 미언대의라 불리는 것이다.

《좌전》은 '미언'에서 '대의'를 추출해 그 내용을 풀어 줌으로써 "난신적자(亂臣賊子), 곧 사직을 어지럽히고 인륜을 해치는 이들을 떨게 하고자" 한 공자의《춘추》편찬 의도를 다시 밝혀 주었다. 공자가 기록 대상을 가리지 않고 잘한 일이 있으면 칭찬하고 못한 일이 있으면 추상같이 비판한 바를 꼼꼼하게 짚어 주었다. 이로써 사실(史實)에 대한 공정하고도 준엄한 평가를 행간에 접어 넣으며 역사를 서술하는 전략의 전모가 드러났다. 그 결과 공자의 '춘추필법', 곧 역사 서술 전략은 그의 후광을 입고 한자 문화권 역사 기록의 전형으로 받들어지게 됐다.

2. '삼고초려'라는 신화

【애공 6년】가을 7월, 초나라의 소왕(昭王)이 성보에 머물며 소국 진(陳)
나라를 구원하고자 했다. 이 전투에 대해 점을 쳤는데 불길하다는 점괘
가 나왔다. 하여 철군에 대해서도 점을 쳤더니 또 불길하다는 점괘가 나
왔다. 초나라 소왕이 말했다. "그렇다면 죽는다는 뜻이다. 초나라 군대가
지난번에 오나라에게 크게 졌는데 이번에 또 패한다면 차라리 죽는 것이
낫다. 또한 맹약을 저버린다든지 원수를 피해 도망간다든지 하는 것도 죽
는 것만 못하다. 결국 죽기는 마찬가지인 만큼 원수와 싸우다 죽임을 당
하리라!" 그러고는 공자 신에게 왕위를 이을 것을 명했는데 공자 신이 이
를 사양했다. 이에 공자 결에게 명했더니 그도 사양했다. 다시 공자 계에
게 명하니 그는 다섯 번 사양한 후에 승낙했다.

'삼고초려(三顧草廬)'는 《삼국지》를 대표하는 사자성어의 하나다. 유비가 제갈량이라는 인재를 모시기 위해 멀고 험한 길을 마다 않고 세 번이나 찾아간 끝에 천하제일의 인재를 얻게 된 데서 유래된 말이다. 그 후로 이 말은 빼어난 인재를 얻기 위해서는 진정과 정성을 다해야 한다는 교훈을 말할 때 널리 애용되어 왔다. 그런데 이 말에는 이러한 뜻만 담겨 있는 것은 아니다.

《삼국지》를 보면 유비가 제갈량이 은둔하고 있는 심심산골 초가집으로 세 번 찾아갔다. 그중 첫 번째와 두 번째는 아예 만나지도 못한 채 발걸음을 돌렸고 세 번째 방문해서야 마침내 제갈량을 만나게 된다. 그런데 이 대목을 음미해 보면 첫 번째와 두 번째의 경우는 제갈량이 유비의 방문을 미리 알아채고 고의로 자리를 피했다는 혐의를 지울 수 없다. 유비를 떠볼 속셈이었던 것이다.

세 번째 방문의 경우에도 바깥에 유비 형제가 온 줄을 뻔히 알면서도 일부러 낮잠을 늘어지게 자는 척한 다음에야 유비 일행을 안으로 맞아들인다. 진즉에 세상에 나아가 자신의 뜻을 펼쳐 보리라고 작정했으면서도 짐짓 안 그런 체하며 유비를 세 번이나 오게 만들었다. 그리고 세 번째에도 일단 사양을 한 후 유비의 태도를 본 다음 마음을 돌려먹은 것처럼 해서 드디어 세상으로 나아감을 승낙했다. 이로부터 삼고초려에는 정말 유능한 인재라면 출사(出仕) 제안을 세 차례나 사양해도 다시 네 번째 제안을 받게 된다는 뜻도 담겨 있다.

따라서 상대가 자신을 정말로 유능한 인재라고 생각하고 있는지를 알고 싶으면 계속 사양해 보면 된다. 만약 세 번째까지 사양했는데도 재차 권유한다면 상대가 정말로 자신을 필요로 하고 있음을 확인할 수 있다. 그렇다 보니 세 번 사양하는 것이 마치 기본처럼 되었다.

옛사람들은 이를 '삼사(三辭)'라고 불렀다. 이중 첫 번째 사양은 '예의상 사양한다'는 뜻에서 '예사(禮辭)'라고 불렀다. 두 번째 사양은 '완강하게 사양한다'는 뜻에서 '고사(固辭)'라고 불렀고 세 번째 사양은 '마지막으로 사양한다'는 뜻에서 '종사(終辭)'라고 불렀다. 이렇게 세 번 사양하는 관습이 먼저 있었는지 아니면 '삼고초려'란 소설적 가공이 먼저 있었는지를 가늠하는 것은 쉽지 않지만 만약 전자의 경우라면 '삼고초려'는 제갈량 정도의 인재를 구하기 위해 꼭 해야 하는 특별한 행동이 아니라 웬만한 인물일지라도 그 정도는 반드시 해 줘야 하는 기본적인 행동이 되고 만다.

비장감마저 느껴지는 앞의 초나라 소왕 관련 기사는 '삼고초려'보다는 '삼사'가 먼저 있었음을 시사해 준다. 줄거리는 진퇴양난에 빠진 초나라 소왕이 어떻게 해도 사지에서 빠져나갈 수 없음을 알고는 자신의 후계자를 지명한다. 그런데 첫 번째와 두 번째로 지명된 이들이 차례차례 사양했다. 그리고 세 번째로 지목된 공자 계도 '다섯 번'이나 사양하더니만 결국 응낙하고 만다. 여기서 '오사(五辭)'가 등장한다. 세 번이 아니라 다섯 번에 걸쳐 사양을 했다는 것인데 그렇다면 초나라 소왕은 처음부터 공자 계를 가장 적임자로 보았다는 뜻이 된다. 앞서 지목했던 공자 신이나 공자 결에게 진정으로 뜻이 있었다면 또한 다섯 번 사양할 때까지 재차 삼차 권했을 것 아닌가!

결국 유비나 제갈량이 태어나기 훨씬 전에 이미 다섯 번을 사양해도 자신이 진정으로 모시고 싶은 인재라면 여섯 번째 권하는 일이 있었던 것이다. 그렇다면 '삼사'는 빼어난 인재를 모셔 오기 위한 특별한 행위가 아니라 그렇지 않은 인재일지라도 진정으로 모시고 싶어한다면 응당 해야 하는 기본적인 행위였을 가능성이 농후하다.

제갈량이 초야에 숨어 살 때 함께 은둔하던 벗들에게 늘 견주었던 대상의 하나는 관중이었다. 그는 춘추 시대 제나라 환공을 보필해 그를 중원의 초대 패자로 등극시킨 명재상이었다.

하루는 환공이 그에게 부국강병의 방책을 물었다. 그는 빼어난 인재를 많이 확보하는 길 외에는 없다고 아뢴 후 천하에 묻혀 있는 인재들을 천거했다. 그리고 소신직이라는 이를 등용하라고 했다. 이에 환공은 그저 산림처사일 뿐인 그를 찾아 초야로 행차한다. 그렇게 다섯 번을 했으니 결과적으로 소신직도 다섯 번을 사양한 셈이 되었다. 그렇다면 최고의 인재를 모셔 오기 위해서는 '삼고초려'가 아니라 '오고초려' 해야 하는 것이 당시의 관습이 아니었을까?

주지하듯 유비와 제갈량은 '삼고초려'밖에 못 만들어 냈다. 그럼에도 이들 사이에 있었던 '삼고초려'는 군신 간의 아름답고도 바른 도리를 상징하는 신화가 되었다. 그 이전 시기에는 기본이었던 것이 이들 때에 와서는 신화가 됐다는 말인데 이는 어찌 된 영문이었을까? 모르긴 해도 환공이 무명의 소신직을 모신 것보다는 유비가 초야에 누워 때를 기다리던 잠룡(潛龍, 숨어 있는 용) 제갈량을 모신 이야기가 훨씬 재미있고 유명했기 때문이리라!

3. 신화적 사유에서 인문적 사유로

【애공 6년】이 해에 초나라에서는 사흘 동안 붉은 새 떼와 같은 구름이 태양을 끼고 비상하는 듯한 현상이 나타났다. 초나라의 소왕이 사람을 시켜 주 왕실의 태사에게 문의했다. 주나라의 태사가 말했다. "화가 왕의 신상에 미칠 것입니다. 만약 재앙을 물리치는 푸닥거리를 하신다면 화를 영윤이나 사마에게로 옮기실 수 있습니다." 그러자 초나라 소왕이 말했다. "내 배 속에 있는 병을 없앤다면서 그 병을 나의 팔다리와 같은 고관들로 옮겨 놓는다면 무슨 이익이 되겠소이까? 나에게 큰 잘못이 없다면 하늘이 어찌 요절하게 하겠소. 죄가 있다면 벌을 받아야지 그걸 또한 누구에게로 옮긴단 말이오." 그리고는 푸닥거리를 하지 않았다.

그 이전에 초나라 소왕이 처음으로 병이 났을 때 이러한 점괘가 나왔다. "황하의 신이 병의 빌미다." 그럼에도 소왕은 황하의 신에게 제사를 지내지 않았다. 이에 대부들이 교외에 가서 제를 올리자고 주청했다. 그러자 소왕이 말했다. "옛적 하나라와 상나라, 주나라의 제사 예법에 따르면 제후는 자신의 봉토 바깥에 있는 산천에 제사를 지낼 수 없게 되어 있소. 장강과 한수·수수·장수는 우리 초나라의 봉토 안에 있소. 재앙이나 복은 모두 이 강에서 나오는 것이오. 내가 비록 부덕하지만 황하의 신에게 죄를 지은 적은 없소." 그러고는 제사를 지내지 않았다. 이를 두고 공자가 말했다. "초나라 소왕은 큰 도를 알고 있다. 그가 오나라의 대대적인 침공에도 나라를 보존할 수 있었던 것은 매우 당연한 일이었다."

주나라의 태사와 초나라의 소왕. 한쪽은 질병의 원인이 황하의 신이라고 하며 푸닥거리를 통해 병을 중신들에게 옮길 수 있다고 말했고 한쪽은 그렇게는 못하겠다며 푸닥거리는커녕 황하의 신에게 바치는 제사 자체를 거부했다. 이러한 태사와 소왕 중 '지금-여기'의 우리 눈에는 누가 더 합리적이고 정상적으로 보이는가?

춘추 시대 태사는 일국의 최고 지식인이 아니면 임명될 수 없는 자리였다. 이 자리에 오르기 위해선 천문과 역법은 물론이고 기후와 지리, 농경과 공업·상업 같은 각종 생업, 의학·기술과 인간들이 살아온 궤적 등을 훤히 꿰뚫고 있어야 했다.

곧 우주 자연의 섭리에서부터 사회와 역사, 사람에 대한 지식을 골고루 갖추고 있어야 비로소 태사가 될 수 있었다. 더구나 일개 제후국의 태사가 아니라 천자의 태사, 곧 천하의 태사라면 이는 당대 최고의 지식인이라고 해도 지나침이 없다. 그렇다면 당시 사람들은 이러한 태사와 초나라 소왕 중 누구를 더 정상적이라고 여겼을까?

역사와 만나는 일은 '나'를 무장 해제하는 일이기도 하다. 그것은 곧잘 '내'게 친숙하고 당연하게 여기는 것들을 내려놓는 일과 다름없다. 지금 '나'의 눈에 정상적으로 보인다고 해서 당시 사람들도 그랬을 것이라고 생각한다면 그건 오산일 뿐이라고 역사는 경고한다. 그리고 과거의 사실을 그것이 발생했던 시점의 맥락에 놓고 관찰하고 이해해 보라고 권유한다. 이왕 역사와 만나는 것이라면 그 만남이 생산적일수록 좋지 않느냐고 속삭인다. 자기의 말에 동감한다면 얼른 '내'게 당연하고 익숙한 것들을 내려놓으라고 어른다. 그래서 '내'가 지닌 관점과 입장, 상식과 통념 등을 내려놓고 보면 어느덧 초나라 소왕의 행보가 당시로서는 일반적이지 않았음이 보이게 된다.

《좌전》을 읽기 위해서는, 곧 춘추 시대의 역사와 만나기 위해서는 일단 '근대적' 사유는 물론이고 '인문적' 사유 자체를 내려놓을 필요가 있다. 인문적 사유라 함은 사람을 우주의 핵심으로 보는 관점과 연관되어 있는 사유 방식 전반을 말한다.

중원의 경우 주나라가 상나라를 멸망시키고 그 주역인 무왕이 제정일치의 시대가 가고 제정이 분리된 새로운 시대가 왔음을 온 천하에 공포함으로써 '인문화'의 길이 열리기 시작했다.

그렇다고 신 중심적이었던 제정일치 사회의 흔적이 일순간에 사라진 것은 아니었다. 그것은 제정 분리 사회의 사람 중심적 사유들과 끊임없이 길항하면서 춘추 시대에 이르게 된다. 더구나 춘추 시대의 근간인 봉건제와 예법 질서는 사람 중심의 사회를 구축하기 위해서라도 신의 존재를 적극적으로 활용했기 때문에 신 중심적 사유 체계, 곧 신화적 사유는 여전히 엄존한 채 현실적인 영향력을 발휘하고 있었다.

따라서 인문적 사유를 내려놓지 않고 《좌전》을 읽다 보면 춘추 시대 사람들이 합리적 사고의 소유자로 비치기보다는 미신과 주술에 사로잡힌, 그래서 춘추 시대 자체가 여전히 미개 사회인 듯한 인상을 받게 된다. 그리고 이를 바탕으로 역사서로서의 《좌전》의 권위와 신뢰성을 의심하게 된다.

그러나 인문적 사유를 내려놓으면 먼저 신화적 사유를 있는 그대로 볼 수 있게 된다. 그것은 인문적 사유가 진리로 여겨지기 전의 시절 유일한 진리의 터전으로 여겨지던 사유였다. 미신이나 무지의 원천이 아니었다는 뜻이다. 이를 발견함으로써 우리는 《좌전》이 역사다운 역사가 수록된 책임을 확인할 수 있게 된다. 그것은 인문적 사유가 진리의 유일한 터전이었던 시절에도 여전히 신화적 사유를 기반으로 우주와 인간사 전반을 이해했음을 있는 그대로 기술해 놓은 책이기 때문이다.

다음으로 인문적 사유를 내려놓으면 춘추 시대 전반에 걸쳐 사유의 지존 자리를 놓고 벌였던 신화적 사유와 인문적 사유 간의 치열한 각축 양상을 생생하게 목도할 수 있게 된다. 제사를 안 지내려는 초나라 소공에게 제를 올려야 한다고 압박을 가하는 앞 기사의 대부들처럼 신화적 사유는 인문적 사유의 거센 도전에 맞서 기득권을 수호하기 위해 전력을 기울였다. 물론 이러한 노력은 인문적 사유가 대세인 시대적 조류 앞에 무기력했다.

신화적 사유는 갈수록 인문적 사유와 뒤섞이지 않으면 대접받을 수 없게 되었다. 예컨대 순장과 같이 신화시대를 대표하는 관습은 "유능한 인재를 잃게 해서 국가 사회에 손실을 끼치게 된다.(문공 6년)"는 인문적 분석을 근거로 가차 없이 비판되었다. 관습과 전통의 힘은 대단했던지라 신적 존재나 점복 등에 대한 믿음은 여전했지만 그들에 대한 해석은 분명 인문적으로 변모되기 시작했다.

"귀신은 친하게 대하는 사람을 따로 둔 것이 아니라 오로지 덕이 있는 자를 따를 따름이다.(희공 5년)" 예전에는 제사를 정성껏 모시면 신이 이를 흠향한다고 믿었지만 이젠 평소에 덕을 쌓지 않은 이는 제아무리 정성을 다해 제를 올린다고 해도 신은 그의 제사를 흠향하지 않는다고 생각했다.

나아가 "하늘은 편애하지 않으며 오직 덕 있는 사람을 돕는다.(희공 5년)"라고 단언했다. 하늘을 위해 사람이 존재하는 것이 아니라 덕 있는 이를 위해 하늘이 존재하는 구도로 하늘과 사람의 관계가 역전되어 있다. 이에 따라 신과의 소통 수단이었던 점도 그 절대적인 권위가 흔들리기 시작했다.

판단의 근거와 기준도 신 중심에서 차차 인간 중심으로 바뀌었다. 사람들은 "인간의 재앙은 하늘에서 내려온 것이 아니요, 사람들이 표리부동하며 서로 다툰 결과(희공 15년)"라고 단언했다. 일의 성패와 그로 인한 길흉은 점괘에 담긴 신의 뜻이 아니라 인간의 행위에 의해 결정된다는 뜻이다. 전쟁의 승패 역시 하늘의 뜻에 달린 것이 아니라 군주의 덕에 달렸다고 믿었다(양공 18년).

그들은 하늘이 누구에게나 재앙을 미리 경고해 주는 것이 아니라 도가 행해지고 있는 나라나 사람에게만 그렇게 해 준다고 여겼고 신령이 임하게 되는 계기도 '미더움[신(信)]'과 같은 인문적 덕목의 실현이라고 보았다(양공 9년).

인간사의 모든 길흉화복은 인간의 의지와는 무관하게 하늘이 준다는 사유가 부정되고 하늘이 재난과 이변을 미리 알려 준다는 신화적 모티프도 도를 행하고 덕을 쌓는다는 인문적 사유와 결합될 때만이 수긍되었다. 곧 신·하늘·점과 같은 신화적 사유의 근간들이 인문적으로 재해석되거나 인문적 사유에 의해 대체되었다.

그러나 신화적 사유가 이러한 퇴조의 과정에서 무기력했던 것만은 아니었다. 인문적 사유를 내려놓지 않고 보면 신화적 사유가 행한 저항의 흔적을 읽어 낼 수 없게 되어 그만큼 《좌전》을 실감 나게 또 흥미진진하게 읽지 못하게 된다.

언뜻 보면 춘추 시대는 인문적 사유가 보편화된 시절처럼 보인다. 이미 살펴보았듯이 《좌전》의 곳곳에 신화적 사유에 대한 인문적 사유의 승리가 기술되어 있기 때문이다. 하지만 이는 인문적 사유를 내려놓아야 비로소 볼 수 있는, 완전한 승리에 대한 기록이 아니라 승리해 가는 과정에 대한 기록이다.

《좌전》이 다루고 있는 역사는 이렇듯 문명의 패러다임이 근본적으로 바뀌던 시기의 역사다. 이 시기에는 신화적 사유가 인문적 사유로 대체되기 시작했고 여기서는 다루지 않았지만 구술 문화의 시기에서 문자 문화의 시기로 넘어가는 전환이 본격적으로 모색되고 시도되던 시기였다. 한마디로 말해 '지금-여기'의 문명 패러다임과는 사뭇 다르고 낯선 문명의 패러다임이 우리에게 익숙한 그것으로 전환되던 초창기였다.

로마에 가면 로마법을 따르라는 속담이 있지 않은가? 문명의 패러다임이 다른 시절의 역사와 생산적으로 만나려면 당연히 그 시절의 맥락 속으로 들어가야 한다. 이를 학자들은 '추체험'이라고 부른다. 바로 '지금-여기'의 '내'가 지닌 것을 내려놓고 그 시절의 맥락

속으로 '나'를 던져 넣는 사고 실험을 하는 것이다. 그래서 역사는 곧 철학이 되기도 하는 것이다.

4. 기린이 잡히고 공자가 세상을 떠나다

【애공 14년】 봄에 노나라 서쪽의 대야에서 사냥했다. 거기서 숙손씨의 수레를 모는 자서상이 기린을 잡았다. 그는 상서롭지 못하다고 여겨 이를 정원 관리인에게 건네 주었다. 이때 공자가 자세히 살펴보더니 "기린이다."라고 말했다. 이로 인해 기린을 잡아 두게 되었다.

기린은 용, 봉황 등과 함께 상서로움을 상징하는 대표적인 존재다. 그것은 이 세상에서 가장 가치 있는 것을 상징한다. 전통 시기 중국인들이 부여한 최고의 가치 중 하나는 태평성대였고 이를 위해서는 성군이 출현해야 했다. 따라서 기린의 출현은 성군의 출현을 예고하는 무척 상서로운 조짐이었다.

노나라의 애공은 재위한 지 14년째가 되는 해에 대야라는 곳에서 대대적인 수렵 행사를 개최했다. 전통 시기에 군주가 하는 수렵 행사는 일종의 통치 행위이자 군사 훈련으로 국력의 강성함과 집권의 정당성을 대내외에 과시하는 중요한 수단이었다. 그러나 이는 어디까지나 수렵 행사를 벌이게 된 초심일 따름이었고 시간이 흐를수록 수렵 행사는 군주의 유흥거리로 전락했다. 이번의 행사도 그러했다. 그런데 사냥 도중 기이한 형태의 동물이 잡혔다. 아무도 그것이 무엇인지를 몰랐다. 하여 사람들은 공자에게 달려가 이에 대해 문의했다. 그는 당시 중원 최고의 박학다식한 인물로 알려져 있었기 때문이다.

'걸어 다니는 백과사전'인 공자가 현장에 도착해서 보니 놀랍게도 그 동물은 기린이었다. 그는 자기도 모르는 사이에 "기린이다!"라고 소리쳤다. 너무도 가슴 벅찬 순간이었다. 기린의 출현은 곧 성군의 출현을 예고하기 때문이다. 그러나 그의 기대는 순식간에 허물어졌다. 함량 미달의 군주였던 애공은 기린을 잡아 가두라고 명했다. 평생을 걸쳐 그렇게도 갈망했던 태평성대의 도래가 물거품이 되는 순간이었다. 기린은 성군의 출현을 알린 후 표연히 사라져야 하는 존재였다. 그런데 성군과 태평성대의 도래를 예고하는 메신저인 기린이 사람 손에 잡혔으니 성군이 나타날 가능성이 사라진 셈이었다.

이런 일이 있은 2년 후 공자가 세상을 떠났다. 중국 역사에서 공자의 위상을 감안한다면 제법 크게 다뤄졌음 직함에도 《춘추》에는 "애공 16년 여름 4월 기축일에 공구가 죽었다."라고 짧막하게 언급되고 말았다. 일설에 의하면 공자는 기린이 잡힌 일을 보고 큰 충격을 받았다고 한다. 몰락한 귀족의 후예로 태어나 고된 어린 시절을 보냈을 때도, 웅지를 펼 기회를 얻지 못한 채 미관말직을 전전하던 젊었던 시절에도 그는 세상을 향한 뜻을 꺾지 않았다. 노나라에서 중용됐다가 몇 달 만에 그만두었을 때도 그는 자신을 알아 줄 개명 군주를 찾아 천하를 주유하기 시작했다.

이때 그는 이미 예순이 넘은 나이였다. 그 시절 여행은 그 자체로 목숨을 걸어야 했던지라 젊고 돈 있는 이들조차 꺼리던 바였다. 그럼에도 그는 의지를 꺾지 않고 지난한 여정에 나섰다. 도중에 굶어 죽을 뻔도 했고 도적으로 오인받아 맞아 죽을 뻔도 했다. 주인을 만나지 못한 채로 고된 여정을 접어야 했을 때에도 공자는 좌절하는 대신 고향으로 돌아가 후진을 양성하리라는 의지를 돋우었다.

이렇게 공자는 일평생 절망 대신에 새로운 도전으로, 좌절을 또 다른 기회로 승화시키며 고단한 삶을 치열하게 살아왔다. 그랬던 그가 기린의 포획 소식에 낙담하면서 그 얼마 후에 삶을 마감했다고 전한다. 성난 군중에 휩싸여 목숨이 경각에 달렸을 때조차 "하늘이 나를 버릴 리 없다."며 여유 있게 거문고를 탔던 그, 현세에서 알아주는 지기가 없다고 해도 포기하지 않고 하늘이 바로 자신의 지기라고 선언했던 공자! 그렇기에 기린의 포획은 하늘을 마지막 보루로 믿고 의지했던 공자에게는 하늘마저 자신을 버렸다는 선언과 다름 없었다. 그래서 기린이 포획된 지 얼마 안 되어 좌절 속에 삶을 마감했다는 것이다.

《좌전》은 공자 사후 11년 후인 애공 27년까지의 역사를 기록하는 것으로 갈무리된다. 그해 애공은 노나라 대부들에 의해 축출되어 이웃 나라로 망명을 떠났다. 곧 애공의 시대가 막을 내린 것이다. 학자들의 말처럼 공자가 《춘추》를 편찬했다면 그 해설서인 《좌전》 역시 애공 16년까지만 다뤘어야 했다. 그러나 그렇게 했다가는 애공 재위 기간을 다 담지 못하는 문제가 생겨 지금 전해지는 바처럼 《좌전》에는 은공 원년(기원전 722년)부터 애공 27년(기원전 468년)까지 장장 255년간의 역사가 촘촘하게 담기게 되었다.

공자 사후 얼마 안 있어 춘추 시대는 마감되고 전국 시대로 돌입했다. 공자가 그렇게 복원하고자 했던 주나라 초기의 이상적인 봉건 사회는 확연하게 몰락했고 중원은 새로운 질서를 모색하고 창출하자는 기운으로 동탕(動蕩)하고 있었다.

기원전 221년 중원은 진시황에 의해 통일 제국으로 거듭났다. 공자의 염원이었던 '하나 된 중원'이 마침내 실현되었다. 물론 공자의 기획대로 된 것은 아니었다. 그렇다고 그의 기획이 소멸된 것도 아니었다. 통일 제국 진나라를 이어받은 한 제국은 무제 때에 이르러 드디어 공자의 기획을 제국의 통치 이념으로 공식 확정한다. 이렇게 공자는 시대를 뛰어넘어 새로운 통일 제국의 사표로 추앙되었고 이후 역대 중원의 왕실은 한 제국처럼 공자를 시대의 사표로 존경하고 숭상했다. 그렇다면 애공 16년에 기린은 왜 잡혔던 것일까?

"아, 그 안 되는 줄 알면서도 끝까지 포기하지 않는 자 말이오?" 급한 일로 새벽에 성문을 열어 달라고 요청했던 공자 제자에게 성문의 문지기가 공자를 두고 했던 말이다. 공자의 기획은 이처럼 성문지기에게도 도무지 현실성이 없는 것으로 여겨졌다. 공자의 기획이 정당하지 못했다거나 허술했다는 말이 아니다. 다만 현실이 급속도로 바뀌고 있었을 따름이었다. 그의 기획은 분명 도덕적으로 정당했으며 그의 삶은 치열했다. 이러한 상황에서 하늘은 공자를 어떻게 보았을까? 현실이 급속도로 바뀌는 것 또한 하늘의 뜻에 의한 변화였다. 그렇다면 혹 하늘이 일부러 기린을 보내 붙잡히게 했던 것은 아닐까? 공자에게 "네가 이루고자 하는 세계는 이미 시효가 지나간 세계다." 라는 말을 하고 싶었던 것은 아니었을까?

하늘이 공자를 무시했다거나 공자가 하늘을 거슬렀다는 뜻이 아니다. 하늘은 공자를 확실하게 지지했다. 역대로 공자의 삶과 사유가 중원의 근간이 되고 터전이 되었음이 이를 입증하고도 남는다. 다만 그렇게 하기 위해 하늘은 공자의 기획을 탈바꿈시켜야 할 필요가 있었다. 하늘이 준비 중인 새로운 시대는 춘추 시대처럼 제후국들이 주축이 되는 시대가 아니라 강력한 힘을 지닌 천자를 주축으로 피라미드처럼 질서가 부여된 통일 제국이기 때문이었다. 실제로 한 무제 이래로 공자의 후예들은 공자의 삶과 사유를 있는 그대로 받아들였던 것이 아니라 제국의 현실에 맞게끔 업그레이드해서 받아들였다.

자신을 태워 버림으로써 영원한 생명을 얻는 방식. 하늘은 자신의 대리인 기린을 인간에게 내줌으로써 새로운 시대의 출현을 공자에게 알렸다. 기린이 잡히는 모습을 보면서 공자는 하늘의 그런 뜻을 간파했을 것이다. 그래서 그는 스스로 삶을 정리했다. 그동안 치열하게 살았던 삶의 자세를 바꾸고 실망과 좌절 가운데 삶의 마지막 순간을 맞이했던 것이 결코 아니었다. 그렇게 스스로의 삶과 사유를 불태움으로써 공자의 삶과 사유는 후학들에 의해 새로이 거듭날 수 있었다. 이제까지 《좌전》과 만난 당신! 그대는 누구의 삶과 사유를 거듭나게 할 것인가?

《춘추좌전》,
중국 문화의 원형을 찾아가는 역사 여행

1. 최초의 역사책 《춘추》

《좌전(左傳)》은 《춘추좌전》 또는 《춘추좌씨전》의 준말이다. '춘추 (春秋)'는 공자가 편찬했다는 중국 최초의 역사책이고 '좌전' 또는 '좌 씨전'은 '좌씨', 곧 '좌구명(左丘明)'이 붙인 '전(傳)'이라는 뜻이다. '전' 은 '경(經)'에 붙인 해설을 말한다.

일반적으로 '경'은 성인(聖人)이 직접 쓰거나 그의 손길을 거친 책을 말하고 '전'은 성인은 아니지만 그에 버금가는 사람, 곧 '현 인(賢人)'이 붙인 해설을 말한다. 그러므로 《좌전》은 '성인 공자가 편찬한 《춘추》라는 역사책에 현인 좌구명이 붙인 해설'이라는 뜻 이 된다.

《춘추》는 공자가 노나라 공실(公室, 제후의 거처나 궁전)에 보관됐던 이전 시대의 역사 기록을 시간 순서대로 정리해 편찬한 한자 문화권 최초의 '편년체(編年體)' 역사서다. 편년체란 역사를 연도순으로 기록하는 방식을 말한다. 노나라는 춘추 시대의 여러 제후국 중 서주(西周)의 예법이 가장 잘 보존되어 있었다는 평가를 듣는 제후국이었다.

서주는 무왕(武王)이 상(商)나라를 무력으로 제압한 후 새로운 천자로 등극해서 세운 천자의 나라였다. 주나라는 봉건제라는 제도를 기반으로 중원을 통치했는데, 직할 통치가 힘든 지역은 천자와 혈연관계에 있는 이들에게 통치를 위임해 다스렸다. 이렇게 천자에게서 일정 지역의 통치를 위임받은 이를 제후라 하고 이들이 다스리는 지역을 '국(國)'이라 했다.

노나라는 그러한 제후국의 하나로 시조는 무왕과 성왕(成王) 부자를 도와 서주의 기틀을 다진 주공(周公) 단(旦)이다. 《춘추》에는 주공의 14대 후손인 은공(隱公) 원년(기원전 722년)부터 애공(哀公) 16년(기원전 477년)까지의 12공 246년간의 역사가 수록되어 있다.

《춘추》에서 다룬 시기를 일반적으로 춘추 시대라고 부른다. 이보다 앞선 시기의 역사는 《서경(書經)》이란 책에 제법 수록되어 있지만 이를 본격적인 역사서로 볼 수는 없기에 보통 《춘추》를 한자 문화권 최초의 역사서로 친다.

실은 춘추 시대라는 명칭 자체가 《춘추》라는 책에서 비롯되었다. '춘추'는, 《주춘추(周春秋)》니 《연춘추(燕春秋)》, 《제춘추(齊春秋)》, 《송춘추(宋春秋)》 등의 명칭이 있었던 것으로 보아 당시 역사 기록을 가리키는 일반 명사였던 듯하다.

다른 견해도 있다. 상고 시대에 봄과 여름에는 좋은 사람에게 상을 주고 가을과 겨울에는 나쁜 사람에게 벌을 주었다고 한다. 그렇다 보니 '춘추'에는 '칭찬하거나 나무란다.'라는 뜻이 담기게 되었다. 그러나 이는 "《춘추》에는 역사적 사실에 대한 준엄한 평가가 서려 있다."는 《춘추》에 대한 해석에 맞춰서 '춘추'의 뜻을 재해석한 것으로 보인다. 곧 원래부터 그랬다고 단정하려면 별도의 근거가 더 필요하다.

《춘추》의 편찬 과정을 토대로 '춘추'의 뜻을 규명하고자 한 시도도 있었다. 공자는 애공 14년 봄[춘(春)]에 기린이 잡혔다는 소식을 접한 후 "자신의 도가 끝났음"을 깨달았다고 한다. 이에 《춘추》를 편찬하기로 결심했고 그해 가을[추(秋)]에 편찬을 완료했다고 한다. 그래서 '춘추'라는 명칭을 썼다는 것이다.

위진 남북조 시대의 두예(杜預)는, 역사 서술은 시간을 어떤 식으로든 분할해야 비로소 가능해진다는 원리에 입각해서 '춘추'의 뜻을 설명했다. 그는, 사관이 역사를 기록할 때에는 반드시 제후의 재위 기간을 일 년 단위로 분명히 밝히고 그 각각의 일 년을 다시 사계절로 분할해서 서술했다고 한다. 곧 '춘추'는 네 계절의 명칭 가운데 하나씩 걸러 취해 역사 기록의 명칭으로 삼은 결과라고 했다. 이 외에도 여러 가지 설명이 있었는데 그중 두예의 견해가 널리 수용되었다.

'춘추'의 뜻이 무엇이냐만큼이나 쟁점이 됐던 것은 공자가 과연 《춘추》를 편찬했느냐의 문제였다. 전통 시기 정설은 공자가 틀림없이 편찬했다는 것이다. 《맹자》에는 《춘추》를 지은 이유를 밝힌 공자의 언급이 실려 있고 사마천은 《사기》에서 여러 번에 걸쳐 공자가 《춘추》를 편찬한 목적과 경과를 서술했다. 역대로 《춘추》는 유가의 주요 경전 다섯 중 하나로 높이 받들어졌다. 그리고 앞에서도 말했듯이 옛사람들은 경전이 성인의 손길을 거쳤다고 여겼다. 《춘추》는 이러한 관점 아래서 공자와 당연하게 연계되었다.

반면에 《춘추》는 공자와 무관하다는 견해 또한 꾸준히 제기되어 왔다. 특히 실증을 중시했던 청나라 시대 고증 학파와 근대의 고사변 학파에 이르면 공자가 《춘추》를 지었다는 설은 전면적으로 부정된다.

《춘추》는 일관된 체계 없이 기록되어 있어서 공자 한 사람의 손에서 나왔다기보다는 오랜 시절에 걸쳐 다수의 사관에 의해 기록된 것으로 보는 것이 합리적이라는 것이다. 근래의 양백준(楊伯峻) 같은 학자도 이 입장에 동의하는데 다만 그는 공자가 《춘추》를 교본으로 삼아 이를 제자들에게 전수했을 가능성이 높다고 보았다.

2. 《춘추》의 해설서 - '춘추 삼전'

　　《춘추》의 문체를 보면 이것과 공자는 무관하다는 견해에 더욱 힘
이 실린다. 《춘추》는 '책서체(策書體)' 또는 '기주체(記註體)'라고 불렸던
상고 시기의 사실 기록 방식대로 쓰였다. 이는 사건을 그것이 발생된
시간과 장소 등과 함께 간략하게 기록한 것으로 메모에 가깝지 '기술'
이나 '서술' 또는 '저술'은 아니었다. 이들 동사에 공통적으로 들어 있
는 '술(述)'자는 '풀어쓰다'라는 뜻인데, 《춘추》의 문장만으로는 '풀어
썼다'고 주장할 수 없기 때문이다.

　　사건이 지극히 간결하게 기록되어 있다 보니 시간이 흐를수록 《춘
추》의 글에 대한 궁금증이 커진 것은 당연한 귀결이었다. 그것만으
로는 역사적 교훈은 말할 것도 없고 사건의 본말조차 제대로 파악하
기가 어려웠다. 후한(後漢)의 환담(桓譚) 같은 이는 《춘추》만 있고 그
해설서가 없으면 설령 성인이 두문불출하고 10년 동안 그 뜻을 파악
해도 알 수 없을 것이라고 푸념했다.

　　게다가 《춘추》는 구두로 전승되었다. 당시는 문명의 골간이 문자
로 전승되던 시절이 아니었다. 앞에서 말했듯이 공자는 《춘추》를 교

본으로 삼아 제자들을 가르쳤다. 이때 제자들 모두가 지금처럼 책상에서 문자로 기록된 《춘추》를 펼쳐 놓고 보면서 수업을 들은 것이 아니었다. 그렇다 보니 공자가 《춘추》의 큰 뜻을 제자들에게 일관되게 구전했음에도 그가 세상을 떠난 후 제자들은 《춘추》의 풀이를 달리하는 일이 발생했다고 한다. 그러자 평소 공자와 잘 알고 지냈던 좌구명이 공자가 《춘추》를 편찬한 대의를 올바르게 밝히자는 뜻에서 《좌전》을 지었다고 한다.

'춘추 삼전'이라 불리는 《춘추》의 해설서는 이러한 배경 아래서 출현했다. '세 가지의 해설서'라는 의미의 '삼전'은 《좌전》을 비롯하여 《춘추공양전(春秋公羊傳)》과 《춘추곡량전(春秋穀梁傳)》을 말한다.

후한의 반고(班固)가 지은 《한서(漢書)》에는 상고 시대 이래의 지성사를 정리한 〈예문지(藝文志)〉라는 장이 있다. 여기에 보면 《춘추》의 해설서로 모두 23종이 있었다고 한다. 그중 한나라 시대에는 《좌전》·《공양전》·《곡량전》·《춘추추씨전(春秋鄒氏傳)》과 《춘추협씨전(春秋夾氏傳)》 이렇게 5종이 전래되었다고 한다. 이중 《춘추추씨전》은 실전되었고 《춘추협씨전》은 문자로 정착되지 못해서 결국 세 종류만 전해지게 됐다고 한다.

《공양전》은 공자의 제자 중 문헌에 밝았던 자하(子夏)의 제자 공양고(公羊高)가 구전으로 전수했다고 한다. 공양고는 제나라 사람이었다. 그가 전수한 《공양전》은 한나라 시대에 이르러 호무자도(胡毋子都)라는 사람에게 전수되었고 같은 시대의 동중서(董仲舒)가 《춘추번로(春秋繁露)》를 지음으로써 완성되었다. 이로써 《공양전》은 '공양학'이라 불릴 만큼 세가 형성되어 관학(官學)의 하나로 채택되기에 이른다. 이후 한나라 시대의 공양학은 후한에 이르러 하휴(何休)의 《춘추공양전해고(春秋公羊傳解詁)》가 나옴으로써 최고의 전성기를 누리게 된다.

《곡량전》은 《공양전》만큼은 번성하지 못했다. 노나라 사람인 곡량적(穀梁赤)이 처음으로 구전한 《곡량전》은 한나라 시대까지 학통이 이어져 《공양전》과 마찬가지로 관학의 하나로 채택됐다. 그러나 해석의 치밀성 등에서 《공양전》만 못하고 내용의 상당 부분이 그것과 비슷해서 《공양전》의 그늘에 가려졌다. 그러나 진(晉)나라 시절 범녕(范甯)의 《춘추곡량전해고(春秋穀梁傳解詁)》가 나옴으로써 명맥이 후세에까지 이어질 수 있었다.

여기서 관학으로 채택됐다고 함은 《공양전》과 《곡량전》이 한나라 시대에 운영됐던 오경박사(五經博士)의 하나로 채택됐음을 말한다. 이는 이 둘이 최고 권위를 지닌 《춘추》의 해설서였음을 말해 준다.

오경박사란, 오경(五經)의 권위자를 박사로 임명해서 최고 교육 기관인 태학(太學)에서 오경 교육을 전담시켰던 제도였다. 《공양전》과 《곡량전》이 이처럼 《춘추》의 권위 있는 해설서로 자리 잡게 된 데에는 여러 이유가 있다. 그중 하나는 한나라 시대가 기본적으로 구술을 통해 전수된 경전에 결정적인 권위를 부여하던 시대였다는 점이다.

반면에 '삼전'의 하나인 《좌전》은 고문자로 기록된 책의 형태로 세상에 전해졌다. 그렇다 보니 《좌전》은 《공양전》과 《곡량전》에 비해 그다지 중시되지 못했다. 우리에게는 구두 전승보다는 문자 전승이 훨씬 믿을 만한 것으로 여겨지지만 이는 어디까지나 '지금-여기'의 감각일 뿐 '그때-거기'의 감각은 정반대였다. 한나라 시대로 넘어오기 직전에 진시황이 그 유명한 분서갱유를 자행했다고 믿었기에 고문자로 된 판본은 모두 사라졌다는 것이 당시의 일반적인 감각이었다. 이런 상황에서 분서갱유 이전의 문자로 쓰인 《춘추》의 해설서가 나타났다는 것은 그 자체로 의심을 받을 수밖에 없었다.

《좌전》이 《공양전》이나 《곡량전》과 《춘추》를 해설하는 독법 면에서 큰 차이를 지니고 있다는 점도 열세를 면하지 못하게 된 중요한 원인 중 하나였다. 이 셋은 공통적으로 《춘추》에는 뭔가 깊은 뜻이 담겨 있다는 데에 동의했다. 다시 말해 간략한 메모 정도로 보여 그 속에 별다른 뜻이 있을까 싶은 《춘추》의 원문에 그들은 공히 공자의 깊은 뜻이 담겨 있다고 보았다. 이것이 소위 '미언대의(微言大義)'라 불리는 것이다. '미언'이라 함은 공자의 기록 의도가 거의 드러나 있지 않는 것처럼 쓰인 표현을 말하고 '대의'는 미언의 행간에 감춰져 있는 공자의 기록 의도를 가리킨다.

학자들은 공자의 기록 의도를 '포폄(褒貶)'이라는 두 글자로 정리했다. 공자는 역사적 사실을 기록하면서 기록 대상을 가리지 않고 잘한 일이 있으면 칭찬하고 못한 일이 있으면 추상같이 비판했고 이를 미언의 형식으로 썼다는 것이다. 공자의 이러한 역사 서술 태도는 '춘추필법(春秋筆法)'이라고 명명됐다. 결국 춘추 삼전은 춘추필법에 의해 지어진 《춘추》에서 '대의'를 길어 내고자 한 후학들의 산물이었던 셈이다.

다만 《좌전》은 《공양전》과 《곡량전》에 비해 사실에 기초해서 미언대의를 읽어 내고자 했다는 점에서 차이를 지닌다. 한나라 시대 말엽 유가의 경전을 집대성했던 정현(鄭玄)은, 《좌전》이 예의에 입각해서 역사적 사건의 시비를 논하는 데에 주력했다면 《공양전》과 《곡량전》은 만물의 이치[의리(義理)]를 규명하는 데에 주력했다고 말했다.

이 말만으로는 춘추 삼전 모두 별다른 문제가 없어 보인다. 그런데 성리학을 집대성한 주희(朱熹)의 분석을 보면 상황이 달라진다. 그는 "《좌전》은 사실을 상세하게 기록하고 있지만 이치의 규명이 미진하고, 《공양전》과 《곡량전》은 이치를 정교하게 규명했지만 사실에 대해서는 착오가 많다."라고 말했다. 춘추 삼전 중 《좌전》은 사실의 기록에는 장점을 지녔지만 이치의 규명이 부족했고 《공양전》과 《곡량전》은 그 역이라는 것이다.

《공양전》과 《곡량전》이 흥성했던 한나라 시대는 통일된 중원을 뒷받침할 수 있는 제도적·이념적인 터전을 튼튼하게 놓아야 했던 시대였다. 이 시대 사람들은 이를 공자의 삶과 사상을 기초로 해서 완수하고자 했다. 문제는 공자의 삶과 사상이 통일 제국을 전제로 펼쳐진 것이 아니었다는 점이다.

공자의 시대는 아직 통일 제국이란 형식을 생각할 수 없었던 때였던지라 그는 제국보다 한 등급 아래인 제후국의 차원에서 태평성대를 구현할 수 있는 방안을 모색했다. 그렇다 보니 한나라 시대의 유생들은 이를 통일 제국에 맞게끔 업그레이드할 필요가 있었다. 그에 따라 사실의 규명에 얽매여 있던 《좌전》보다는 이치의 규명에 중점을 둔 《공양전》과 《곡량전》이 한나라 시대 초기의 시대적 정신과 더욱 잘 어울렸다. 공자의 삶과 사유를 새로운 시대 조건에 맞춰 이론적으로 가공할 수 있는 여지가 사실 그 자체를 중시했던 《좌전》보다 훨씬 넓었기 때문이다.

그 결과 《좌전》이 권위 있는 《춘추》 해설서로 부각된 것은 한나라 시대가 마감된 후의 일이었다. 그전까지는 《공양전》과 《곡량전》이 그 역할을 담당했지만 이는 이 두 해설서의 학술 역량에서 기인했다기보다는 한나라 시대에 조성된 시대적·정치적 요인에서 비롯된 바가 더 컸다.

그렇다 보니 한나라 황실이 쇠퇴하자 《공양전》과 《곡량전》의 권위도 함께 사그라졌고 그 빈자리를 《좌전》이 차지하기 시작했다. 바야흐로 《좌전》의 시대가 다가오고 있었던 것이다.

3. 《좌전》을 둘러싼 주요 쟁점

《공양전》·《곡량전》과 달리 《좌전》은 처음부터 문자로 정착된 채로 발견됐다. 전한 말엽, 유향(劉向, 기원전 77?년~기원전 6년)이 황실 서고인 비부(秘府)에서 고서를 조사 정리하다가 전국 시대의 문자로 쓰인 《춘추좌전》을 발견했다. 그는 이 책을 연구한 후 《춘추》의 본의가 가장 잘 담겨 있다는 확신을 갖게 되었고 이를 황제에게 보고함으로써 그 존재가 세상에 처음 알려졌다.

그렇다고 《좌전》이 금방 《공양전》·《곡량전》과 맞먹는 위상에 올랐던 것은 아니다. 한때 《좌전》도 《공양전》·《곡량전》처럼 태학에 박사가 설치되기도 했지만 바로 폐지됐다. 그 후 《좌전》은 허신(許慎)·마융(馬融)·정현(鄭玄)과 같은 대학자들이 간간히 연구함으로써 그 명맥이 유지됐다.

한 왕조가 멸망하고 삼국 시대가 전개되자 학술의 주류가 구두로 전승된 것보다는 문자로 전승된 것을 중시하는 쪽으로 전환되면서 《좌전》이 각광받기 시작했다. '좌전벽(左傳癖, 좌전 마니아)'이라 불리는 《좌전》에 빠진 인물들도 여럿 나왔다. 우리에게도 낯익은 관우(關羽)도 《좌전》을 손에서 놓지 않았다고 한다.

이러한 풍조에 힘입어 삼국을 통일한 진(晉)나라 시대에 두예(222년~284년)라는 학자가 나와 《춘추경전집해(春秋經傳集解)》를 집필함으로써 《좌전》은 주류로 확고히 자리 잡게 되었다. 이후 당나라 시대에 이르러 공영달(孔穎達, 574년~648년)이 칙명으로 편찬한 《오경정의(五經正義)》에 포함시킴으로써 《좌전》은 부동의 정통으로 우뚝 서게 됐다.

이처럼 비주류에서 주류로 부각되자 《좌전》에 대한 '검증'이 본격화됐다. 특히 작자와 저술 연대, 《춘추》와의 관계, 《좌전》의 정체성 등이 그 주요 항목이었다. 이 장에서는 먼저 앞의 두 가지를 다루기로 한다.

작자와 저술 연대 문제는 밀접하게 연관된 하나의 문제다. 작자를 확정하는 순간 저술 연대도 확정할 수 있기 때문이다. 이미 소개했듯이 많은 사람이 《좌전》은 좌구명이 서술했다고 여겼다. 그의 이름은 《논어》 〈공야장(公冶長)〉 편에 나오며 공자가 사숙한 선배로 되어 있다.

그런데 이대로 받아들이면 《좌전》의 저작 동기와 관련해서 "공자가 《춘추》의 큰 뜻을 제자들에게 구전했는데 공자가 세상을 떠난 후 제자들이 각기 《춘추》의 풀이를 달리하는 일이 발생했다. 그러자 평소 공자와 잘 알고 지냈던 좌구명이, 공자가 《춘추》를 편찬한 대의를 올바르게 밝히자는 뜻에서 《좌전》을 지었다."라는 또 다른 증언과 서로 어긋나게 된다.

전하는 바에 의하면 공자는 향년 73세에 삶을 마감했다. 따라서 공자의 선배이면서 공자 사후에 상당 기간을 더 살며 그의 제자들이 《춘추》의 대의를 각기 다르게 해석하는 것을 보았을 가능성이 그리 높지 않기 때문이다.

일군의 학자들은 '사관인 좌씨 집안사람들의 집단 저술' 가능성을 제시했다. 이들은, '좌구명'에서 성은 '좌'가 아니라 '좌구'이므로 만약 좌구명이 해설한 책이라는 뜻을 살리려 했다면 책 제목은 마땅히 '좌구전'이어야 사리에 맞지 않느냐고 주장했다.

게다가 옛날 사관의 직무는 한 집안에서 세습되었으므로, 좌구명이라는 한 개인의 저작이 아니라 좌씨 성을 지닌 사관 집안에서 축적해 온 《춘추》에 대한 해설을 묶어 낸 것이 바로 《좌전》이라고 보았다. 곧 공자와 동 시대의 사관 가운데 좌씨 성을 지닌 이가 서술을 시작한 후 그 후손이 이를 이어서 기록한 것으로 보는 것이 합당하다는 견해다.

절충적인 입장에 서 있는 학자들도 있다. 이들은 좌구명이 실제로 《좌전》을 지었을 가능성은 적다고 본다. 다만 그를 공자와 함께 노나라에 보관되어 있던 사료를 함께 본 사관으로 규정한다. 공자 사후 누군가 《좌전》을 지은 이가 좌구명의 이러한 위상을 이용해서 자신의 저술에 그의 이름을 빌려 왔다는 주장이다. 이 설은 다시 좌구명이 어느 나라의 사관인가를 놓고 몇 가지로 갈린다.

《좌전》에서 노나라를 '우리[아(我)]'라고 표현한 점을 근거로 노나라 사관이라고 주장하는 학자들도 있고, 《좌전》이 북방의 진나라와 남방의 초나라 역사에 특히 집중된 점을 근거로 진나라의 사관, 또는 초나라의 사관, 또는 진나라와 초나라 사정에 밝은 사관이라고 보는 학자들도 있다.

그런가 하면 《오자병법(吳子兵法)》의 작자로 알려진 오기(吳起)라는 설도 유력했다. 전하는 바에 의하면 그는 아들에게 《좌전》을 전한 적이 있다고 하며 진나라와 초나라 양쪽의 사료를 모두 볼 수 있는 위치에 있었기 때문이다.

게다가 그는 진나라의 6개 유력 가문 중 위(魏)씨 가문에 있다가 나중에 초나라로 왔는데, 이는 《좌전》이 위씨 가문에 대해 긍정적이고 우호적으로 서술했다는 점과도 잘 맞아떨어진다. 또한 오기는 병법에 밝았고 이는 《좌전》이 병법서로서의 성격이 강하게 된 이유라고 주장한다.

《좌전》의 작자가 누구인가에 대해서는 이와 같이 여러 주장이 분분하기 때문에 《좌전》의 저술 연대를 확정하는 일은 쉽지 않다. 그럼에도 전통적으로 공자 사후 80년 내지 90년 후쯤에 서술되었다는 설이 유력하게 제기되어 왔다. 이때쯤이면 전국 시대 초엽에 해당된다.

앞에서 언급된 좌구명이나 오기 등은 모두 이 시기 이전의 인물이었고 《좌전》을 사관인 좌씨 집안의 집단 저술로 보아도 이 무렵 즈음이면 《좌전》을 완성할 충분한 시간이 흘렀다고 볼 수 있다.

여기에 근세 학자인 양백준이 《좌전》에 나오는 예언적 진술을 검증해서 추정한 연대 역시 기원전 403년에서 기원전 389년 사이인 점을 감안한다면, 《좌전》의 저술 연대는 잠정적으로 전국 시대 초엽을 그 하한선으로 잡을 수 있을 듯하다.

《좌전》과 《춘추》와의 관계도 여러 가지 학설이 분분했던 문제였다. 이는 크게 다음의 두 가지로 나눠 볼 수 있다. 하나는 《좌전》은 《춘추》의 해설서로 기획 저술되었다는 견해고 다른 하나는 《좌전》은 《춘추》와 무관하게 기획 저술되었다는 견해다.

전자에 관해서는 앞에서 이미 설명했듯이, '《춘추》의 문장이 워낙 간결하다 보니 시간이 흐를수록 내포된 뜻을 정확하게 파악하기 힘들어졌고 이에 다수의 해설서가 나올 수밖에 없는 상황이 전개됐다. 《좌전》은 그러한 시대적 수요가 있을 때 나온 해설서의 하나.'라는 입장이다. 후자는 다음과 같은 근거를 들어 두 텍스트 사이의 무관을 주장한다.

첫째, 《좌전》에는 '《춘추》의 경문은 있는데 이에 대한 《좌전》의 해설이 없는 부분[유경무전(有經無傳)]'과 이와는 역으로 《춘추》에는 없는데 《좌전》에는 있는 부분[무경유전(無經有傳)]'이 꽤 존재한다는 점이다. 이는 《좌전》이 《춘추》라는 경(經)의 해설서[전(傳)]라면 《춘추》의 경문에 대해서는 빠짐없이 해설을 붙여야 했고, 《춘추》에 없는 내용을 마음대로 집어넣지 못했을 것이라는 판단에 위배된다. 하여 학자들은 《좌전》은 처음부터 《춘추》와 독립된 별개의 역사서였다고 주장한다.

둘째, 《좌전》의 체계가 처음부터 '《춘추》의 경문+해설'식으로 되어 있지는 않았다는 점이다. 《춘추》와 《좌전》을 지금 전해지는 형태로 합쳐 놓은 것은 앞에서 소개한 두예가 최초였다. 학자들은 이를 근거로 《춘추》와 《좌전》이 애초에는 각각 별개의 책이었을 가능성이 높다고 주장한다.

셋째는 《여씨춘추(呂氏春秋)》, 《안자춘추(晏子春秋)》와 같은 사서가 춘추·전국 시대에 존재했다는 사실이다. 《좌전》도 초기에는 《좌씨춘추(左氏春秋)》라고 불린 적이 있었다. 이 점은 《여씨춘추》나 《안자춘추》가 각각 여불위(呂不韋)와 안영(晏嬰)이 저술한 사서인 것처럼 《좌씨춘추》도 좌씨가 저술한 독립된 역사서였을 가능성을 말해 준다.

여기서 유의할 점은 《좌전》의 작자나 저술 연대와 《춘추》의 관계에 대한 주장이 분분하다는 사실이 《좌전》이란 책의 가치나 신뢰도에 영향을 주지 못했다는 점이다. 또한 《좌전》이 《춘추》의 해설서라는 견해를 부정한다고 해서 이 둘을 '원전[경문(經文)] - 해설[전문(傳文)]'의 관계로 이해해 온 '관념의 역사'를 부인할 수는 없다는 점이다. 이는 예컨대 노자(老子)가 실존 인물이 아니라고 해서 노자의 사유가 한자 문화권에 미친 영향을 부인할 수 없는 것과 같은 이치다.

4. 《좌전》의 정체

《좌전》은 어떤 유형의 책인가? 곧 《좌전》의 정체성을 규명하는 과제도 《좌전》과 관련된 주요 쟁점의 하나였다. 《좌전》의 정체에 대해서는 이를 경서(經書)로 보는 입장과 사서(史書)로 보는 입장이 첨예하게 부딪혀 왔다. 사실 이러한 대립은 《좌전》 하나에만 해당하는 것은 아니었다.

역대로 《좌전》을 비롯해서 유가의 경전 전체를 경서로 보는 입장이 있었고 그 모두를 사서로 보는 입장이 있었다. 경서로 본다 함은 《좌전》을 인간 사회와 우주 만물의 섭리가 집중적으로 논의된 책으로 인식했다는 것이고 사서로 본다 함은 《좌전》을 '사실(史實)'의 집적체로 인식했다는 것이다.

같은 책이라도 그것이 경서로 지정되느냐 또는 사서로 지정되느냐에 따라 읽는 방식이나 목적 등이 판이했다. 경서로 지정되면 그 안에 담긴 '이치'를 정확하게 규명한 후 이를 삶을 통해 자신과 사회에 적용하고 구현해야 했다. 경서를 읽는 행위는 사회적 실천 등과 직접적이고 즉각적으로 연계되어 있었다.

반면에 사서로 지정되면 그 안에 기록된 바의 사실 여부를 정확하게 규명하면 그것으로 읽는 목적이 달성됐다. 사서를 읽음으로써 얻게 되는 역사적 교훈을 현실에 적용하고 실천하는 문제와는 직결되지 않는다는 것이다.

이는 경서에 최고의 학술적·사회적 권위를 부여했기 때문에 나타난 현상이었다. 또한 《좌전》이 사서의 하나이면 기술된 내용에 대한 학술적 차원에서의 비판 작업이 가능해지지만 경서로 규정되면 기술된 내용에 대한 비판은 바로 경전을 곡해하고 어지럽히는 '사문난적(斯文亂賊)'으로 규정되어 처벌을 받게 된다.

그런데 춘추 시대에 일어났던 일을 편년체로 서술했다는 점으로 보건대 《좌전》은 경서보다는 사서에 가깝다고 할 수 있다. 이치의 규명이라기보다는 사실의 기록에 주안점이 놓여 있다는 뜻이다. 그런데 사실의 기록과 이치의 규명 사이의 관계에 주목할 필요가 있다.

《자치통감(自治通鑑)》이라는 한자 문화권의 대표적 역사책을 저술한 사마광(司馬光)은 "사서는 역사적 사실에 대한 단순한 기록이 아니라 인간의 존재 이유와 이상의 실현을 위한 탐구서"라고 단언했다.

동양에만 이러한 관념이 있었던 것은 아니다. 사실을 바탕으로 《펠레폰네소스 전쟁사》를 집필하여 고대 서양의 역사 서술에서 새로운 장을 열었다고 평가되는 투키디데스(Thukydides, 기원전 460?년~기원전 400?년)도 이 책의 서문에서 "역사란, 사실의 기록인 동시에 마땅히 그래야 할 이상을 기록하는 것"이라고 했다. 곧 동서양 모두 사실의 기록과 이치의 규명을 동시에 실현하는 것을 역사로 본 것이다. 이러한 입장에 서면 《좌전》이 경서인가 아니면 사서인가의 문제는 자신의 학술적·사회적 입장에 따라 《좌전》 중 어느 한 부분만을 보고자 한 결과로 나타난 현상임을 알게 된다.

사실의 기록과 더불어 고대 중국의 사유와 사상, 관점 등을 논하고 있다는 점에서 《좌전》은 처음부터 경서의 성격과 사서의 성격을 동시에 지니고 있었다. 뿐만이 아니다. 《좌전》을 문학이라고 불러도 문제가 안 된다. 춘추 시대의 사회와 인간, 그때의 문물 등을 '있는 그대로' 기술하는 것이 아니라 실감나게 재현하는 것이 《좌전》의 서술 전략이었기 때문에 거기에는 우리의 문학적 본성을 자극하는 요소가 풍요롭게 담겨 있다.

실제로 《좌전》은 문학사에서는 역사 소설의 선구로 평가되는 등 역사 서사의 비조(鼻祖)이자 걸작으로 평가되고 있다. 결국 《좌전》은 철학서인 동시에 역사서며 또 문학서인 셈이다. 게다가 《좌전》은 병법서이기도 하고 예서(禮書, 오늘날로 치자면 법전)이기도 하며 동시에 교

과서이기도 했다. 거기에는 주나라의 예법이 자세하게 기술되어 있고 병법의 이론과 실제가 설득력 있게 서술되어 있다. 또한 그것은 벼슬을 꿈꾸는 모든 학인(學人)이 공부해야 하는 교재였다. 예상 과거 문제를 뽑아 내 답안을 작성하는 훈련을 하기에 《좌전》만 한 텍스트도 드물었기 때문이다.

이처럼 《좌전》은 필요와 관심사에 따라 그 정체가 다르게 정의될 수 있는 책이었다. 본래부터 어느 하나의 정체성을 부여하자는 기획 아래 서술된 책이 아니었다. 그것은 문학·철학·사학과 같이 인문학의 근간을 이루는 요소들이 물리적으로 결합되지 않고 '화학적으로 융합'되어 있으며, 그것이 춘추 시대의 역사 서술 방식이었던 것이다.

5. 오늘 우리에게 《좌전》은 무엇인가?

공자가 《춘추》를 편찬해서 기원전 722년 이후의 역사를 일 년 단위로 기록한 이래 중국의 역사는 《춘추》 직후의 약 70~80년 정도를 빼놓고는 오늘에 이르기까지 일 년 단위로 빠짐없이 기록되었다. 《좌전》은 이러한 편년체식 역사 서술에 사람들이 사회에서 살아가며 일구어 냈던 인문이라는 살을 입힌 책이었다. 문학·철학·사학 등이 화학적으로 융합되어 있는 덕분에 거기에는 인문적 화두와 문명사적 주제들이 풍요롭게 담겨 있다. 그래서《좌전》은 고대 중국 문화 이해의 필독서이자 밑바탕이 되는 책이다.

역사를 접하는 목적은 과거에 일어났던 사건을 기억하는 데에만 있지 않다. 그것은 최소한 과거의 사건을 통해 '그때-거기'의 시대와 사회 그리고 사람을 이해하고 이를 토대로 '지금-여기'의 시대와 사회 그리고 사람을 이해하는 것을 지향한다.《좌전》은 이러한 목적을 달성하는 데에 가장 적합한 내용을 담고 있다. 그것은 중국의 문화적 원형이 갖춰지던 시대에 대한 세밀한 증언집이기 때문이다.

《좌전》에는 춘추 시대의 '현실'이 입체적으로 담겨 있다. 역사적 사실만이 단편적으로 기록된 것도 아니며 사물의 이치만이 건조하게 서술된 것도 아니다. 천문과 지리에서부터 가족 성씨와 제도와 인물, 군사와 외교, 경제, 사회 예법과 풍속에 이르기까지, 사람과 사회의 역사를 구성하는 데에 필수적이라고 판단되는 모든 요소가 풍요롭고도 유기적으로 맞물린 채로 담겨 있다.

그래서《좌전》은 비유하자면 동양의《일리아스》요,《오디세이아》다. 이들이 서구의 인문이 그 안에 담겨 있다는 평가를 받듯이 중국의 인문도《좌전》에 담겨 있다. 물론 실제로 전개된 역사 그대로의 모습이 담겨 있을 리는 만무하다. 한 알의 씨앗 속에 천 년의 고된 세

월을 이겨 낼 형상과 동력이 담겨 있듯이, 중국 고대의 역사를 파란 만장하게 펼쳐 낼 원형과 원천이 담겨 있다.

20세기의 위대한 학자 전목은 중국을 이해하고자 하는 이들이 춘추·전국 시대의 문헌 가운데 《논어》와 《맹자》 등은 읽으면서 《좌전》을 읽지 않는 현상을 일갈한 적이 있다. 그는 송나라 시대와 같이 《좌전》에서 다루고 있는 시대보다 1천여 년 후의 역사를 공부한다고 할지라도 《좌전》을 안 읽는 것은 말이 안 된다고 주장했다. 송나라 시대 역사라는 방이 중국사라는 건물 안에 있는 한, 그것은 같은 구조와 원리에 의해 지어진 건물의 일부임을 망각해서는 안 된다는 논리다.

전목의 이러한 지적은 21세기 벽두를 사는 한국의 우리에게도 여전히 유효하다. 아니 더욱 절실하다. 중국은 어느덧 한국인의 삶에서 변수가 아니라 상수가 되었다. 삶의 상수라 함은 내 삶의 기반을 이루는 근간의 일부를 말한다. 그것이 꿈틀대면 내 삶이 통째로 흔들리기도 한다. 아무리 열심히 회사 생활을 했어도 국제 환경이 바뀌자 하루아침에 정리 해고의 대상자가 되는 것처럼 말이다.

따라서 현재의 중국을 이해하는 것은 우리에겐 선택 사항이 아니라 필수 요건이며, 바로 이런 맥락에서 전목의 일갈은 우리에게 더욱 와 닿는다. 《좌전》에는 현재의 중국을 이해하는 중국적 사유의 원천과 원형이 고스란히 담겨 있기 때문이다.

우리가 고전을 보는 목적은 충실하게 미래를 준비함으로써 자신의 삶을 튼튼한 반석에 올려놓고자 하는 희망을 실현하기 위해서다. 그렇다면 자신의 삶을 구성하는 다양한 상수에 대해 정확하게 또 풍요롭게 이해할수록 그만큼 유리해진다. 이것이 《좌전》이 우리 시대의 고전이며 필독서가 되는 까닭일 것이다.